PSICOLOGIA Y RELIGION

John W. Drakeford

Versión al castellano por

Ana María Swenson y Olivia S. D. de Lerín

CASA BAUTISTA DE PUBLICACIONES

CASA BAUTISTA DE PUBLICACIONES
Agencias de Distribución

ARGENTINA: *Rivadavia 3464, 1203 Buenos Aires*
BRASIL: *Rua Silva Vale 781, Río de Janeiro*
BOLIVIA: *Cajón 514, Cochabamba*
COLOMBIA: *Apartado Aéreo 55294, Bogotá 1*
COSTA RICA: *Apartado 285, San Pedro*
CHILE: *Casilla 1253, Santiago*
ECUADOR: *Casilla 3236, Guayaquil*
EL SALVADOR: *Apartado 2319, San Salvador*
ESPAÑA: *Arimón 22, Barcelona 22*
ESTADOS UNIDOS: *Apartado 4255, El Paso, Texas 79914*
GUATEMALA: *12 Calle 954, Zona 1 Guatemala*
HONDURAS: *4 Calle 9 Avenida, Tegucigalpa*
MEXICO: *Vizcainas 16 Ote., México 1, D. F.*
Apartado 29-223, México 1, D. F.
Hidalgo 713, Guadalajara, Jalisco
Matamoros 344 Pte., Torreón, Coahuila
NICARAGUA: *Apartado 5776, Managua*
PANAMA: *Apartado 5363, Panamá 5*
PARAGUAY: *Pettirossi 595, Asunción*
PERU: *Apartado 2562, Lima*
REPUBLICA DOMINICANA: *Apartado 880, Santo Domingo*
URUGUAY: *Casilla 14052, Montevideo*
VENEZUELA: *Apartado 152, Valencia*

Primera edición: 1980
Clasifíquese: Vida Cristiana
ISBN: 0-311-46035-6
C.B.P. Art. No.: 46035

5 M 7 80

CONTENIDO

Primera Parte

Historia y Desarrollo de la Búsqueda

Se dice que si no sabemos de dónde venimos, tampoco sabremos adónde vamos. La psicología, como una de las ciencias más nuevas, tiene un pasado fascinador que a veces no se reconoce. En la primera parte de este libro se da una perspectiva en torno a los inicios de la psicología.

De interés es la "psiqué", o alma, que originalmente fue el centro de atención de la psicología, la cual, como pariente lejano, ha pasado paulatinamente al olvido a medida que la psicología ha entrado en un plano más científico y más elevado. La psicología de la religión se conceptúa como un retorno a esa función histórica y por lo tanto podría denominarse "psicología en busca del alma". La historia de esa búsqueda en las distintas esferas de la experiencia religiosa forma la base y estructura de este libro.

La historia de esa búsqueda, personificada en el estudio de la psicología de la religión, ha sido esporádica. Comenzando probablemente con Jonatán Edwards, predicador de Nueva Inglaterra, un hombre que buscó no solamente la salvación de las personas, sino que también evaluó críticamente las experiencias a través de las cuales pasaban dichas personas.

En el siglo XIX se levantaron muchas voces, pero algunas eran tan inciertas que a veces más parecía que sus palabras eran

5

las lamentaciones de las plañideras orientales frente al catafalco del alma. Sin embargo, a través de todo surgió un paulatino desenvolvimiento con nuevos logros tanto en metodología como en técnicas.

Los métodos mismos muestran una variedad infinita al emplearse en la búsqueda de relaciones de causa y efecto al examinar la experiencia religiosa.

... Y FUE EL HOMBRE UN SER VIVIENTE. Gn. 2:7.

1

EL TRASFONDO
DE LA BUSQUEDA

Damon Runyan cuenta la historia de dos probables raptores que estaban fraguando el secuestro de una víctima conocida como Bookie Bob. Los secuestradores planeaban aprovecharse de la preocupación de Bookie Bob ante los ojos de su "siempre amante" esposa. Enrique "El Caballo" explica a su colega conspirador que Bookie Bob hará cualquier cosa para evitar que su esposa llegue a saber que las personas le tienen muy poco respeto y que en realidad podrán secuestrarlo y demandar un rescate. Enrique concluye diciendo: "A esto se le llama psicología." La definición poco académica que da de la psicología es característica del uso ligero de una palabra tan frecuentemente oída. La psicología es una palabra mágica y su uso no se caracteriza por una definición precisa.

Las palabras son como los niños. Crecen y en el proceso cambian hasta que en su desarrollo final a veces resulta difícil encontrar semejanza con su significado primitivo. La psicología es un buen ejemplo. Se deriva de dos palabras griegas: *psique* que significa alma, y *logos* que significa palabra. De ahí que literalmente significa "el estudio del alma". En sus observaciones de la personalidad los griegos se preocupaban del alma, frecuentemente conceptuada como el aliento de vida. Los observadores habían notado que al morir la persona cesaba su respiración, y que toda

7

comunicación con el individuo se truncaba. Cuando exhalaba el último suspiro, se creía que el elemento esencial del hombre había escapado de su cuerpo. Por tanto, el estudio del alma fue la tarea principal de estos estudiosos de la personalidad en una era precientífica.

Con el transcurso del tiempo, se efectuó un cambio en el concepto; la psicología había sido una parte del cuerpo general de la filosofía, pero paulatinamente las dos ramas de estudio se separaron y la psicología tomó prestado de los campos científicos en desarrollo más de su metodología y de sus técnicas. Los métodos experimentales, los procedimientos estadísticos, las técnicas de laboratorio se convirtieron en aspectos cada vez más importantes. Anteriormente, las distinciones marcadas entre cuerpo y alma fueron abandonadas, y ya no se creyó necesario prestar atención al alma. La palabra "alma" perdió su lugar en el vocabulario del psicólogo, a medida que dejó al teólogo la tarea de definir palabra tan difícil.

En el proceso muchos psicólogos descartaron todos los conceptos religiosos como indignos de consideración psicológica. Según Gordon Allport: "La psicología sin alma se convirtió en su símbolo de distinción y de orgullo." Algunos psicólogos contemporáneos piensan que sus colegas de épocas anteriores fueron muy lejos al rechazar el alma. Fromm lo dice de esta manera:

> La psicología académica, tratando de imitar a las ciencias naturales y los métodos de laboratorio de pesar y de contar, tuvo que ver con todo, menos con el alma. Trató de comprender aquellos aspectos del hombre que pueden ser examinados en el laboratorio y declaró que la conciencia, los juicios valorativos, y el conocimiento del bien y del mal son conceptos metafísicos, fuera del alcance de la psicología; con más frecuencia se preocupaba por problemas insignificantes que entraban dentro del pretendido método científico que en desarrollar nuevos métodos de estudio para considerar los problemas significativos del hombre. Por lo tanto la psicología se convirtió en una ciencia que carecía de su principal tema: el alma; se preocupaba de la mecánica, de las formaciones reactivas, de los instintos, pero no del fenómeno humano más específico: el amor, la razón, la conciencia, los valores.

Debido a que la palabra "alma" tiene asociaciones que incluyen estos poderes humanos más elevados, la uso aquí.[1]

Debe tenerse en cuenta que la escuela psicoanalítica a la cual pertenece Fromm no siente necesariamente simpatía por los conceptos religiosos. En muchos casos los que practican el psicoanálisis se oponen totalmente a la religión, pero su protesta más bien es en contra de un concepto mecanicista del hombre.

Una rama de la psicología ahora conceptuada como científica ha retenido su interés en la religión. Es conocida como la "psicología de la religión". Tratando de aplicar las técnicas de la psicología al estudio de la religión, esta rama de la psicología bien pudiera llamarse "psicología en busca del alma".

El estudio científico de la religión se ha desarrollado en distintas direcciones. *La historia de la religión* tiene que ver con el pasado y con las metas de una comprensión clara de las formas de religión practicadas en culturas primitivas, trazando su evolución hasta los tiempos modernos. La *sociología de la religión* trata de explorar el lugar y la influencia de la religión en la sociedad, preocupándose de la interacción de la religión con los factores sociales, económicos y políticos. Los marxistas han hecho hincapié en los aspectos sociológicos de la religión. La *psicología de la religión* más específicamente examina la influencia de la religión en los individuos y su ajuste a la vida. Ninguna de estas áreas es exclusiva; siempre hay un constante tomar prestado unas de otras y una constante referencia tanto a la historia como a la sociología de la religión en casi todos los escritos sobre la psicología de religión.

El estudio de la *psicología de la religión* no ha gozado siempre de popularidad. Después de un despertamiento de interés a mediados del siglo XIX, este interés decreció y actualmente hay apatía para discutir el tema. Allport en un análisis penetrante de la situación actual dice que durante los últimos cincuenta años, la

---

[1] Eric Fromm, *Psychoanalysis and Religion* (New York: Yale University Press, 1950), pág. 6. Hay versión castellana: *Psicoanálisis y Religión* (Buenos Aires: Siglo XX.)

religión y el sexo han cambiado sus posiciones en el interés público. Durante la época victoriana, William James escribió *Las Variedades de la Experiencia Religiosa,* y en este trabajo monumental dedicó solamente dos páginas al tema del sexo. El sexo fue llamado, "el instinto del amor" y se trató de una manera muy delicada. Sin embargo, su voluminoso trabajo es evidencia de que estaba dispuesto a discutir la experiencia religiosa en todos sus aspectos. Hoy día, a manera de contraste, los psicólogos y sociólogos escriben con la franqueza de un Freud o de un Kinsey y discuten con bastante libertad, aun los detalles más íntimos de la vida sexual. Pero cuando hay que hablar de religión, los psicólogos, de manera sorprendente, se quedan en silencio, y hay muy poco escrito sobre las experiencias religiosas desde el punto de vista psicológico.

Es difícil comprender esta apatía para examinar la religión cuando uno se da cuenta de que dos terceras partes de los adultos que viven en Estados Unidos de Norteamérica se consideran personas religiosas, y muchas personas tienen afiliación con alguna forma de religión institucionalizada. Además, si bien no pertenecen a iglesias, por lo menos nueve de cada diez personas dicen que creen en Dios. Ya es hora de darle atención a este factor vital de la experiencia humana.

Dificultades en el Estudio

En un análisis del estado de la psicología de la religión, Clark revela que nunca ha gozado de una posición académica elevada como otros campos de estudio psicológico. La psicología de la religión representa un matrimonio a la fuerza entre dos sistemas antagónicos. El novio, un joven científico, recientemente graduado, inteligente, apuesto, se siente un poco avergonzado junto a la novia mucho más vieja que él, solterona, con un vestido muy anticuado y que se sonríe de manera inocente cuando la contemplan los espectadores, como si quisiera buscar su aprobación para elevar su ánimo.

La psicología recientemente arribada a una posición científica, es el novio que se siente avergonzado. No ha sido fácil ganar una posición científica, y siempre está la sospecha de que muchos miembros de la fraternidad científica no están del todo contentos con este advenedizo. Por ende, el psicólogo cada vez más trata de usar los métodos científicos en su trabajo, preparando experimentos y utilizando los procedimientos estadísticos para comprobar sus conclusiones. Llegando a un examen de la religión, la encuentra intangible, compleja, y frecuentemente como por encima de los procedimientos experimentales normales, sintiendo la tentación de dejarla por campos de investigación más prometedores.

Por otra parte como una novia tímida, la religión tiene sus tradiciones, su sentimentalismo, y una cierta ingenuidad hacia la vida. Generalmente los estudiosos de la religión no han tenido una preparación en relación con la investigación del comportamiento. La mayor parte de sus estudios han sido en los campos del idioma, la literatura, la filosofía y la teología. Con este fondo y sin mucha preparación en los métodos de investigación del comportamiento, el estudiante religioso frecuentemente halla dificultad al tratar de tomar parte en una investigación objetiva en la psicología de la religión. A veces se encuentra fastidiado por las amenazas de investigadores irreverentes e iconoclastas que no han apreciado el pasado y el legado tradicional de la religión.

El padre que está en guardia, con el fusil en la mano, es el espíritu científico del siglo XIX que ha entrado en una cruzada para enviar a los científicos a investigar todo fenómeno comprobable. Motivado por el optimismo de que la naturaleza revelará todos sus secretos a la investigación científica, no consideró nada sagrado, ni se intimidó al escrutar todo. Fue inevitable que las instituciones religiosas y las experiencias religiosas se convirtieran en el punto central de la investigación científica.

Si tomamos la analogía del matrimonio a la fuerza, el joven esposo es visto como tratando constantemente de rehacer a su esposa ya mayor. No está satisfecho con nada de ella. Le dice a ella que la ropa interior que luce ya ha pasado de moda. Que su corsé le estorba sus movimientos y que le interrumpen la circulación. Le

dice que otras costumbres ya pasaron de moda y que le privan de
estar cómoda. Que los zapatos que usa en realidad no fortalecen
sus tobillos y que los vestidos hasta el piso no son higiénicos. Con su
preparación científica él considera que es su responsabilidad pro-
porcionarle a su esposa carente de educación el beneficio de su
preparación y le presenta explicaciones racionales y razonadas
para combatir sus ideas sentimentales y anticuadas. Además, hay
tantas maneras por medio de las cuales ella podría mejorarse y la
inunda con sugerencias de nuevas actitudes que ella debiera cultivar hacia su trabajo.

Luego de examinar los primeros escritos de la psicología de la
religión, Uren llega a la conclusión de que no hay valor en el trabajo hecho, puesto que la mayor parte de lo hecho es crítico y no
constructivo. Con el recuerdo de estas actitudes naturalistas y negativas de la psicología de la religión en el pasado todavía muy claras
en la mente, no existe duda de que los creyentes devotos se encuentren un poco alarmados en lo que concierne a actividades futuras.

La psicología y la religión no tienen que ser antagónicas, y
ambos sistemas han sido muy quisquillosos en torno a sus relaciones recíprocas. La religión, ansiosa de conservar los valores del
pasado, se ha mantenido en una actitud defensiva hacia la
psicología, pero en realidad necesita las investigaciones y las preguntas que hace la psicología. Ikin revela que una religión dinámica y la psicología tienen objetivos similares.

La psicología hace un análisis penetrante y trata de destruir el
fariseísmo y la hipocresía. Cristo hizo lo mismo al denunciar la
hipocresía de los líderes de su día y vertió todo su desprecio en
torno al fracaso de ellos en discernir los verdaderos factores que
confrontaban los hombres y las mujeres. La psicología se opone al
tipo de fervor religioso que desvía la atención de la realidad de las
responsabilidades cotidianas. Cristo tenía una actitud similar
cuando condenó las prácticas religiosas tales como el corbán u
ofrenda sagrada, en el que un religioso evadía sus responsabilidades hacia sus padres. La psicología es enemiga de los ritos que cie-
gan a las personas y que les impiden alcanzar su potencial. Lo

mismo era Cristo cuando quebrantó tales prácticas como las leyes sabáticas insistiendo en el bienestar del hombre como más importante que las observancias religiosas.

Aun en sus fundamentos teológicos, la psicología puede prestar un servicio a la religión. Desde 1875, el reverendo Federico Temple, quien posteriormente llegó a ser el arzobispo de Canterbury, resumió la situación de las iglesias de la siguiente manera:

Nuestra teología ha sido vaciada en el molde escolástico, basado en la lógica. Tenemos necesidad de y paulatinamente se nos está obligando a adoptar una teología basada en la psicología. Me temo que la transición no será fácil. Pero nada puede evitarlo.[1]

En gran parte se ha logrado la transición y algunos de los teólogos más perspicaces de nuestros días han presentado los aspectos psicológicos de las formulaciones teológicas.

Por otra parte, la religión puede hacer su contribución a la psicología. La motivación es un campo fértil para el estudio y necesita una investigación mucho más cuidadosa. Los valores y los sistemas valorativos son campos que demandan la investigación. Ambos tienen una peculiar y vital relación con la religión.

Según Allport, una de las críticas de la investigación psicológica en el pasado fue:

Algunas teorías de la conducta humana están basadas principalmente en el comportamiento de personas enfermas o ansiosas o en las piruetas de ratas desesperadas y cautivas. Un número pequeño de teorías ha sido derivado del estudio de seres humanos sanos, aquellos que tratan no tanto de preservar la vida como de hacer que la vida valga la pena. De ahí que encontramos hoy día muchos estudios de criminales, pocos estudios de ciudadanos que se someten a las leyes; muchos estudios del temor, pocos estudios del valor; más sobre la hostilidad que sobre la afirmación; más sobre la ceguera del hombre, poco sobre su visión; mucho del pasado, poco sobre su alcance del futuro.

Las personas con conexiones religiosas presentan una oportu-

---

[1] A. Graham Ikin, *Religion and Psychotherapy* (London: Rylee, 1948), pág. 9.

nidad para el estudio de estas áreas precisas, y la psicología no puede permitirse el lujo de ignorar a estas personas o las fuerzas motivadoras en sus vidas.

Fromm estima que la religión y la psicología tienen metas similares. El teólogo se preocupa por la verdad de su creencia particular, mientras que el psicólogo se interesa en que la religión descubra cuál es su efecto sobre el hombre, y si éste es bueno o malo para el desarrollo de sus potencialidades. Fromm sostiene que mucha de la investigación psicológica trata de descubrir las raíces psicológicas de la religión, mientras que debiera haber mayor preocupación en torno a lo que efectúa la religión tanto negativa como positivamente en las personas.

Uren tiene la convicción de que la investigación psicológica norteamericana ha tenido poco valor apologético y no ha contribuido mucho para confirmar la validez de la experiencia religiosa. La actitud del pasado ha sido, con frecuencia, negativa, con el prurito de que las explicaciones psicológicas del comportamiento religioso indican que Dios no tiene parte en tal actividad. La personalidad del investigador es de fundamental importancia. Uren no exagera la situación.

> Las limitaciones que corresponden al investigador debieran ser consideradas en primer lugar. Muchos psicólogos que tratan la vida religiosa, no la conocen desde el punto de vista de su experiencia. Estamos dispuestos a concederle la razón a Pratt que el psicólogo, que es extraño a los sentimientos religiosos, puede saber tanto acerca de religión como un hombre ciego sabe de colores o una persona átona en cuanto a música, pero, nosotros agregaremos algo más. Es una situación psicológica común que los hombres pueden carecer en tal forma de ciertas capacidades mentales, que son incapaces de discernir su presencia en otros... de hecho, un psicólogo irreligioso no sabe de qué está hablando. Por cierto sabe algunas cosas acerca de la religión, pero no conoce lo que es la religión.[1]

_____
[1] A Rudolph Uren, *Recent Religious Psychology* (New York: Charles Scribner's Sons, 1928), págs. 269, 270.

La objetividad completa es una meta recomendable para todos los escritores, pero no es cosa fácil de lograr. Con demasiada facilidad el autor inclina la balanza en una u otra dirección. Así como la declaración anterior de Uren lo revela, la propia objetividad puede fácilmente representar una actitud antagónica, puesto que la comprensión se encuentra en el centro de la experiencia religiosa. El escritor de este volumen es también un ser humano, y asumirá una actitud investigadora de simpatía hacia la religión. Para algunos esto representará un prejuicio, pero sencillamente será un prejuicio favorable y no uno negativo, como frecuentemente se encuentra en los juicios del pasado en el campo de la psicología de la religión.

Otra dificultad en el estudio de la psicología de la religión es la objeción por parte de algunos individuos que creen que un psicólogo no tiene derecho de investigar un campo tan personal e íntimo como lo es la religión individual. Un joven en una clase de psicología de la religión en un seminario, objetó muy enérgicamente alegando que el estudio del tema estaba perjudicando su fe. Afortunadamente la fe de este joven soportó muy bien la prueba. Sin embargo, si una persona bien educada siente temor ante la perspectiva de un estudio de esta naturaleza, fácilmente se puede ver que un individuo no educado se sentirá amenazado por dicha experiencia.

El Campo en Donde Germinó el Estudio

Siendo que los norteamericanos son descendientes de personas que emigraron físicamente de Europa, hay en ellos un constante retorno en el renglón cultural a la tierra de sus antepasados. Herberg revela este fenómeno sorprendente de los descendientes de emigrantes de Europa que constantemente estaban añorando la tierra de sus antepasados. Los estudios revelan que si bien los emigrados en su segunda generación se encuentran ansiosos por despojarse de sus asociaciones primitivas, existe una tendencia para que la siguiente generación se interese en la cultura de sus abuelos. La ley de Hansen lo expresa de esta manera: "Lo que el hijo quiere

olvidar, el nieto desea recordar." Un visitante del extranjero en los
Estados Unidos de Norteamérica, se sorprende ante el orgullo con
el cual las personas recuerdan a sus antepasados irlandeses, escoce-
ces, ingleses, etcétera. De igual interés es la veneración con la cual
muchos hablan de las instituciones educativas europeas.

En la mayoría de los campos de estudio teológico siempre hay
un retorno constante a las autoridades europeas. Muchos seminarios tienen como requisito el que sus estudiantes graduados
estudien el francés y el alemán. La implicación es que los
materiales mejores y básicos se encuentran en dichos idiomas. De
igual manera, en el estudio de la psicología hay una frecuente
referencia a las autoridades europeas destacadas, y a menudo se
encuentran tales nombres como Freud, Jung, Adler, y Wundt.

La situación es muy diferente en el estudio de la psicología de
la religión, puesto que si bien han existido contribuciones ocasio-
nales provenientes de Europa, los Estados Unidos de Norteamérica
han sido la fuente principal de la mayor parte de los trabajos más
destacados. Podría decirse que el estudio de la psicología de la religión es la contribución especial norteamericana al cuerpo total del
conocimiento teológico. Hay un número de razones por las cuales
el estudio de la psicología de la religión nació y germinó en tierra
norteamericana. El erudito inglés Uren, ha formulado varias de
estas razones que demandarán nuestra atención.

Hay mucha religión en los Estados Unidos de Norteamérica.
Si bien el libro de Uren fue escrito en 1928, el paso del tiempo no
ha alterado significativamente la situación. De hecho, existe más
religión hoy día que la que existía en tiempos de Uren.

Estados Unidos de América se destacó y continúa destacán-
dose por el número de sectas religiosas. El número de denominaciones de tamaño considerable en los Estados Unidos hoy día ha
sido calculado entre 236 y 267, según como se consideren los
números, y hay muchos grupos periféricos que no han sido incluidos. La pura multiplicidad de tipos de expresión religiosa ofrece
mucha posibilidad al investigador.

La religión no ha sido algo estereotipado en los Estados Uni-

dos. En muchos países donde hay una iglesia del Estado o una denominación que predomina ha existido una tendencia sutil para que el tipo de gobierno y la teología de esta iglesia se exprese en las religiones restantes. Esto es cierto de manera especial en los países en que predomina el catolicismo romano, donde la iglesia es una parte integral del gobierno e impone su perspectiva sobre la totalidad de la población, lo cual produce una expresión estereotipada de la religión. Como cualquier muchacho de escuela lo sabe, una de las características del escenario norteamericano ha sido la de libertad de expresión religiosa. Los primitivos peregrinos en Estados Unidos llegaron a sus costas buscando libertad religiosa. Es verdad que en los primeros días muchos no estuvieron dispuestos a conceder a otras personas que diferían de ellos la libertad que ellos buscaban para sí mismos. Pero la libertad de religión llegó a ser uno de los conceptos fundamentales del escenario norteamericano. Los norteamericanos pueden dar su lealtad a cualquier forma de expresión religiosa que deseen y algunas de éstas son, a veces, extremas y sin inhibiciones. Aun dentro de las mismas afiliaciones denominacionales hay considerable diversidad de vida eclesiástica.

Los norteamericanos parecen estar más dispuestos que otras personas a hablar de sus experiencias.

Un visitante del extranjero jocosamente dijo: "Los norteamericanos parecen más dispuestos a hablar, punto." La actitud franca no está limitada a la discusión de la religión. Es dudoso que las entrevistas empleadas con relación al informe Kinsey hubieran podido realizarse en cualquier otra parte del mundo; sin embargo, en Estados Unidos el proceso fue bastante sencillo debido a la franqueza que existe. Regularmente se llevan a cabo muchísimas encuestas en la totalidad de la población y la mayoría de las personas cooperan.

He aquí algunos de los elementos que integran el trasfondo para el estudio: En primer lugar, la nueva nación, integrada por personas con una infinidad de variedades de fondos y no limitada por la tradición, donde la religión es popular, diversificada en su expresión y francamente admitida. En segundo lugar, las personas, comisionadas para el proceso de la investigación y de las encuestas, son materia dispuesta para expresar sus opiniones. El investigador tiene un campo abierto y no es de sorprender que el estudio de la psicología de la religión arraigara y madurara en los Estados Unidos.

Jonatán Edwards, el gran pionero

Si hay una persona a quien pueda designarse como el pionero en el campo de la psicología de la religión, muchos estarán de acuerdo con Uren al decir que fue Jonatán Edwards. Su papel no fue consciente, puesto que, en los tiempos de Edwards, la psicología no se conocía como un sistema separado, y él se hubiera conceptuado predominantemente como teólogo y predicador. Sin embargo, su observación sistemática y su análisis de los hechos de la experiencia religiosa le conceden a él el sitial de honor, el estudiante pionero de la psicología de la religión.

Jonatán Edwards nació en 1703 y fue educado en la Universidad de Yale. Cuando murió en 1758, era el rector del Colegio de Nueva Jersey (ahora Universidad de Princeton). La mayor parte de su vida la pasó como pastor de la Iglesia Congregacional de América, desde cuya perspectiva fue testigo de distintos avivamientos religiosos.

El movimiento espiritual que estaba desarrollándose vigorosamente causó conflicto entre las iglesias más conservadoras y aquellas que predicaban el avivamiento. Después hubo muchas discusiones siendo Carlos Chaucy campeón de la causa de la respetabilidad, la sobriedad y la razón en la vida cristiana, y Jonatán Edwards defensor de los avivamientos. Habiéndose iniciado como un movimiento del pueblo, el énfasis del avivamiento se convirtió en el mensaje de la frontera. Ricardo Niebuhr declara:

Sin embargo, la heredera del movimiento fue la iglesia bautista . . . Desde esa fecha en adelante los bautistas se convirtieron en los exponentes de la religión de la *frontera* en la Nueva Inglaterra . . . la iglesia bautista parecía convertirse en la rama fronteriza del congregacionalismo.[1]

Examinando cuidadosamente los eventos que sucedieron a su alrededor, Edwards escribió acerca de los mismos en 1734 en su libro intitulado *A Faithful Narrative of the Surprising Work of God in the Conversion of Many Hundred Souls* ("Crónica Fiel de la Obra Sorprendente de Dios en la Conversión de Centenares de Almas".) Observando los efectos del avivamiento en 1740, tomó su pluma y escribió sobre el tema bajo el título de: *Some Thoughts Concerning the Present Revival of Religion in New England* ("Algunos Pensamientos en Torno al Presente Avivamiento de la Religión en Nueva Inglaterra".)

A Edwards se le recuerda generalmente por su famoso sermón: "Pecadores en manos de un Dios airado". Considerando las circunstancias bajo las cuales fue predicado el sermón y la reacción violenta que siguió a su presentación, ofrece un estudio psicológico fascinante. Podemos reconstruir el cuadro y ver a Edwards, un hombre alto, delgado, decidido y con una mirada que penetraba hasta lo más íntimo, subir lentamente al elevado púlpito donde se preparó para dirigirse a la congregación. El manuscrito total del sermón se encontraba frente a él sobre el púlpito, escrito en un pequeño librito con páginas tamaño 6 por 8 centímetros y cosidas a mano. Sus atributos esenciales eran sus ojos y su voz, lánguida con una nota de melancolía, que usaba muy efectivamente con pausas muy bien preparadas y gran nitidez de pronunciación.

La tradición dice que colocó su escrito sobre la Biblia abierta del púlpito, manteniendo su dedo en el lugar donde iba leyendo. La escritura era tan pequeña y la página de su sermón tan llena, que seguía su propia letra con alguna dificultad, particularmente en un día obscuro, puesto que el templo no tenía iluminación salvo la del sol. El cuadro era muy diferente de la idea que por lo general se tenía de una reunión de avivamiento con un predicador

---

[1] H. Richard Niebuhr, *The Social Sources of Denominationalism* (Hamden, Conn.: The Shoe String Press, 1954), págs. 151-168.

entusiasta y gritón, y es difícil explicar el éxito que tuvo. No obstante, hubo respuesta, y las gentes gemían, lloraban, gritaban, haciendo que el predicador se detuviera y fijara sus ojos en la soga del campanario. Solamente un conocimiento muy amplio de la época podría dar una evidencia para evaluar los resultados contundentes en un marco tan poco propicio.

Los sermones no son para ser leídos; sin embargo, al leer el mensaje de Edwards uno puede sentir el fervor del predicador a medida que "paulatinamente, con una deliberación implacable, se prepara con el objeto de lanzar una monstruosa acusación en contra de la humanidad". La imagen que evoca es la de una araña.

Al tratar de hacer una evaluación de este sermón, algunos investigadores han sacado conclusiones sorprendentes. Coleman llega a la conclusión de que un "sadismo cruel" llenaba la fantasía de Edwards. Otros críticos se sorprenden por la imagen de la araña. Siendo un muchacho de doce años Edwards había escrito una obra maestra basada en la observación microscópica en un ensayo intitulado: "La Araña". Algunos han pensado que Edwards era en realidad un científico en potencia obligado a entrar en los caminos de la teología y por lo mismo expresando su amarga decepción. Sin embargo, Edwards usó muchas metáforas, y era natural que se fijara en la figura que había ocupado su mente por tanto tiempo en épocas anteriores.

Pensando en Edwards como un ferviente evangelista, es demasiado fácil considerarlo como un extremista. En muchas formas él fue en gran manera moderado, y capaz de tomar una posición objetiva y evaluar aquello que estaba aconteciendo. Miller revela que al principio Edwards estaba ocupadísimo en discutir con Chauncy, el crítico del movimiento, refutando sus acusaciones. Posteriormente, se preocupó por sus propios seguidores cuando muchos de ellos llegaron a excesos y discutió contra sus propios seguidores condenando el entusiasmo desenfrenado.

Edwards fue un hombre de raras dotes intelectuales. Miller declara que él hizo "la más profunda exploración de la psicología religiosa de toda la literatura norteamericana".

Fay afirma que Edwards se anticipó a William James al hacer un estudio psicológico de las variedades de las experiencias religiosas. Un examen de la obra de James, *The Varieties of Religious Experience*, ("Variedades de la Experiencia Religiosa"), revela que tenía muy amplio conocimiento de los escritos de Jonatán Edwards y que se valió libremente de ellos para ilustrar muchos de sus puntos. Uren dice de Edwards:

Además poseía un poder introspectivo maravilloso. Ciento setenta y siete años antes de Freud, Edwards se encontraba poseído por el significado de los sueños para revelar una inclinación escondida, reprimida durante su vida consciente.

El trabajo más destacado de Edwards fue producido en 1746 con la publicación de: *Treatise Concerning Religious Affections*, ("Un Tratado Acerca de los Afectos Religiosos"). Fue la primera obra importante publicada en Norteamérica sobre la religión como experiencia. Edwards se encontraba ampliamente capacitado para escribir sobre dicho tema, habiendo tenido profundas convicciones religiosas y habiendo poseído un intelecto tanto discernidor como discriminador. Además de ser un ministro envuelto en el trabajo de la iglesia, era un minucioso observador, poniendo atención en las emociones y los sentimientos que frecuentemente van asociados con la vida religiosa. Con un análisis acabado discernió entre las experiencias espurias y las genuinas, entre lo incidental y los elementos esenciales de la experiencia religiosa. En muchas formas y mucho antes de su tiempo, este gran erudito vislumbró aquello que posiblemente podría lograrse al examinar la experiencia religiosa.

Resumen

La palabra "psicología" ha tenido una evolución lenta y frecuentemente tortuosa. Originalmente significaba el estudio del alma; la naciente psicología científica gustosamente se olvidó de la idea del alma. Puede afirmarse que la psicología de la religión es un retorno a la búsqueda histórica de la psicología al investigar las experiencias del hombre en torno a la religión y a la vida. El interés ha disminuido puesto que, pese a una membresía creciente de la iglesia, los interrogantes lanzados a la experiencia religiosa no son bien recibidos.

Hay ciertas dificultades en el estudio. Puesto que representan dos muy diferentes perspectivas de la vida, la psicología y la religión no se unen fácilmente. Además, algunos de los primeros escritos en torno a la psicología de la religión, casi invariablemente fueron negativos en sus actitudes y en sus comprobaciones sobre la religión. Pero los dos sistemas pueden asociarse y algunos psicólogos han visto que tanto la psicología como la religión tienen metas similares. Pese a las formulaciones de escritos anteriores, este libro acepta la posibilidad de que la psicología de la religión tenga un cierto valor apologético.

Si bien gran parte del cuerpo del conocimiento teológico se remonta a Europa, la psicología de la religión es un fenómeno distintivamente norteamericano. Muchos rasgos se unen para constituirlo. La extensión de la religión, el número de sectas, la disposición para discutir, todos hacen que Norteamérica sea el campo preeminentemente apto para el estudio.

El gran pionero Jonatán Edwards generalmente es conceptuado como un predicador de avivamientos religiosos, pero también era un minucioso investigador de las experiencias religiosas individuales. En muchas formas y antes de su tiempo él previó algo del trabajo que posteriormente se realizaría.

2

DESARROLLOS POSTERIORES
DE LA BUSQUEDA

Por más de cien años existió un desinterés en el estudio de la psicología de la religión. Parecía que los esfuerzos pioneros de Jonatán Edwards iban a caer en saco roto. Entonces llegaron los primeros indicios del interés científico del siglo XIX. Karl Marx estaba formulando sus teorías sociales revolucionarias, y Charles Darwin estaba declarando sus igualmente controvertibles conceptos en torno a la evolución orgánica. Como un niño que llega a la madurez y sale de su hogar para comenzar una nueva vida, la psicología estaba entrando en su propia existencia por separado y apartándose de la filosofía. Durante este período la ciencia y la teología frecuentemente se encontraron en conflicto. Pero, de todas las áreas científicas, la psicología era la que con seguridad confrontaría la religión a medida que comenzaba a enfocar su atención en la mente y personalidad del hombre.

Se ha dicho que la psicología tiene una historia breve con un pasado larguísimo. Si bien la mayoría de los investigadores trazan el estudio a los antiguos griegos, la fundación del laboratorio psicológico: "Wilhelm Wundt", en Leipzig en 1879 señala una nueva etapa en el estudio psicológico. El espíritu científico de la época estaba haciendo su impacto en el naciente sistema, y el espíritu en evolución inevitablemente fijó sus ojos en la experiencia religiosa como un factor que afectaba la personalidad. La psicología de la religión entró en su día de triunfo y de muchas partes se oyeron voces. Grandes personalidades participaron en el drama de su desarrollo. La cronología y la secuencia de su obra no es siempre clara. El familiarizarse con algunas de las personalidades ayuda al estudiante de la psicología de la religión para trazar el camino de su desarrollo.

G. Stanley Hall

Luego de graduarse del Colegio Williams, G. Stanley Hall asistió por un año al Union Theological Seminary en la ciudad de Nueva York. Tras un viaje a Alemania para estudiar filosofía, regresó al Seminario para recibir su título en divinidades. Evidentemente, los criterios teológicos de Hall no siempre fueron ortodoxos. El mismo nos dice que mientras estuvo en el Union Theological Seminary, predicó un sermón en su clase de homilética, y el profesor en lugar de hacer comentarios, se arrodilló y oró por su alma. Su carrera ministerial fue muy breve. Después de ser pastor por diez semanas en una iglesia rural, aceptó el llamado para ser profesor de filosofía y de inglés en la facultad de Antioch.

El trabajo pionero experimental de psicología se estaba realizando en Alemania. Wundt era el gigante de esa época. Tras la publicación de uno de los libros de Wundt, G. Stanley Hall fue cautivado por las posibilidades del estudio psicológico. Se matriculó en la Universidad de Harvard, trabajó como tutor y estudió con el célebre William James, En 1878, finalizó su primer doctorado norteamericano en psicología. Hall viajó a Alemania para hacer estudios adicionales y vivió al lado de Fechner, el destacado psicólogo experimental. Hall llegó a ser el primer estudiante norteamericano de Wundt.

Regresando a Norteamérica, finalmente asumió la presidencia de la Universidad Clark y fundó la Asociación Psicológica Americana, siendo electo su primer presidente. Kemp atribuye a Hall el establecimiento del primer laboratorio de psicología en Norteamérica en el año 1883. A lo largo de su carrera, Hall trabajó con ahínco con una variedad de campos. Fue uno de los

primeros en introducir el psicoanálisis a los psicólogos norteamericanos, invitando a Freud y a Jung para que presentaran una
conferencia en la Universidad Clark en el año 1909. Debe notarse
que Freud no fue impresionado por Norteamérica. El comentó:
"América es un mal experimento que llevó a cabo la Providencia.
Al menos, yo creo que debió haber sido la Providencia, pues a mí
no me habría gustado ser el autor de tal creación."

William James asistió a aquellas primeras conferencias en la
Universidad Clark en 1909. Habiendo quedado intrigado tanto
por Freud como por sus ideas, James lo invitó a su campamento
veraniego en las montañas Adirondacks. Para agasajar al distinguido huésped, fueron al bosque y prepararon una comida de
carne asada. Aquella comida fue el horrible comienzo de una indi-
gestión que le sobrevino a Freud, según Barnays, y de su actitud
antiamericana. "Todavía son salvajes allí" se quejó, "¡preparan su
alimento en el bosque sobre piedras calientes!"

El 5 de febrero de 1881, en la segunda de una serie de doce
conferencias públicas en Harvard, G. Stanley Hall, informó por
primera vez acerca de sus estudios empíricos de la religión y de la
conversión. Walter Houston Clark comenta:

> El primer gran estudiante de la psicología del adolescente, G. Stanley
> Hall, fue grandemente ridiculizado en 1881 cuando en una conferen-
> cia pública en la ciudad de Boston señaló que ésta era la edad más ca-
> racterística para las conversiones.[1]

La culminación del trabajo de G. Stanley Hall llegó en 1904
con la publicación de su libro, *Adolescence*, ("Adolescencia"), en el
cual trató el aspecto de la adolescencia en relación con las otras
experiencias de la vida. Dentro de éstas incluyó la religión y la
educación.

En el campo de la metodología, el historiador Pillsbury acredita a G. Stanley Hall con el desarrollo del inventario como téc-

---

[1] Walter Houston Clark, *The Psychology of Religion* (New York: The Macmillan Co.,
1958), pág. 207.

nica de investigación. Desde este comienzo, el inventario llegó a ser uno de los instrumentos más generalizados de la investigación de la psicología de la religión. G. Stanley Hall es una de las grandes figuras en este campo. Acerca de él dice Kemp:

> Nadie puede ser justificadamente llamado el fundador de la psicología de la religión, pero en gran medida el crédito se debe a G. Stanley Hall como el exponente principal, no solamente por sus propios esfuerzos sino por el hecho de que era el tipo de personalidad que inspiraba a otros a que tuvieran interés en el campo.[1]

Además, gran parte del crédito por haber enfatizado el estudio de la vida humana en general y del período adolescente de la vida en particular debe ser dado a G. Stanley Hall y a la escuela que él fundó.

Edwin Diller Starbuck

Starbuck, quien vivió de 1866 a 1947, fue el autor del primer libro sobre el estudio de la psicología de la religión. Mientras estudiaba en la Universidad de Harvard bajo William James, trató de interesar a James en un proyecto que tenía que ver con la investigación de la experiencia religiosa. En el prefacio del libro de Starbuck, James relata sus reacciones:

> El doctor Starbuck, que era entonces estudiante en la Universidad de Harvard, trató de ganar mi simpatía en su encuesta estadística de las ideas y las experiencias religiosas de su población circundante. Me temo que a juicio de él yo condené el proyecto íntegro con mis palabras carentes de estímulo...
> Debo decir que los resultados justifican ampliamente su propia confianza en sus métodos, y que me siento un tanto avergonzado al presente de la pequeñez de mi propia fe.[2]

---

[1] Charles F. Kemp. *The Church: The Gifted and the Retarded Child* (St. Louis: The Bethany Press, 1957), pág. 100.

[2] Edwin Diller Starbuck, *The Psychology of Religion* (London: Walter Scott, 1901), pág. vii.

La premisa básica de Starbuck era de que "no hay evento en la vida espiritual que no ocurra de acuerdo con leyes inmutables". Tratando de descubrir las leyes, llevó a cabo una investigación utilizando inventarios abiertos que él denominó cuestionarios. Las preguntas requerían información en torno a la edad de la conversión, las fuerzas y los móviles conducentes a dicha conversión, las experiencias previas a la conversión, los efectos mentales y corporales que acompañaron la conversión, los sentimientos posteriores a la conversión, el carácter de la nueva vida, y las experiencias de aquellos cuyo despertar religioso asumió la forma de una evolución paulatina.

El número de casos empleados para el estudio en torno a la edad de la conversión fue de 1.265 con 192 que fueron seguidos por un estudio más intensivo de los factores en la experiencia religiosa. Para estudiar las líneas de crecimiento religioso, se emplearon 272 casos. En cada instancia Starbuck hizo un análisis cuidadoso de la respuesta de los sujetos. Posteriormente y con meticulosidad clasificó el material antes de proceder a hacer sus afirmaciones.

Starbuck concluyó que la edad promedio de conversión para los hombres era a los 16.4 años y la edad para las mujeres a los 14.8 años. El importante descubrimiento de sus escritos fue que "los aspectos físicos y espirituales del desarrollo en casos individuales tienen la tendencia de suplementarse". Esta declaración ha conducido a que algunos escritores se refieran a la "perspectiva psicológica física" de Starbuck.

En la introducción a su libro, tratando de evaluar su investigación, Starbuck expresa su opinión de que la psicología ayudará a la religión a descubrir objetivos más amplios en cuanto a la educación religiosa.

Ampliando sus generalizaciones, Starbuck casi se convierte en predicador sobre algunos temas. Por ejemplo, su conclusión de que hay tres preceptos importantes para el desarrollo del individuo:

1. *En la infancia, el conformismo*. El niño aprende al acep-

tar y al aprender la obediencia en los patrones culturales de su sociedad.

2. *La juventud, el ser uno mismo.* El joven debe aprender a desarrollar su propia individualidad y descubrirse a sí mismo como persona.

3. *En la madurez, perderse a sí mismo.* Aquí Starbuck afirma que la única forma para vivir con éxito es perderse en una gran empresa de ayuda y de servicio a los congéneres.[1]

El trabajo de Starbuck representa una magnífica contribución al campo del estudio de la psicología de la religión, pero hubo muchas críticas. Una de ellas es que trató de abarcar demasiado. Sorprendentemente hay otros críticos a quienes les disgusta su preocupación por el fenómeno de la conversión. Otra crítica es su escaso número de casos que no fueron lo suficientemente representativos de los distintos trasfondos religiosos y de los distintos niveles de vida. Una deficiencia que ven otros, es que Starbuck aceptó ciertas declaraciones sin espíritu crítico. Dentro de los casos, seis personas dijeron que eran perfectas. Evidentemente, Starbuck aceptó este criterio sumamente elogioso de sus propias vidas. Una crítica final por parte de algunos es que Starbuck parece implicar que la adolescencia es la causa de la conversión.

George Albert Coe

George Albert Coe invirtió toda su vida investigando la psicología de la religión y escribió el libro, *The Spiritual Life* ("La Vida Espiritual"). Starbuck ha dicho: "mucho depende del temperamento". Coe se dispuso a descubrir cuánto se debía al temperamento.

Coe hizo un estudio intensivo de setenta y siete individuos que tenían una mente y un cuerpo sanos y una educación moral y religiosa positivas. Confeccionó una lista de preguntas, muy parecidas a las técnicas proyectivas modernas que estaban dirigidas a revelar patrones de personalidad como así también ciertos hechos

---

[1] *Ibid.,* pág. 415.

en torno a los que contestaban. Siguiendo las respuestas a estas preguntas, él examinó a sus sujetos, luego tuvo entrevistas con amistades y conocidos de ellos para comprobar y constatar las respuestas. Coe completó su metodología usando el hipnotismo, en un esfuerzo por descubrir hasta qué grado podía ser sugestionado el sujeto, y llegó a la conclusión de que la posibilidad de ser sugestionado estaba en grado ascendente en personas que esperaban y experimentaban conversiones espectaculares. Sin embargo, así como lo señala Johnson, Coe no trató de indicar que esto explicaba la conversión o bien que probaba que las experiencias de la conversión eran meros acontecimientos mecánicos.

El trabajo de Coe es de valor por varias razones. Mientras las investigaciones de hombres posteriores tales como Jung nos han proporcionado mejores clasificaciones de temperamento, Coe fue responsable de hacer hincapié al principio en su importancia. También mejoró el uso del inventario, suplementándolo con entrevistas personales y discutiendo las respuestas de los sujetos con los amigos conocidos. También recalcó la experimentación al usar de la hipnosis como instrumento de investigación. Sin embargo, la mayoría de las autoridades piensa que las pruebas de Coe no fueron lo suficientemente representativas como para llegar a conclusiones válidas.

William James

Justamente un año después de haber aparecido el libro de Coe, el profesor William James de la Universidad de Harvard dio las Conferencias Gifford en la Universidad de Edimburgo. William James fue una de las grandes figuras en el escenario norteamericano. Fue invitado a Edimburgo en 1901, pero el verano anterior, mientras estaba de vacaciones, se perdió en el bosque. Esta tensión le afectó el corazón y fue obligado a posponer por un año sus conferencias. Durante este período William James tuvo tiempo para reflexionar sobre su tema, y su descanso forzado pudo haber contribuido a la calidad de las conferencias que finalmente presentó. Las Conferencias fueron publicadas en 1902 bajo el título: "Variedades de la Experiencia Religiosa". Es uno de los libros más fascinantes jamás escritos sobre el tema.

Si bien Uren dice que James no era un cristiano profesante, Kaltenborn habla de él como un hombre de gran percepción espiritual. Dotado de una excelente preparación para su trabajo, siendo un hábil estudiante de filosofía y psicología, con una sorprendente comprensión de los seres humanos y teniendo un refinado estilo literario. El hermano de William James, Henry, fue novelista, y se ha dicho que William escribió psicología como un novelista, mientras que su hermano escribió novelas como un psicólogo. El material empleado por James fue en gran parte derivado de casos registrados. Muchos de los casos eran extremos en torno a la creencia y comportamiento religiosos. James dice:

> Debemos buscar más bien las experiencias originales que fueron las que determinaron los patrones a toda esta masa de sentimientos sugeridos y conducta imitada. Estas experiencias sólo las podemos encontrar en individuos para quienes la religión existe no como un hábito forzado y aburrido sino como una fiebre aguda.[1]

Dos sugestivos capítulos sobre la conversión se apoyan poderosamente en el almacenamiento de datos y de conocimiento recabados por su antiguo alumno, Starbuck. Ya ha sido señalada la apatía desplegada por James para con la investigación de la psicología de religión de Starbuck. En este caso el estudiante inspiró a su maestro, quien entonces se convirtió en la figura destacada en el campo.

James usó muchas ilustraciones concretas en su libro, siendo algunas de un comportamiento religioso intenso.

Preocupado por la centralidad de los sentimientos en la experiencia religiosa, la filosofía pragmática de James está constantemente en el fondo de su pensamiento. Lo pragmático ha sido definido así: "La verdad es aquello que opera bien sobre la totali-

---

[1] William James, *The Varieties of Religious Experience* (New York: Longmans, Green and Co., 1928), pág. 6.

dad." Lo que la religión aportaba a sus adeptos era de grandísima importancia para James. El se preocupaba más con las manifestaciones exteriores de la experiencia religiosa que con los sentimientos interiores. Sin prestar mucha atención a los orígenes de la religión, desplegó gran interés en la actividad que resultaba de la misma. "Los frutos, no las raíces" ha sido una descripción de su concepto fundamental. Una de sus frases más ilustrativas fue: "la verdad es aquello que da resultado".[1]

Una evaluación iluminadora de William James proviene de la pluma de uno de sus estudiantes, H. B. Kaltenborn, posteriormente convertido en un famoso comentarista radial. De James dice Kaltenborn: "El fue quizá la persona más genuina y de criterio más amplio que jamás he conocido." Kaltenborn ilustra esto al narrar que James, ansioso de investigar sus teorías en torno al mundo espiritual, invitó a la famosa medium espiritista Eusapia Palladino a venir a Cambridge. En una sesión privada, el psicólogo alemán Hugo Munsterberg, quien estaba enseñando en la Universidad de Harvard por esa época, la sorprendió en el acto de sonar una campana con los dedos de los pies. Como resultado, se oyó una rima por toda esa famosa universidad. La letrilla decía:

> Pín, marín, dedo pingüe
> Coge a Eusapia por el pie
> Si ella grita mostrará
> Que no sirve la doctrina
> De don James.

Aun la credulidad desplegada en el incidente era evidentemente típica del amplio criterio de William James.

Se han presentado muchas críticas en contra del famoso libro de James, la principal es que está fundado en casos excepcionales. Uren dice: "Uno termina de hojear este volumen fascinante con la impresión de que solamente el extremadamente vicioso o el extre-

---

[1] H. V. Kaltenborn, *Fifty Fabulous Years* (New York: G. P. Putnam's Sons, 1950), pág. 48.

madamente neurótico puede tener una experiencia religiosa que valga la pena."[1]

Para justificar a William James, se podrá decir que él ve lo anormal como la exageración de lo normal y concibe la posibilidad de ver mecanismos mentales perfeccionados por un examen más minucioso del que fue posible en su estado normal. No obstante debe reconocerse que William James ve poco valor en los aspectos intelectuales de la religión. Sin embargo, continúa siendo un gigante y las palabras contenidas en una carta de gratitud escritas a Kaltenborn hace muchos años proporcionan una medida de la estatura genuina de James: "Durante toda mi vida he tratado de ser bueno, pero sólo he logrado ser grande."

Desarrollos más Recientes

El desarrollo del estudio de la psicología de la religión no ha sido siempre igual. Después de la gran obra de James, surgió una serie de otros volúmenes y al fin murió el interés. *An Introduction to the Psychology of Religion,* ("Una Introducción a la Psicología de la Religión") de Robert Thouless fue publicada en 1923. Es evidente la influencia de Freud en un capítulo sobre lo "consciente" y otro sobre lo "inconsciente". La teoría de la motivación basada en el instinto de MacDougall, se ve en los capítulos sobre el instinto, el instinto sexual y la religión, el instinto gregario y la religión. El libro tiene un atractivo para el estudioso de estas reflexiones de los énfasis psicológicos del día. Habiendo sido escrito hace más de cincuenta años continúa siendo uno de los mejores libros sobre el tema.

En 1929, Elmer T. Clark, en su libro *The Psychology of Religious Awakening* ("La Psicología del Avivamiento Religioso"), habla acerca de su extensa investigación sobre la conversión. Clark trató de comparar los resultados de la investigación de Starbuck en el despertar religioso con el suyo propio llevado a cabo entre los años 1920-1930. Otro significativo volumen es *The*

---

[1] Uren, *op. cit.*, pág. 72.

Psychology of Christian Personality ("Psicología de la Personalidad Cristiana") por Ernesto M. Ligon. Es un estudio de la vida religiosa tomado del Sermón del monte. Ernesto Ligon ha estado a la vanguardia de la investigación de la experiencia religiosa y al presente es el líder del "Proyecto de Investigación Sobre el Carácter". El desarrollo más reciente de su pensamiento en torno a la investigación se puede hallar en sus *Dimensions of Character* ("Dimensiones del Carácter".)

Antón T. Boisen abrió un derrotero nuevo y diferente en la psicología de la religión y ayudó a desarrollar un concepto revolucionario en la educación teológica. Boisen había estudiado en el Union T. Seminary especializándose en el campo de la psicología de la religión. Como resultado de una enfermedad emocional, pasó algún tiempo como paciente en un hospital para enfermos mentales. Obligado a permanecer allí después de su restablecimiento, sus observaciones minuciosas lo llevaron a la conclusión de que en muchas formas de enfermedades mentales había problemas más bien religiosos que médicos, y se propuso entregar toda su vida a ayudar a los enfermos mentales.

Cinco años más tarde, después de mucho estudio y muchas experiencias desalentadoras, Boisen fue nombrado capellán del hospital estatal Worchester en Massachusetts. Fue el primer ministro religioso que jamás tuvo tal puesto. La contribución peculiar del trabajo de Boisen fue el introducir los estudiantes de teología al trabajo de un hospital mental. El director del hospital, doctor William B. Bryan, fue la personalidad decisiva. Cuando Boisen solicitó permiso para introducir a los estudiantes de teología al trabajo del hospital, Bryan respondió que gustoso abriría las puertas del hospital aun a un veterinario si pudiese ayudar a sus pacientes. Al principio, trabajaron como asistentes o ayudantes pero con el tiempo el programa se desarrolló hasta llegar a convertirse en educación pastoral clínica. Preocupado por las necesidades de los pacientes, Boisen también editó un himnario que pensó sería un complemento tanto a la adoración como al restablecimiento del paciente.

En el campo de la literatura, la obra mejor conocida de Boisen es *The Exploration of the Inner World* ("La Exploración del Mundo Interior"). Es un libro sorprendente desde muchos puntos de vista. Boisen comienza relatando francamente sus propias dificultades emocionales durante el tiempo de su hospitalización. Entonces trata de trazar el desarrollo de otros que tuvieron experiencias similares. Con una facilidad sorprendente, discurre sobre pacientes hospitalizados al mismo tiempo que él y hace que participen en la discusión George Fox, John Bunyan, Swedenborg, Jesús, y Pablo. Para Boisen, es asunto sencillo comparar a Alberto W., a quien él conoció en el hospital, con George Fox, el fundador del movimiento cuáquero. Con todo es un libro estimulante, que provoca el pensamiento, lo que es significativo.

Boisen ha sido llamado "el padre de la educación pastoral clínica" que se ha generalizado en varios países y representa un esfuerzo para unificar las percepciones tanto de la psicología como de la religión. En la educación clínica pastoral, el estudiante aprende a trabajar con otros profesionales: médicos, enfermeras, dietistas, fisioterapistas, y trabajadores sociales adquiriendo percepción de su obra y llegando a verse a sí mismo como parte del equipo. La supervisión es una característica esencial de la preparación clínica pastoral, con el educando colaborando muy estrechamente bajo la guía de un capellán supervisor. Los informes de sus contactos son escritos y luego discutidos con el supervisor. Hay un resultado triple: el educando se descubre a sí mismo, aprende a trabajar en una relación interdisciplinaria, y adquiere pericia al ayudar a otros.

La fascinante historia de la evolución de todo el movimiento del cuidado pastoral ha sido escrita por Carlos Kemp en *Physicians of the Soul* ("Médicos del Alma"). Como un maestro activo en el campo, después de años de trabajo práctico en las iglesias, Kemp ha recalcado la relación del movimiento de orientación al trabajo del pastor, así como lo demuestra en su libro *The Pastor and Vocational Counseling* ("El Pastor y la Orientación Vocacional".)

Gran parte de los escritos más nuevos en la psicología de la religión han recalcado el estudio de la personalidad. Gordon W. Allport, bien conocido por sus destacados escritos sobre el tema de la personalidad, contribuyó con un trabajo definitivo para este campo con su libro *The Individual and His Religion,* ("El Individuo y su Religión".) Pablo E. Johnson ha escrito *Psychology of Religion* ("Psicología de la Religión"), entre otras obras. Wayne E. Oates ha sido responsable por toda una serie de libros que son de suma ayuda sobre el tema, incluyendo *Religious Factors in Mental Illness* ("Factores Religiosos en las Enfermedades Mentales") y *Religious Dimensions of Personality* ("Dimensiones Religiosas de la Personalidad".

O. H. Mowrer, aceptado por sus muchos éxitos en la psicología, ha causado un revuelo en el mundo psicológico con su trabajo *The Crisis in Psychiatry and Religion* ("Crisis en la Psiquiatría y la Religión"). El libro es una marcada defensa de la posición religiosa ortodoxa en cuanto al pecado. Sin embargo, afirma Mowrer, a él se le ha dejado en una posición intermedia entre el mundo religioso y el psicológico debido a sus puntos de vista, un tanto heterodoxos en otros sectores de la convicción religiosa. La *Psychology of Religion,* ("Psicología de la Religión"), de Walter Houston Clark, es probablemente el trabajo introductorio definitivo en este campo.

El número de libros que tratan de relacionar la psicología con la religión, o viceversa, ha ido en constante aumento. En 1961, la revista *Pastoral Psychology,* ("Psicología Pastoral"), publicó una bibliografía para ese año, de aproximadamente 236 libros que relacionan de alguna forma la psicología y la religión. "Psicología Pastoral" por sí misma, con su bien establecida reputación y gran circulación, se levanta como un monumento al interés cada vez creciente en torno a las relaciones de la psicología y la religión.

Resumen

Si bien no ha sido posible efectuar un examen minucioso de los escritos referentes a este asunto, se ha hecho un esfuerzo para ver algunos de los grandes escritos, con énfasis particular sobre aquellos de los primeros días. El objetivo ha sido tratar de aislar tendencias evidentes con el paso del tiempo.

La psicología de la religión se ha definido como una parte del desarrollo del campo general de la psicología, influido por el espíritu científico de los últimos años del siglo XIX y los primeros del siglo XX. G. Stanley Hall se presenta a la vanguardia como un incansable investigador de tantas empresas pioneras; preparó métodos de investigación y centró su atención completa en la temprana adolescencia. El primer libro completo sobre la psicología de la religión provino de Starbuck quien centró su atención en la conversión, distinguiendo entre las experiencias paulatinas y las súbitas y estableciendo promedios de edades que todavía son empleados hoy día. Un gran líder en el campo de la educación religiosa, George Albert Coe, como parte de su investigación presentó un gran adelanto en la técnica de la investigación al hipnotizar a sus pacientes. El gigante de todos ellos, William James, cuyo nombre ya ha sido establecido como una autoridad en los campos de la psicología y la filosofía, por su inteligencia brillante y su habilidad literaria, llamó la atención al campo con sus *Varieties of Religious Experience* ("Variedades de la Experiencia Religiosa".)

En esta breve presentación de los puntos destacados de la historia del estudio de la psicología de la religión, se verá que el interés aumenta y disminuye y que está en un constante cambio. Sin embargo, la investigación que se está llevando a cabo y los nuevos libros importantes que van siendo publicados, además del interés cada vez más grande en la educación pastoral clínica, todos sirven para indicar que por lo menos una rama de la psicología está regresando a su papel histórico y está buscando el alma.

3

LAS TECNICAS EMPLEADAS EN LA BUSQUEDA

Hillway, en dos capítulos de su libro *Introduction to Research* ("Introducción a la Investigación"), traza una analogía entre el trabajo de un erudito y el trabajo de un detective. Hillway lo resume diciendo:

> El erudito que triunfa debe tomar el mismo grado de empeño en sus investigaciones y ser tan preciso en sus métodos como un detective que ha sido contratado en la búsqueda de pistas que conduzcan a la solución de un crimen, o de un juez que tiene que ver con el proceso de un criminal en las cortes. Lo que el erudito busca, así como el detective o el juez, es toda clase de evidencias que puedan mostrarse lógicamente como eslabón en una relación de causa y efecto con el problema o pregunta bajo consideración.

Como el detective, el erudito frecuentemente hace frente a problemas al tratar de aislar relaciones causales. Los estudiosos de la psicología de la religión han hallado dificultades muy particulares sobre este punto. Han tenido que tomar técnicas prestadas de otras disciplinas, o bien fabricar algunos métodos especiales propios en su búsqueda por el alma evasiva.

Como una de las disciplinas más nuevas en el sentido moderno, la psicología ha luchado por el derecho de ser llamada ciencia. Ha aceptado las metas de la ciencia que, como las conceptúa Allport, son: (1) entendimiento, (2) predicción y (3) control. La aplicación de estas metas a la ciencia física es relativamente fácil, pero es mucho más difícil en las ciencias del comportamiento. Un excelente ejemplo al tratar de aplicar las metas a una situación de las ciencias sociales se ve en el trabajo de Sheldon y Eleanor Glueck sobre crimen y delincuencia. Los esposos Glueck, ante todo, se dedicaron primeramente al entendimiento. Examinaron los casos de miles de delincuentes tratando de descubrir las causas de su delincuencia. Luego se ocuparon de la predicción y desarrollaron tablas de predicción, por medio de las cuales ellos podían examinar factores en la vida de una persona joven y determinar con alto grado de certeza si llegaría a ser criminal o delincuente. El siguiente paso fue el de control. Los esposos Glueck afirmaron que si dos de los cinco factores, "altamente decisivos" en la delincuencia podían ser alterados, las perspectivas de la delincuencia podrían ser reducidas. Esta investigación que bien pudiera parecer en gran parte académica puesto que buscaba la comprensión, tenía un resultado final práctico en el control.

Munn afirma que el valor científico de la psicología descansa sobre sus métodos y no sobre su tema. El método científico por sí mismo se ha desarrollado a través de un proceso de ensayo y errores por un largo tiempo, a medida que los investigadores fueron buscando maneras para discernir las relaciones de causa y efecto. El desarrollo se ha verificado principalmente en las ciencias físicas. Por lo tanto está, evidentemente, muy lejos tanto de la psicología como de la religión. Pero los principios científicos han tenido muchas aplicaciones, y si bien originalmente fueron empleadas en las ciencias físicas, frecuentemente pueden ser adaptados y utilizados por el investigador del comportamiento humano.

Si bien el método científico pudiera parecer un tema muy fastidioso, algunas de las experiencias que se han obtenido en su formulación están llenas de suspenso y del elemento dramático como en una historia de misterio.

Ignaz Philipp Semmelweis (1818-1865) vivió en una época cuando los cirujanos se ponían batas manchadas de sangre para ir a la sala de operaciones y limpiaban sus bisturíes en las mangas de sus sacos. Preocupado por el alto grado de mortalidad entre las mujeres que daban a luz, Semmelweis trató de descubrir la causa de la fiebre puerperal. Comparando dos clínicas del mismo hospital, descubrió una notable diferencia en el número de muertes. En la primera clínica había un grado de mortalidad que era tres o cuatro veces más de la que había en la segunda clínica.

Tras una larga consideración, Semmelweis al fin descubrió la causa. Los estudiantes de medicina que asistían a las mujeres en la primera clínica iban directamente del salón donde estaban estudiando anatomía en cadáveres, a examinar a las mujeres en la clínica. El llegó a la conclusión de que la infección era transmitida por las manos de los estudiantes y desarrolló su ya famosa idea, de que todos deben lavarse las manos y desinfectarse antes de examinar a los pacientes en la clínica. Finalmente, pudo trabajar en un hospital donde todos los médicos y donde todo el personal médico eran muy escrupulosamente cuidadosos en su higiene. De ahí que pudieron casi erradicar de la clínica la fiebre puerperal.

Otro ejemplo del método experimental fue la obra de Walter Reed, en cuya memoria el hospital del ejército en la ciudad de Washington lleva su nombre. Se desconocía cómo se transmitía la fiebre amarilla. Trasladándose a Cuba para investigar, Walter Reed conoció a Carlos J. Finlay, quien había estado tratando por muchos años de convencer a la gente de que la fiebre amarilla era transmitida por la hembra de la *Aedes aegypti*, un mosquito que vivía en y cerca de las habitaciones humanas. Finlay había experimentado, había estudiado el ciclo de vida del mosquito y se había convencido de que era el culpable.

Para probar sus teorías, Finlay llevó a cabo experimentos en los seres humanos, utilizando mosquitos que habían picado a víctimas de fiebre amarilla, pero por alguna razón solamente dieciséis de aquellos que habían sido picados contrajeron lo que Finlay creyó era la fiebre amarilla. Por diecinueve años todo el mundo científico había rechazado sus descubrimientos. Reed, si bien se interesó en la teoría del mosquito, no podía aceptar los experimentos del doctor como pruebas, puesto que los voluntarios de Finlay habían tenido todos ellos la oportunidad de contraer la enfermedad de fuentes ajenas a la de los mosquitos experimentales.

Reed tenía una convicción cada vez más grande de que el mosquito era el causante, pero la teoría era altamente criticada. Según Ralph Hill,[1] el *Washington Post* de noviembre 2, 1900, afirmó:

"De todas las cosas tontas e insensatas en torno a la fiebre amarilla que hasta ahora se han publicado, y de las que ha habido tantas que se podría llenar una flotilla, la más insensata es la hipótesis del mosquito."

El médico se dio cuenta que para probar su punto tendría que establecer una situación experimental aportando prueba positiva de que el *Aëdes aegypti* era el causante del problema.

En el año 1900, tres grupos de voluntarios fueron hospedados en lugares separados construidos por los ingenieros del ejército. El edificio de vestimenta infectada se encontraba aproximadamente a unos ochenta metros de los otros edificios, había muy escasa ventilación, pero existía protección contra los mosquitos. En este edificio fueron colocados artículos utilizados por pacientes de la fiebre amarilla: sábanas, frazadas, ropa, utensilios para beber y para comer. El objeto era descubrir si un microbio transmitía la enfermedad. El Edificio del Mosquito tenía telas pero estaba diseñado como para permitir el paso del aire. Los voluntarios fueron picados por los *Aëdes aegypti* infecciosos.

Una porción del segundo edificio albergaba al tercer grupo. Muy bien protegidos con las telas de alambre, los habitantes no podían ser picados por los mosquitos ni infectados por los microbios provenientes de la indumentaria y por lo tanto, constituían un grupo control.

Con el tiempo, los hombres que estaban en el Edificio del Mosquito, contrajeron la enfermedad mientras que los demás permanecieron con buena salud. Se llegó a la conclusión de que la

---

[1] Ralph N. Hill, *The Doctors Who Conquered Yellow Fever* (New York: Random House, 1957), pág. 73.

relación de causa y efecto de la picadura del *Aëdes aegypti* y de la fiebre amarilla había sido comprobada.

Examinando los dos experimentos, se verá que ambos fueron diseñados para encontrar la relación de causa y efecto, pero su trabajo fue complicado por una multiplicidad de posibles causas. En el método experimental el investigador trata de mantener todos sus factores constantes salvo uno.

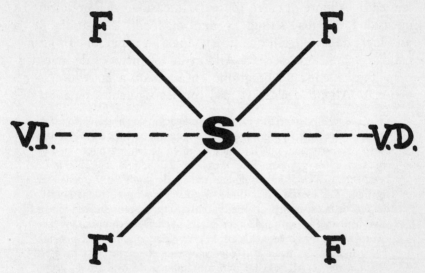

En el diagrama acerca del método experimental todos los factores (F) se mantienen constantes en la situación (S) salvo las variables independientes (V.I.). Cambios en las variables independientes ocasionan algunos cambios predecibles en la variable dependiente (V.D.). En el ejemplo dado por Semmelweis los factores son los mismos en ambos casos, incluyendo el hacinamiento, la soltería de las madres, tipos de pacientes, alimentación, lavandería y tratamiento. La variable independiente fue el venir a la clínica directamente tras haber estado disecando cadáveres, para atender a las mujeres en la primera clínica. Semmelweis afirmó que los gérmenes fueron transmitidos a través de las manos sin lavar. Este se convirtió en la variable independiente

que fue cambiada, y la variable dependiente fue la reducción en el
número de muertes. Una consideración importante al aislar el factor causal es el grupo control. En el experimento, Redd tenía tres
grupos: Uno era la ropa infectada, otro, los mosquitos, y un grupo
control. Allport insiste en la necesidad de un grupo control, el cual
tiene influencia en la investigación psicológica de la religión. Aplicando los métodos de investigación a las ciencias del comportamiento, Allport discurre sobre la intensidad del prejuicio. La
intensidad de una actitud es aun más afín al estudio de la
psicología de la religión que los ejemplos ya expuestos. Es importante la exposición que hace Allport de los métodos de investigación. Tras discutir un programa encaminado a la reducción del
prejuicio. Allport declara el caso con las siguientes palabras:

> Los ideales esenciales para la investigación de valuación son tres:
> (1) Debe haber un programa identificable que se ha de evaluar (un
> curso de instrucción, una ley, un cuadro en acción, un nuevo tipo de
> contacto entre grupos). Este factor es llamado la *variable independiente*. (2) Debe haber algunos índices de cambio que pueden ser
> medidos. Las escalas de actitudes pueden ser administradas antes y
> después de la experiencia, o pueden tenerse entrevistas o índices de tensión dentro de la comunidad, los cuales pueden ser computados (por
> ejemplo, el número de conflictos de grupo denunciados a la policía).
> Tales índices de medir son conocidos con el nombre de *variable
> dependiente*. (3) Menos vital, pero aún importante, es el uso del grupo
> de control. Cuando la variable dependiente es aplicada, deberíamos
> tratar de probar que el cambio medido es sin lugar a duda el resultado
> de este hecho. Podemos hacer esto mejor si tenemos un grupo control
> de personas (niveladas en edad, inteligencia, estado civil) que no están
> sometidas al impacto de la variable independiente. Si ellas también
> (por alguna razón misteriosa) revelan un grado equivalente de
> cambio, entonces *no podemos* deducir que fue nuestra *variable independiente* la que efectuó el cambio sino más bien que alguna otra
> influencia alcanzó a ambos grupos.

Los investigadores no siempre reconocen la necesidad del
grupo control, y debe admitirse que los esfuerzos por lograr tales
grupos no tienen el mismo grado de éxito. Por ejemplo, las cosas
aprendidas por un grupo de estudio experimental pueden ser

transmitidas a aquellos del grupo control, informalmente, fuera del aula, quitando así la eficacia del control. Sin embargo, ningún investigador serio ignoraría su utilidad potencial. Allport resume el diseño ideal para la evaluación de la investigación como sigue:

GRUPO	VARIABLE DEPENDIENTE	VARIABLE INDEPENDIENTE	VARIABLE DEPENDIENTE
GRUPO EXPERIMENTAL	grado de prejuicio	exposición al programa	grado de prejuicio
GRUPO CONTROL:	grado de prejuicio	ninguna exposición al programa	grado de prejuicio

El énfasis que hace Allport sobre la necesidad de un grupo control, es un factor que debe ser considerado en cualquier trabajo de investigación.

La aplicación de principios experimentales a una situación religiosa puede verse en el informe contenido en el libro *Prayer Can Change Your Life* ("La Oración Puede Cambiar Su Vida"), de Parker y St. Johns, sobre el experimento llevado a cabo por ellos en la Universidad Redlands, en California. Los cuarenta y cinco voluntarios del experimento fueron divididos en tres grupos iguales de quince individuos cada uno. Los grupos eran conocidos por grupo de psicoterapia, grupo de oración general y grupo de oración terapéutica.

El Grupo de Psicoterapia se embarcó en un estudio de psicoterapia que consistió en sesiones individuales semanales de terapia con la meta de ayudar a los miembros del grupo a controlar sus problemas individuales. No se discutió la religión puesto que las personas seleccionadas para esta categoría, o bien expresaron una preferencia marcada por la psicoterapia, o habían sido recomendadas específicamente para este tipo de tratamiento por su médico.

El Grupo de Oración General estuvo integrado por individuos que no eran cristianos practicantes. Cada uno expresó su confianza en la oración como un medio para dominar sus problemas emocionales y físicos. Cada uno sintió que la psicoterapia era necesaria y que ya sabía cómo orar. Los miembros del grupo estuvieron de acuerdo en orar cada noche antes de acostarse durante el tiempo que abarcó el experimento: nueve meses del año académico. Su objetivo fue resolver sus problemas por medio de la oración, de modo que ninguna ayuda psicológica fue ofrecida ni se sugirió ninguna técnica de oración.

El tercer grupo era el *Grupo de Oración Terapéutica* que se reunía semanalmente por dos horas. Este grupo se propuso incorporar la percepción psicológica a técnicas mejoradas de oración.

Los criterios empleados para evaluar el trabajo fueron incorporados en cinco pruebas psicológicas universalmente aceptadas: La prueba Rorschach, la prueba Szondi, la prueba de percepción temática, la prueba de frases incompletas y la prueba de asociación de palabras. Las pruebas fueron dadas privadamente, fuera de la Universidad, a cada individuo del grupo, al principio y al final del proyecto, por un psicometrista profesional que no tenía nada que ver en el trabajo o la conducción del experimento.

Después de que las evaluaciones finales de la prueba fueron hechas, se observaron los siguientes resultados: El grupo número uno, el grupo de psicoterapia, acusó una mejoría de 65 por ciento. El grupo número dos, el grupo de oración general, no reveló ninguna mejoría. El grupo número tres, el grupo de la terapia de oración acusó una mejoría de 72 por ciento. Se llegó a la conclusión de que la experiencia había demostrado que la terapia de oración era superior. No se sabe a ciencia cierta si hubo o no algún significado estadístico, pero el diseño experimental fue la consideración de mayor importancia.

Si el estudiante de la psicología de la religión desea utilizar el método científico, tiene que hacer frente a problemas particulares. El tema central del estudio constituye una gran dificultad. En la psicología de la religión el estudio fundamental se basa en la personalidad o "documento humano viviente", el cual no se presta a un estudio sencillo. Aun dentro del marco de la misma psicología, los estudiantes de la personalidad no siempre se han encontrado a gusto. Hall y Lindzey[1] demuestran que los teóricos de la personalidad tienen una larga tradición de observación clínica como el método favorito de estudio. Impresionados por la unidad de comportamiento, ellos no han estado dispuestos a estudiar aspectos fragmentarios de la personalidad, prefiriendo examinar la totalidad de la vida. Los psicólogos experimentales, por otra parte, se preocupan por los descubrimientos de laboratorio. Su inspiración ha provenido de las ciencias naturales y los métodos experimentales. De ahí que fragmentos del comportamiento o de reacción han constituido su principal interés.

Fromm alega que la psicología en su totalidad perdió su sentido de dirección al tratar de mantenerse muy cerca de los métodos científicos. Dice Fromm: "Se preocupó mucho más de los problemas insignificantes que se prestaban a un alegado método científico que en idear nuevos métodos para estudiar los problemas significativos del hombre."[2]

Todo esto complica el estudio de la psicología de la religión, ya un "matrimonio forzado" de dos disciplinas fundamentalmente diferentes. Ha tenido que adaptar técnicas generalmente usadas, en ocasiones ha tenido que idear nuevos métodos para sus propósitos. El seguir los procesos de la evolución de estos métodos arroja luz a la complejidad de la búsqueda del alma.

Los Documentos Personales
Allport sostiene que un estudio adecuado de la vida religiosa es posible solamente al usar "documentos personales".

Los "documentos personales" han sido definidos como "cualquier registro autorevelante que intencionalmente o no pro-

---

[1] Calvin S. Hall y Gardner Lindzey, *Theories of Personality* (New York: John Wiley and Sons, 1957), pág. 2.

[2] Fromm, *loc. cit.*, pág. 6.

porcione información referente a la estructura, la dinámica, y el
funcionamiento de la vida mental del autor". Estos documentos
incluyen autobiografías, diarios, cartas, y registros verbales. Desgraciadamente, una variedad de motivos obran en estas produccio-
nes, incluyendo súplicas especiales, exhibicionismo, apelaciones
literarias, catarsis, lucros monetarios y el deseo de alcanzar la
inmortalidad. La enorme cantidad de móviles complica el trabajo
del investigador.

Las autobiografías tienen valor puesto que frecuentemente
contienen confesiones de experiencias internas, revelando así los
móviles en la vida de los escritores. Una de las autobiografías
mejor conocidas en la literatura cristiana, es la de Agustín. Hunt[1]
dice que las Confesiones de Agustín, es la primera autobiografía en
la literatura occidental. En el año 388, cuando contaba treinta y
dos años de edad, Agustín alcanzó un punto crítico en su
experiencia religiosa. Después de haber vivido por años con aman-
tes, mientras visitaba a su amigo Alypio y estando sentado en el
jardín, fue sobrecogido por un ataque de llanto y corrió hacia el
fondo del jardín. El relata que oyó la voz de un niño diciendo:
"Toma y lee." Tomó una copia de los escritos de Pablo y
abriéndola sus ojos cayeron sobre el pasaje: "Andemos como de
día, honestamente; no en glotonerías y borracheras, no en lujurias
y lascivias, no en contiendas y envidia, sino vestíos del Señor Jesucristo, y no proveáis para los deseos de la carne." En sus propias
palabras nos relata su reacción.

> Ya no pude leer más; tampoco necesité leer más: puesto que ins-
> tantáneamente, al fin de esta frase, como por un rayo de serenidad que
> fue infundida en mi corazón, toda la obscuridad de la duda se deshi-
> zo... puesto que tú me convertiste a ti mismo, de modo que no bus-
> qué ni a mi esposa ni a ninguna esperanza en este mundo.[2]

---

[1] Morton M. Hunt, The Natural History of Love (New York: Grove Press,
1959), pág. 117.

[2] Robert H. Thouless, An Introduction to the Psychology of Religion (New York:
Cambridge University Press, 1923), págs. 199, 200.

Los escritos de este tipo han sido una fuente fructífera de estudios para los investigadores de la psicología de la religión. Boisen utilizó documentos personales en *The Exploration of The Inner World* ("La Exploración del Mundo Interior".) Hace referencia muy frecuentemente al *Diario* de Jorge Fox y hace un estudio completo de la experiencia religiosa de Fox a base de lo escrito en su *Diario*. De igual manera toma el caso de Emmanuel Swedenborg, un erudito sueco muy destacado de principios del siglo XVIII. Swedenborg escribió un *Spiritual Diary* ("Diario Espiritual"), en el cual registró sus sueños durante un período de conflicto. Consultando el diario y sus otros escritos, Boisen reconstruye la experiencia religiosa de Swedenborg.

Los diarios personales son los más íntimos de cuantos documentos existen y generalmente tienen menos limitaciones que otras fuentes de información. A veces parece como si estuviéramos viendo por encima del hombro del escritor a medida que abre su corazón. Allport revela que los diarios escapan a la falacia de atribuir a los años primeros los pensamientos, los sentimientos, y las interpretaciones de la vida, vistas desde la perspectiva de días posteriores. Varios investigadores han notado que los adolescentes tienen la tendencia a guardar diarios, tendencia más acentuada entre las mujeres que entre los hombres. Un estudio de los diarios ha revelado que la religión es a menudo tema de preocupación, proporcionando así una oportunidad para el investigador de la psicología de la religión.

Hay algunas desventajas al usar documentos personales. Algunas de éstas han sido expuestas por Félix Frankfurter cuando señaló que todos los escritores son presa de "la falibilidad de la memoria humana, las enfermedades de la mente humana, las debilidades de la comprensión humana, y la recordación". Aun las personas que han sido consideradas por alguna gran iglesia como santas, han tenido una tendencia hacia la exageración y frecuentemente han mezclado en sus cartas y memorias hechos imaginarios. El tiempo que va pasando a veces ocasiona el que el escritor olvide los detalles y no tenga consciencia de los determinantes inconscientes que empañan cualquier experiencia escrita.

Métodos Re-creativos

Stolz[1] usó el término, "re-creativo", y declaró sencillamente que representa un esfuerzo para reconstruir las experiencias religiosas del hombre primitivo con la ayuda de la antropología, la psicología social y la psicología genética. Se hace un estudio del origen y del significado de las ceremonias religiosas, los ritos, los credos, los cultos, y se usa juntamente con otro material disponible para reconstruir el pasado.

Los escritores que pertenecen a la escuela marxista han tenido una pericia muy particular en este tipo de trabajo a medida que han reconstruido la historia y la parte que la religión ha tenido en su desarrollo. Desgraciadamente han revelado que no sólo tuvieron la intención de cambiar la historia en el futuro sino que han tenido la habilidad de cambiarla en su curso pasado. Los hechos del pasado son manipulados con sorprendente facilidad para que cuadren dentro de los conceptos filosóficos y económicos del materialismo dialéctico. Los escritos históricos del marxismo se yerguen como una admonición de las posibles perversiones del método re-creativo.

Sin embargo, con una actitud imparcial hacia la historia temprana de los pueblos primitivos, es posible aprender mucho acerca de la personalidad y de la religión. En *Totem and Taboo*, ("Totem y Tabú"), Freud desplegó un conocimiento sorprendente de los escritos de la antropología: Freud afirma que en un sentido el hombre primitivo es todavía nuestro contemporáneo.

Podemos juzgar al así llamado salvaje y a las razas semisalvajes; su vida psíquica asume un interés especial para nosotros, puesto que

---

[1] Karl R. Stolz, *The Church and Psychotherapy* (New York: Abingdon-Cokesbury Press, 1943), pág. 139.

podemos reconocer en su vida psíquica una etapa primitiva, bien preservada de nuestro propio desarrollo.[1]

Las formas primitivas de nuestra religión están por siempre con nosotros y un conocimiento de temprano desarrollo de la religión nos ayuda en el proceso de evaluación.

El método ha sido empleado por algunos destacados estudiantes en el campo de la psicología de la religión. Tales individuos como Ames Stratton y Leuba emplearon la técnica, pero tiene serias limitaciones. La cantidad de material disponible es frecuentemente demasiado escaso y la imaginación histórica fácilmente se desvía de la tangente. También de ciertos materiales rudimentarios son derivadas complejas diferencias.

Literatura

Si bien no tan evidente como recurso, la literatura ha ofrecido un campo fructífero para la investigación psicológica. Por lo menos un psicólogo piensa que los escritores de la literatura pueden señalar el camino a los psicólogos al investigar la personalidad. Allport[2] indica tres aspectos superiores de los autores sobre los psicólogos: (1) Los escritores de literatura muy frecuentemente identifican y definen características manifestadas en sus personajes en las reacciones frente a la vida. (2) Los autores generalmente presentan a sus personajes como autoconsistentes y que revelan una unidad fundamental pese a las evidentes contradicciones en sus ajustes a las experiencias de la vida. (3) Los escritores generalmente siguen la experiencia de una vida a través de un largo plazo de tiempo. Allport llega a la conclusión de que el estudio de la literatura por parte de los psicólogos conducirá a una superación en las investigaciones psicológicas.

---

[1] Sigmund Freud, *Totem and Taboo* (New York: Random House, 1946), pág. 3. Hay versión castellana: *Totem y Tabú* (Madrid: Alianza.)

[2] Gordon Allport, *Personality and Social Encounter* (Boston: Beacon Press, 1960), pág. 13.

El escritor hace más que registrar los hechos. Sus esfuerzos literarios frecuentemente constituyen un acto de autorevelación. La prueba de apercepción temática consiste en una serie de cuadros acerca de los cuales se invita al examinado a escribir historias. En el proceso, se revela más acerca de la personalidad del que da la prueba que lo que el cuadro en sí mismo representa. Henry A. Murray, el autor de la prueba de apercepción temática, ha revelado su gusto por el método documental en una brillante interpretación de *Moby Dick*, que evidentemente tiene un atractivo peculiar para los psicólogos. Jung la consideró la más grande novela jamás escrita en los Estados Unidos. Murray ve al capitán Acab cuyo nombre le fue dado por ser igual al infame rey Acab del Antiguo Testamento, como representando a Satanás en las fuerzas del mal. En el lenguaje psicológico, Acab representa lo primitivo y mayormente lo malo de Dick. Moby Dick, la gran ballena blanca representa las fuerzas morales y los convencionalismos religiosos de la época de Melville y por lo tanto es una personificación del super ego.

Jung[1] insiste en que la calidad literaria tiene muy poco que ver con el valor de un escrito para la investigación psicológica. Podrá ser de poca calidad literaria pero de gran interés para el psicólogo. De igual manera, la llamada "novela psicológica" puede ser de escasa ayuda. El psicólogo se preocupa más por la historia que fluye libremente y que sin querer revela factores psicológicos subyacentes.

Freud hacía uso de la literatura, y le atraía Shakespeare. *The Theme of the Three Caskets* ("El Tema de los Tres Ataúdes"), es el título de un ensayo que discurre sobre la escena del *Mercader de Venecia* donde hay una pugna por conseguir la mano de Porcia. Ella se ha de casar con el hombre que adivine el ataúd que contiene su retrato. Luego de que dos pretendientes han escogido erróneamente, Bassanio escoge el ataúd hecho de plomo y por

---

[1] Carl Jung, *Modern Man in Search of a Soul* (New York: Harcourt, Brace and Co., 1933), pág. 154.

tanto gana la mano de la novia. Desarrollando este ensayo, Freud encuentra muchos paralelos de esta escena en la literatura y les da una interpretación psicoanalítica del tema. *Macbeth* y el *Rey Ricardo III* fueron verdaderas minas para las ilustraciones de los principios psicoanalíticos de Freud.

Los dramas de Ibsen y los escritos de Goethe presentaron oportunidades similares para él. Un ensayo entero escrito por Freud[1] está destinado a narrar un incidente tomado de la autobiografía de Goethe. Cuando niño, Goethe había arrojado por la ventana la vajilla de la familia. Animado por tres hombres que vivían enfrente, el jovencito había lanzado las vasijas, una por una y se había gozado al verlas romperse sobre las piedras. Freud notó una semejanza con un caso que había visto, cuando un hombre en sus días infantiles había actuado de manera similar. Saca por conclusión que tanto en el caso de Goethe como en el caso de su paciente el tirar las vasijas fue una acción simbólica de tratar de quitarse de encima a los hermanos y a las hermanas que eran conceptuados como intrusos.

Más específicamente, la literatura religiosa presenta posibilidades para el estudio. El libro *Journey Into Self* ("Viaje hacia Uno Mismo"), por M. Esther Harding es una interpretación psicológica del libro *El Peregrino*. La autora trata de revelar que la inmortal alegoría de Bunyan no es tanto una historia del peregrinaje de la humanidad como es una revelación del desarrollo psicológico de Bunyan.

Algunos investigadores toman la literatura sagrada de un grupo de personas y la someten a un estudio intensivo en un esfuerzo por hallar aspectos psicológicos de la experiencia religiosa. En su obra *The Psychology of the Suffering Mind*, ("Psicología de la Mente que Sufre"), Gerber ha hecho un estudio de los aspectos psicológicos del libro de Job. Examinando las experiencias de Job a

---

[1] Sigmund Freud, *On Creativity and the Unconscious* (New York: Harper and Bros., 1958), pág. 111. En castellano véase: *Obras Completas*, S. Freud (Biblioteca Nueva.)

la luz de la teoría psicológica, Gerber trata de diagnosticar las dificultades de Job y discute las técnicas empleadas por los amigos de Job cuando trataron de aconsejarle. Leslie D. Weatherhead, en *Psychology, Religion and Healing* ("Psicología, Religión y Sanidad"), hizo un estudio de los milagros sanadores de Jesús y formuló los principios psicológicos indicados.

Otro libro reciente, *Counseling for Church Leaders* ("Psicoterapia para Líderes Religiosos"), tiene un capítulo sobre *Counseling in the Bible* ("Psicoterapia en la Biblia") y hace un examen breve de las técnicas empleadas tanto en el Antiguo como en el Nuevo Testamentos.

El estudio de la literatura abre posibilidades para el investigador de la psicología de la religión. La literatura bíblica es un campo particularmente prometedor que podrá ser explorado por un estudiante sincero.

Observación

Posiblemente el camino más sencillo y más antiguo para investigar la psicología de la religión es que el estudiante observe a las personas religiosas y sus actividades y que luego escriba sus impresiones. Se ha desarrollado esto al grado de que el observador a veces vive con un grupo, grabando cintas magnéticas, tomando notas cuidadosas de sus actividades y entrevistando a los participantes. Finalmente, el observador proporciona un registro detallado de la experiencia total, haciendo evaluaciones y llegando a conclusiones.

En el pequeño librito, *The Modern Tongues and Healing Movement* ("Las Lenguas Modernas y el Movimiento de Sanidad"), Carroll Stegall, hijo, cuenta de sus experiencias con los grupos de sanidad y trata de evaluar las prácticas de la sanidad por fe. El asistió a las reuniones, observó los hechos, y posteriormente escribió sus conclusiones detalladamente. Su libro es un tanto crítico del movimiento, pero él alega que al principio de sus investigaciones tenía una mente abierta y sentía cierta simpatía. Hay una frescura en torno a su escrito y el lector siente que ha sido confrontado con la situación total en la cual estos grupos particulares funcionan.

Hay peligros en esta perspectiva. Es muy difícil mantenerse objetivo e imparcial. Un observador con un grupo de personas está propenso a sentirse o bien con cierta simpatía o totalmente antagónico hacia ellas, dejando que sus observaciones e interpretaciones sean coloreadas por su prejuicio personal. Wolfe revela cómo un testigo ocular puede contar una historia. John Reed, quien escribió *Diez Días Que Sacudieron Al Mundo* escribió los eventos de la revolución bolchevique. Su amigo, el artista Boardman Robinson, lo reprochó, diciendo: "No sucedió así." Reed respondió que Robinson no había captado el punto esencial, y tomó uno de sus bocetos y señalando con el dedo la figura dijo: "Ella no tenía una carga tan grande como ésta." Robinson, contestó que él no estaba tratando de introducir la exactitud fotográfica sino una impresión general. Reed contestó que eso era también lo que él estaba haciendo.

Debido a que la religión es una fuerza tan grande en la personalidad, el entrevistador fácilmente puede hacer que el informe de todos los resultados de las entrevistas cuadren dentro de sus ideas preconcebidas. En la última parte del siglo XV dos sacerdotes dominicos, Jacob Sprenger y Henry Kramer, quienes eran profesores de teología sagrada en la Universidad de Colonia, fueron comisionados por el papa Sixto para investigar la brujería. El resultado de sus investigaciones fue la monumental obra *Malleus Maleficarum* que podría traducirse "El Martillo de las Brujas" o el martillo con el cual atacar a las brujas.

Un escritor señala otro peligro del cual quizás no estemos percatados. El cuenta haber asistido a una reunión de "los tembladores". Parece ser que estas personas se sacudían vigorosamente cuando estaban emocionalmente excitadas. El escritor, que se había conceptuado siempre como un observador imparcial, halló que después de haber conocido a este grupo, en varias ocasiones él comenzó a sacudirse también. De modo que él sintió que había llegado la época para clausurar o poner punto final a sus investigaciones con este grupo porque ya no podía ser objetivo en sus observaciones.

Hay un gran margen para el uso del método de observaciones. Si se planificara esta perspectiva, con procedimientos de grabar cintas y tener entrevistas, cuidadosamente elaborados, podría ser obtenida mucha información de valor.

Estudio de Casos

La técnica de estudio de casos es a la vez antigua y moderna. Hipócrates el Grande, conocido como "el padre de la Medicina", fue el maestro del método de la historia de casos. Burton y Harris afirman que ningún médico lo ha sobrepasado en su uso. Este ha sido el método preferido por el médico para acumular conocimientos médicos.

Hall y Lindzey demuestran que los teóricos de la personalidad le deben mucho a la profesión médica y que los primeros gigantes del campo tales como Freud, Jung, y McDougal fueron médicos como también psicólogos. Si bien la psicología en su generalidad ha sido indiferente hacia el uso del método de casos, los teóricos de la personalidad han visto su valor y la capacitación médica de los primeros teóricos pudo haber tenido influencia en esta evaluación.

Fromm cuenta que Freud se dio cuenta de que su trabajo lo estaba conduciendo más y más lejos de la medicina ortodoxa y que estaba obligándolo a estudiar el alma del hombre. Utilizando el método de estudio de casos, de una manera nueva, Freud cultivó y desarrolló toda una nueva técnica para investigar la personalidad. Fromm declara:[1]

> El método psicoanalítico de Freud hizo posible el estudio más minucioso e íntimo del alma. El laboratorio del psicoanalista no tiene aparatos. No puede pesar ni contar sus sentimientos, pero sí adquiere percepción a través de sueños, fantasías y asociaciones en los deseos escondidos y en las ansiedades de sus pacientes. En su "laboratorio", que se basa en la observación, en el razonamiento y en su propia

---

[1] Fromm, *op. cit.*, pág. 7.

experiencia como ser humano, descubre que la enfermedad mental no puede ser comprendida ni separada de los problemas morales.

El término "estudio de casos" es frecuentemente empleado mal y en su naturaleza más inclusiva agiganta la dificultad de la definición. English y English[1] describen el estudio de casos de la siguiente manera:

> Una colección de evidencia accesible: social, psicológica, fisiológica, biográfica, ambiental, vocacional, que promete ayudar a explicar a un individuo o a una unidad social tal como una familia. Es especialmente empleado en psicopatología, en orientación vocacional y en trabajo social. Puesto que recalca el caso o momento particular, difiere en su meta de un experimento y de estudios estadísticos. Pero el estudio de casos frecuentemente incorpora datos de experimentos o pruebas y una serie de estudios de casos, puede estar sujeto al estudio estadístico y a la generalización.

Si bien algunas de las disciplinas han elaborado formas precisas para estudios de casos, es una técnica sumamente individual, variando la forma del estudio del caso según el individuo. Allport dice que la única regla inviolable es "la fidelidad a la vida", pero la mayoría de los estudios de casos pueden ser divididos en tres secciones: (1) una discusión del individuo en su estado actual, (2) una descripción de las influencias pasadas y de la etapa subsiguiente de desarrollo y (3) un anticipo de tendencias futuras.

Con la publicación del libro *Counseling and Psychoterapy* ("Aconsejamiento y Psicoterapia"), por Carl Rogers se abrieron nuevos horizontes para el método del estudio de casos. La última sección del libro contiene "el caso de Heriberto Bryan", una experiencia grabada completa de psicoterapia. Se afirma que es la primera presentación *verbatum* de un caso de principio a fin. Un mejoramiento adicional del método de estudio de casos es el uso de

---

[1] Horace B. English y Ava Champney English, *A Comprehensive Dictionary of Psychological and Psychoanalytical Terms* (New York: Longmans, Green and Co., 1958), pág. 75.

los "informes *verbatum* " en la educación clínica pastoral. El capellán que está en entrenamiento escribe la experiencia de su entrevista con un paciente, grabando al pie de la letra, hasta donde es posible, el diálogo total. Posteriormente, el proceso total es sometido al supervisor.

El valor del estudio de casos, tal y como lo ve Allport para el estudio de la personalidad, también se aplica el estudio de la psicología de la religión. En primer lugar, provee un marco dentro del cual muchas consideraciones de la vida del individuo pueden ser arregladas y sistematizadas. En segundo lugar, la atención del proceso total se concentra en un solo individuo. La crítica frecuentemente ha sido dirigida a la psicología debido a su fracaso en este punto. En tercer lugar, debido a la perspectiva de la totalidad de la vida, actos sencillos e instancias individuales son vistos como partes integrales de un todo.

Los escritores sobre el tema de la psicología de la religión dependen, cada vez más, de los materiales del estudio de casos. Una comparación del original y de la edición revisada del libro de Johnson *Psychology of Religion* ("Psicología de la Religión") revela esta tendencia. En la edición revisada, el capítulo sobre la conversión ha sido ampliado con un estudio de quince páginas sobre la experiencia de la conversión de Toyohiko Kagawa. En muchos de los escritos más recientes sobre la psicología de la religión se encuentra un énfasis similar.

Lo mismo que en otros métodos, existen límites a la técnica del estudio de casos. Dado que comprende muchos factores subjetivos, la personalidad del investigador es de mucha influencia. Strang afirma que la madurez personal es vital. Si el investigador no es balanceado, tendrá la tendencia de interpretar el caso en base al problema de su propia personalidad. Los prejuicios personales son también un obstáculo y el escritor siempre tiene la tendencia de utilizar el escrito de un caso como un medio para fomentar sus propias ideas personales.

Quizás el mejor resumen de los aciertos y de las debilidades del estudio de casos pueda encontrarse en las palabras de Allport:[1]

Este método es . . . el más comprensivo de todos, y está más cerca del punto de partida del sentido común. Provee un marco dentro del cual el psicólogo puede ubicar todas sus observaciones derivadas de otros métodos; es la afirmación final de la individualidad y la peculiaridad de cada personalidad. Es un método completamente sintético, el único que es lo suficientemente amplio como para dar cabida a todos los hechos reunidos, pero si no es usado con pericia, se convierte en una cronología carente de sentido o en una confusión de hecho y ficción, de malas interpretaciones y de postulados. Debidamente empleado es el método más revelador de todos.

El Cuestionario

Hillway clasifica el cuestionario bajo el título general de inventario e incluye tanto el cuestionario como las entrevistas individuales. Dice que históricamente el primer cuestionario se aplicó cuando Augusto, el emperador de Roma, lanzó su decreto requiriendo que cada persona en su imperio compareciera en determinado día a la ciudad o aldea de su nacimiento y allí se empadronara.

Cuando recordamos que ésta fue la ocasión del nacimiento de Cristo Jesús, es fácil hacernos imágenes de la asociación de esta encuesta, y la experiencia religiosa.

El cuestionario es probablemente el método formal más antiguo de investigación empleado en el estudio de la psicología de la religión. Gran parte de la literatura sobre el tema no estaría en existencia hoy día si no hubiera sido por el uso del cuestionario como técnica de investigación.

El cuestionario consiste en una serie de preguntas que han de ser contestadas por el interrogado. Los cuestionarios son de dos tipos: (1) Abiertos, y (2) Cerrados. En el primer tipo, las pregun-

---

[1] Gordon W. Allport, *Personality: A Psychological Interpretation* (New York: Henry Holt and Co., 1937), pág. 390. Hay versión castellana: *Psicología de la Personalidad*, Editorial Paidós.

tas son formuladas de tal manera que permitan a la persona que
está respondiendo describir los hechos en sus propias palabras. Un
ejemplo de este tipo de cuestionario se ve a continuación. Esta es
una sección del instrumento empleado por Elmer T. Clark al
colectar la información básica empleada en su libro, *Psychology of
Religious Awakening,* ("Psicología del Despertar Religioso").

III Conversión

15. ¿Ha tenido alguna vez la experiencia generalmente llamada conversión?...

16. ¿Cuándo?...

17. ¿Dónde?...

18. Describa las circunstancias y los sentimientos que lo
llevaron a esta experiencia...................................

19. Describa la misma experiencia y sus sentimientos
durante e inmediatamente después de la misma...............
....
....

20. ¿Cuáles fueron los resultados inmediatos de esta
experiencia?...
....
....

21. ¿Es usted consciente de algunas influencias de esta
experiencia que perduran todavía en su vida..................
....
¿cuáles?...
....

El cuestionario cerrado, por otra parte sugiere diferentes
respuestas para cada pregunta y el que contesta responde al
subrayar o marcar la respuesta con la cual está más de acuerdo.
Esto bien puede ser un sí o un no; puede ser falso o verdadero. En
algunos casos puede ser una tercera categoría tal como no sé, no
decidido, o simplemente una interrogación. A continuación se presenta un cuestionario de este tipo: Experiencias inmediatamente

antes de su despertar religioso. Marque la columna 1 si éste fue un factor muy importante; marque con una X la columna 2 si fue un factor de moderada importancia; marque con una X la columna 3 si no tuvo ninguna importancia.

(53) Un sentimiento de pecado
(54) Un sentimiento de distanciamiento de Dios
(55) Un sentimiento de no estar completo sin él
(56) Un deseo de vivir una vida mejor
(57) Un sentimiento de depresión.
(58) Un sentimiento de resentimiento
(59) Un sentimiento de ansiedad
(60) Un sentimiento de conflicto
(61) Lloro
(62) Un deseo de orar
(63) Falta de sueño
(64) Pérdida del apetito

Una variante en el proceso de dar respuesta a las declaraciones del cuestionario se encuentra en las escalas de clasificación por medio de las cuales puede marcarse el grado de intensidad del sentimiento.

Ernest M. Ligon nos advierte del cuidado que es necesario tener para preparar un cuestionario cuando dice: "Un cuestionario es uno de los instrumentos más difíciles de construir." Después de escoger el tema debe tomarse una decisión en torno a cuánta información se requiere y no debe solicitarse ninguna si ya está disponible de otras fuentes. El número de preguntas variará con la información solicitada, pero debe ser tan breve como sea posible. El que contesta debe tener confianza de modo que debe proporcionarse cierta información, incluyendo:

1. Un título descriptivo general del estudio

2. Una descripción breve del propósito del estudio. Declare que el cuestionario será remitido a un grupo selecto de personas destacadas y que el estudio será de gran beneficio.

3. El nombre de la institución que lo patrocina.

4. El nombre y la dirección de la persona a quien se le debe devolver el cuestionario completado.

5. Las definiciones de términos difíciles.

6. Instrucciones claras en cuanto a cómo deben ser contestadas las preguntas.

7. La selección de las palabras del cuestionario necesita mucha atención; las siguientes sugerencias podrán ser de ayuda:

1. Debe pedir información sencilla, objetiva, concreta.

2. Debe requerir un mínimo de palabras escritas. Esto también ayudará al tabularse los resultados.

3. Cada pregunta debe ser completa en sí misma. No debe depender para su significado en alguna pregunta anterior.

4. La declaración de la pregunta no debe sugerir la respuesta deseada.

5. La selección de las palabras de cada inciso debe ser comprensible y conocida a fin de asegurar que el que contesta comprende aquello que le fue solicitado.

6. Los incisos deben estar arreglados en orden lógico. Los asuntos al comienzo deben ser sencillos a fin de animar al que contesta para que siga contestando.

Para determinar si las preguntas son apropiadas, todo el cuestionario debe ser previamente respondido. Una copia preliminar puede ser hecha y los siguientes criterios de evaluación deben ser empleados:

1. ¿Giran todas las preguntas en torno al tema?

2. ¿Tienen las preguntas una respuesta implícita?

3. ¿Representan todas las respuestas posibles una razonable variedad?

4. ¿Es el tono del cuestionario amistoso y cortés?

5. ¿Se han dado las instrucciones de manera clara, y completa, definiéndose los términos importantes? ¿Tiene cada pregunta una sola idea? ¿Están las preguntas hechas de la manera más sencilla posible? ¿Se presentan las preguntas hechas de la manera más sencilla posible? ¿Se presentan las preguntas en un buen orden psicológico?

Tras la evaluación, el cuestionario puede ser distribuido a un grupo pequeño para conseguir su reacción y crítica. Cuando el contenido es satisfactorio, el cuestionario debe ser preparado con cuidado empleándose buen papel a fin de que tenga una buena presentación y sea atractivo.

Al usar el cuestionario en la investigación, se presenta el problema de la introspección, puesto que las personas a veces tienen dificultad de examinarse interiormente e informar con precisión aquello que ven. Los *lapsus mentalis*, la exageración inconsciente o la supresión complican más el uso del cuestionario.

Aun cuando el cuestionario esté bien diseñado y construido y sea presentado a personas que son capaces de hacer evaluaciones objetivas, permanece la dificultad del grupo seleccionado. Es imposible presentar el cuestionario a una población total, de modo que se emplea el proceso de seleccionar una muestra representativa, para ello se escoge un número pequeño de personas o una "muestra" por medio de la selección al azar a fin de que cada individuo en el grupo estudiado tenga una oportunidad de ser escogido en la muestra. Pueden colocarse en un sombrero los nombres de todas las personas y seleccionarse determinado número, o de la lista de nombres de miembros del grupo puede tomarse el décimo (o cualquier otro número) nombre escogido. En un censo levantado en 1960, los que levantaron el censo utilizaron una técnica de selección buscando información pormenorizada en cada cuarta casa. En lenguaje técnico diríamos que se usó una "selección al azar".

Un mejoramiento adicional de este proceso es el uso de la "estratificación". Las personas para la muestra son seleccionadas de modo que sean representativas de la población total. Con este método el investigador tiene que asegurarse de que su muestra proviene de distintos niveles de edades, distintos niveles educativos, distintas ramas vocacionales, distintos lugares geográficos. Luego dentro de estos grupos, se saca una muestra imparcial que podría llamarse una "muestra imparcial estratificada". En cualquier caso, la muestra es un importante aspecto para cualquier proyecto de investigación.

Pese a las muchas críticas hechas al cuestionario, es una de las mejores técnicas disponibles para la investigación sencilla, pero el investigador debe trabajar cuidadosamente a fin de eliminar los posibles errores. De todas maneras, el cuestionario ha sido empleado más frecuentemente que cualquier otra técnica de investigación en el estudio de la psicología de la religión.

El Desafío de la Investigación

Hay muchos campos de investigación no tocados en este capítulo. Pese a las deficiencias, quizás sirva para fomentar interés en la investigación. En el trabajo religioso demasiados líderes han estado procediendo según su intuición. Por otra parte, muchos están cubriendo el mismo terreno no dándose cuenta que otros ya han pasado por el mismo camino y que existe su experiencia como punto de partida para nuestro trabajo.

En una sociedad cambiante necesitamos saber "el porqué" de nuestro trabajo a fin de que la empresa cristiana pueda progresar con mayor rapidez. La investigación puede proporcionar algunas de las claves que necesitamos y nos puede dar instrumentos para medir la efectividad de nuestro trabajo.

Ernesto Ligon, líder del proyecto de Investigación del Carácter, ha empleado el término "cocientífico" para describir a las personas que trabajan dentro de una situación de iglesias interesadas en la investigación.

Algún lector quizá capte una visión de las posibilidades y se embarque en una carrera de investigación. De ser así, el trabajo de la iglesia del mañana quizás sea más efectivo porque alguien se ha familiarizado con las técnicas empleadas en la búsqueda del alma.

Segunda Parte

LA BUSQUEDA DEL ALMA EN EL DESARROLLO DE LA PERSONALIDAD

La primera sección del libro fue dedicada a un examen del estudio de las técnicas usadas en la búsqueda del alma en la psicología de la religión. La atención ahora se dirige al corazón del asunto: El desarrollo de la personalidad.

La literatura que versa sobre la personalidad es abundante; existen casi tantas teorías como escritores. No sería fácil escoger de entre todos los más importantes y los conceptos que más nos ayudan, pero se ha intentado esto en los capítulos comprendidos en la segunda parte.

Tras una investigación en los conceptos básicos de la personalidad y la religión, una definición de cada campo es declarada y explicada. Seis conceptos básicos de la personalidad son escogidos y son presentados como postulados que contienen la base de la discusión que se presenta en los capítulos siguientes.

El tercer factor se discute en el capítulo cinco, el cual toma nota del énfasis sobre la herencia y el ambiente que frecuentemente hacen que el hombre sea presa de estas fuerzas impersonales. Se concentra la atención en el tercer determinante: el yo. El determinismo económico es discutido y se considera la tesis de Weber y los desarrollos y las formulaciones más recientes de la idea.

Los factores inconscientes de la personalidad son evaluados en el capítulo seis. Pruebas para el concepto y la naturaleza del inconsciente son considerados en una discusión que conduce a una evaluación de los aspectos religiosos del inconsciente.

El capítulo siete expone una discusión del amor. La asociación estrecha del amor, el sexo, y la religión, la diferenciación necesaria de los niveles de amor, y la consideración de los objetos de amor son una parte integral del capítulo.

La madurez, término usado ampliamente pero con frecuencia mal entendido es el concepto central del capítulo ocho. Si bien el crecimiento físico es virtualmente automático, el desarrollo religioso y emocional dista mucho de serlo. Un examen de las características de una persona madura cierra el capítulo.

El conflicto entre la psiquiatría y la religión ha menguado y frecuentemente se afirma que la religión es un mecanismo de escape y por lo tanto, que no conduce al desarrollo de una personalidad sana. Se intenta una evaluación de la situación con una formulación final de factores religiosos que conducen a la salud mental.

El capítulo nueve discute la esencia del asunto y tiene que ver con el ego. Los sistemas de personalidad y su relación a los conceptos bíblicos, el conflicto dentro de la personalidad, y el desarrollo de un sistema valorativo son todos ingredientes necesarios en la discusión.

4

CONCEPTOS BASICOS DE LA PERSONALIDAD Y LA RELIGION

Aunque los sputniks y satélites que giran en las regiones siderales nos obligan a hablar de la actual como la era espacial, la tendencia del hombre a fijar sus ojos en los cielos y especular en torno a los acontecimientos en el espacio no es nueva. Por siglos las personas se han preocupado del universo circundante y se han esforzado por encontrar una explicación de los sucesos entre los cuerpos celestes.

Viviendo una vida solitaria sobre las planicies de Mesopotamia, el hombre primitivo observó que la vida en cierto sentido estaba dirigida por los cuerpos celestes. La luna surgiendo en el horizonte lo enviaba a descansar, y con el sol que se levantaba, dejaba su lugar de descanso para comenzar a trabajar. La fertilidad del suelo era, en gran parte, resultado del sol que brillaba desde los cielos. Las tormentas destructivas y las inundaciones también provenían de los cielos. Por ende, los cuerpos celestes tenían un destacado lugar en el pensamiento del hombre primitivo.

Un esfuerzo por descubrir la relación de las estrellas y los hombres fue la formulación de la astrología. Los cielos fueron separados en doce divisiones o "constelaciones". Se decía que una de éstas estaba en "ascenso" al nacer una persona y este signo guiaba sus destinos. Pese a la negación de las presuposiciones fundamentales de la astrología por los astrónomos modernos, muchas personas todavía creen que sus vidas son regidas por las estrellas. Quizás sea conveniente recordarles las famosas palabras de Casio de *Julio César* de Shakespeare: "La falta, querido Bruto, no está en nuestras estrellas sino en nosotros mismos."

La cosa que realmente sorprende es que si bien el hombre se ha interesado tanto en la mecánica del universo, se ha preocupado muy poco por el mecanismo de su propia personalidad. Preocupado con escudriñar los cielos, hace poco que el hombre ha empezado a estudiarse a sí mismo. Sorprendentemente, parte del interés en el mecanismo de la personalidad vino mediante la observación celeste. En el siglo XIX, los astrónomos crearon un interés muy difundido al descubrir accidentalmente las diferencias individuales en el tiempo de reacción. Mientras hacían registros del tránsito de las estrellas, se notó que había variaciones en la velocidad con la cual los observadores presionaban una llave para indicar el tránsito. Siguió un estudio del tiempo de reacción en un esfuerzo para comprender mejor la "ecuación personal". En un sentido el hombre descubrió que tenía que aprender algo del mecanismo de su propia personalidad si habría de hacer observaciones adecuadas del firmamento. Por ende, en las investigaciones más científicas de la personalidad, el hombre comenzó a mirar dentro de sí mismo porque encontró difícil contemplar hacia afuera las estrellas.

La Naturaleza de la Personalidad

Cuando al fin el hombre miró dentro de sí mismo experimentó dificultad para describir aquello que contempló. Los investigadores norteamericanos favorecieron el término "personalidad", aunque distintos términos han sido empleados en otras partes del mundo. En su desarrollo el significado de la palabra "personalidad" ha sufrido un número de cambios. Personalidad proviene de la palabra latina *persona*, una palabra que se deriva de la forma del verbo *personare* que significa "sonar a través de". Históricamente, la palabra tenía dos significados. Significaba o bien la máscara o la persona que asumía una parte del drama griego. El teatro griego no contaba con personajes femeninos en la escena, y los hombres hacían todas las partes. Se vestían de tal forma que representaban a los personajes de las obras. Los tacones altos los hacían verse más altos; los hombros bien rellenos los hacían verse más impresionantes. Se ponían máscaras para cubrirse los rostros. Las máscaras, cuidadosamente hechas, indicaban el carácter de la persona representada.

La idea de las máscaras vino a asociarse íntimamente con el concepto de la personalidad. Algunos estudiosos creen que la palabra tenía una referencia particular al tipo burdo de megáfono colocado en la máscara. Puesto que el teatro de aquel tiempo primitivo no tenía sistema amplificador, la boca de la máscara era conformada de tal manera que lanzara la voz del actor hacia el auditorio que estaba en el anfiteatro. Es fácil ver cómo esta palabra llegó a significar "sonar a través de".

Allport discute las clasificaciones a las cuales pueden someterse las definiciones de la personalidad y él nombra las categorías de *efecto externo, estructura interna, y positivista.* Puesto que las definiciones positivistas se encuentran al presente más allá de nuestra consideración, las primeras dos nos servirán como base para la discusión de los conceptos más sobresalientes de la personalidad.

Efecto externo. Este tipo de definición recalca aquello que Hall y Lindzey llaman "habilidades sociales o capacidad". La personalidad de un individuo es evaluada en base a su efectividad en despertar reacciones positivas en otros. Como una consecuencia natural, una persona que no desarrolla sus habilidades sociales es a veces clasificada como que tiene un "problema de personalidad". El concepto tiene valor. Pablo E. Johnson lo llama "el axioma interpersonal", recalcando que el individuo se introduce en los campos más extensos de las relaciones interpersonales para descubrirse a sí mismo y descubrir sus posibilidades a través de sus reacciones hacia los demás.

Sin embargo, la idea de la máscara frecuentemente ha sido aceptada demasiado literalmente en relación a la personalidad, con el énfasis predominante en el "valor del estímulo". Alguien con una manera efusiva, dado a palmear a todos, o afecto a hacer elogios melosos es conceptuado como alguien con "buena personalidad". Allport demuestra que los agentes publicitarios han aprovechado esta idea. Las formas libremente propagadas para cultivar la personalidad varían desde la escuela de modales, el curso de oratoria hasta ciertas vestiduras o cosméticos, todo con la pretensión de desarrollar la "personalidad". Haciendo un comentario sobre esto, Allport lamenta que en los últimos casos la personalidad no "se encuentra en la superficie de la piel". Elena Joseph ha expresado su falta de confianza legítima en torno a las personas cuyas personalidades son máscaras y nada más.

Llevado a sus consecuencias lógicas, pudiera significar que un individuo no tiene personalidad aparte de aquella provista por la actitud de otros. La persona que vive una vida solitaria, cual un ermitaño, presenta un problema. Allport pregunta respecto a Robinson Crusoe. ¿Acaso no tenía una personalidad antes de que llegara a ser fiel servidor? Se presenta toda una serie de posibilidades fascinantes. Crusoe, entremezclándose con otros y relacionándose con ellos antes del naufragio, tenía personalidad. Después del naufragio y viviendo en aislamiento, carecía de personalidad. La llegada del fiel servidor a la isla significó la restauración de una parte de su personalidad, y un retorno a la civilización con la renovada multiplicidad de relaciones con personas de más altos niveles culturales, significó nuevamente la posibilidad de que floreciera plenamente la personalidad de Crusoe. Las teorías de personalidad basadas en efectos externos siempre serán inadecuadas.

Estructura interna. Mientras muchos teóricos norteamericanos de la personalidad la han considerado en términos descriptivos, los psicólogos europeos han revelado una preferencia por la idea de "carácter". Hay una diferencia esencial. Mientras *persona* significa "máscara", carácter proviene de la palabra griega *charakter*, que significa grabar y que sugiere una estructura profunda y fija. Allport sostiene que el uso americano señala la importancia del medio ambiente, mientras que el término europeo indica la naturaleza profundamente grabada del hombre.

La personalidad es más que una reacción frente a otros. Tiene una realidad interior cuando las fuerzas dinámicas efectúan las decisiones de un individuo. Cada persona tiene su propia historia de la vida y existencia aparte de las apreciaciones de otras personas. El valor en la personalidad está implícito. Cada individuo merece reconocimiento de su propia existencia y no puede ser explotado por otros. Pueden entrar aquí los conceptos religiosos.

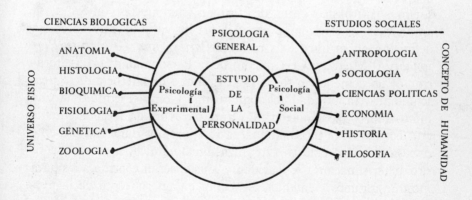

Allport acredita la ética judío cristiana a la iniciación de este concepto. Un escritor reciente ha revelado que el estudio de la personalidad tiene un lugar único en el campo de la psicología.

Así como se ve en el dibujo anterior, tocante al papel central del estudio de la personalidad en las ciencias sociales y biológicas, Baughman y Welsh han observado que el estudio de la personalidad cierra la brecha entre dos campos básicos de la psicología: (1) la experimental, que tiende hacia las ciencias biológicas, y (2) la social, que está íntimamente relacionada con las ciencias sociales. La implicación es que tanto la naturaleza interna del organismo, como el ambiente social están comprendidos en cualquier concepto de personalidad.

Es, pues, evidente que definir la personalidad es una tarea compleja. Allport emprendió la tarea y resumió unas cincuenta definiciones en su libro *Personality: A Psychological Interpretation* ("Una Interpretación Psicológica de la Personalidad"). Allport al fin presentó su propia definición de personalidad: "La personalidad es la organización dinámica dentro del individuo de aquellos sistemas psicofísicos que determinan sus ajustes únicos a su ambiente." Es interesante que Allport ha variado muy poco esta definición en su libro más reciente *Pattern and Growth in Personality* ("Moldes y Crecimiento de la Personalidad"). La alteración es un comentario sobre la flexibilidad de la teoría de la personalidad y la futilidad del dogmatismo. Como el cambio ha sido minúsculo, y la definición más antigua es usada frecuentemente por teóricos de la personalidad, la retendremos para esta presente discusión. Cinco énfasis: Organización dinámica, sistema psicofísico, determinación peculiaridad y ajuste, serán considerados para mostrar algunos elementos esenciales en un concepto de la personalidad.

Organización dinámica. La antigua práctica de dividir la personalidad en sus diversos elementos provino de las ciencias naturales y del laboratorio donde había servido. El científico negro, George Washington Carver, relataba el análisis que hizo del maní y de cómo colocó en una nueva manera los elementos que lo constituían a fin de hacer sus descubrimientos de los múltiples usos del maní. Pero la personalidad es más que un maní, y las personas no pueden ser desmembradas y luego armadas de nuevo. Por consiguiente, el reduccionismo ha aportado poco para ayudar a la comprensión final de la personalidad. Los estudiantes en la tradición gestaltista nos han llevado a un énfasis saludable en la unidad del comportamiento y han mostrado la futilidad de estudiar sus aspectos fraccionados. La formulación clásica es que el total es más que la suma de sus partes. Rogers da un énfasis similar cuando dice: "el organismo es en todo momento un sistema totalmente organizado en el cual las alteraciones de una parte pueden producir cambios en cualquier otra parte". Un patrón de organización similar se ve en la relación de Freud del id, del ego y el superego. Sin embargo, la organización misma está continuamente cambiando.

También se infiere de la definición de Allport la posibilidad de la desorganización. La psicología patológica ve la falta de ajuste individual como careciendo de una falta de organización en la vida interna.

Sistemas psicofísicos. Algunos entusiastas no tan bien informados, han tenido la tendencia desafortunada de separar la "mente" y el "cuerpo" como si fueran dos entidades distintas. Toda la evidencia indica lo contrario: los aspectos mentales afectan los físicos y viceversa. Algunas de las ideas más antiguas en torno al comportamiento se han relacionado con la consistencia física del hombre. Los griegos se preocuparon en torno a los cuatro "humores": sangre, bilis negra, bilis amarilla, y flema. Si cualquiera de estos humores predominaba, el individuo tenía un tipo particular de temperamento tal y como se ve en el cuadro que sigue.

Humor	Temperamento
Sangre	Sanguíneo
bilis negra	Melancólico
bilis amarilla	Colérico
flema	Flemático

Aunque la ciencia moderna ha superado estas categorías, sin embargo, reconoce que la química del cuerpo tiene una parte importante en la determinación del temperamento.

En días más recientes, Sheldon ha elaborado un sistema para clasificar tres tipos corporales principales: (1) el endomorfo, de construcción más bien redondeada, pero relativamente débil en estructura muscular y ósea; (2) el mesomorfo, el cual tiene huesos grandes y músculos con una presentación más bien angular; y (3) el ectomorfo, con extremidades largas y delgadas y que carece de desarrollo muscular. Combinando las divisiones principales con otros factores, Sheldon sostuvo que era posible distinguir alrededor de setenta tipos de estructura constitutiva y postuló un número equivalente de temperamentos, según la estructura somática.

Tipos Constitucionales de Sheldon

ENDOMORFO   MESOMORFO   ECTOMORFO

El concepto generalmente aceptado de la relación existente entre cuerpo y mente está subyacente en el término "psicosomático", una palabra que se refiere a la íntima e intrincada relación de cuerpo y mente. Las enfermedades psicosomáticas a veces son llamadas "el lenguaje del organismo" indicando que la mente a veces dice algo a través del cuerpo. Las dificultades tales como las úlceras pépticas, los dolores de cabeza severos, el asma bronquial, los desórdenes cutáneos y la obesidad frecuentemente tienen su origen en una dificultad psicológica. En todas las formulaciones en torno a la personalidad, la relación entre cuerpo y mente debe verse como una unidad inseparable.

Determinación. Dentro de la personalidad hay factores que constantemente impelen al individuo, y el estudiante de la personalidad siempre se enfrenta con el problema de la motivación. El desarrollo de la teoría del instinto con sus formulaciones que varían desde la división sencilla en tres campos: yo, sexo, y social hasta largas listas de móviles con emociones asociadas, es evidencia de la realidad de estas fuerzas. El "id" de Freud que buscaba el placer y que era muy demandante, y su concepto de los instintos representan su esfuerzo por justificar las fuerzas motivadoras. Maslow ve al hombre como un "animal perpetuamente necesitado", con una serie de necesidades: fisiológicas, de seguridad, amor, estima, y autoactualización. Estas necesidades se encuentran en una jerarquía y nunca son satisfechas. Tan pronto como las necesidades fisiológicas son satisfechas, el individuo se da cuenta de sus necesidades de seguridad y así sucesivamente a través de la escala del amor y de la estima al deseo de autoactualización. La tensión constante que proviene de dentro es una característica de la personalidad humana.

Unicidad. Hall y Lindzey, en su comparación y contraste de las distintas teorías de la personalidad, recalcan la referencia de Allport a la palabra "único". Allport ruega a los teóricos de la personalidad que presten atención al rasgo de la personalidad que se distingue más: la unicidad de organización. El nota que la ciencia habla de diferencias; por ejemplo, cada piedra en el campo es diferente de todas las demás piedras. Pero las piedras son puramente pasivas y no cambian a menos que sean manipuladas, mientras que el hombre tiene todas las potencialidades de realización. Tras considerar las formas animales de vida, Allport mantiene que son psicológicamente menos definidas la una de la otra que lo es un hombre de otro hombre.

El factor de unicidad puede ser dramatizado, puesto que ningún hombre es único en cada aspecto de la vida. Kluckhohn y Murray dicen:[1] "Todo hombre es en algunos aspectos (a) como

---

[1] C. Kluckhohn y H. Murray, *Personality in Nature, Society, and Culture* (New York: Alfred A. Knopf, 1953), pág. 53.

todos los demás hombres (b) como algunos otros hombres, (c) como ningún otro hombre." Un individuo es como todos los demás hombres al grado que comparte una herencia común, con una organización física que es semejante a la de todos los demás miembros de la familia humana. Es parecido a algunos otros hombres por cuanto vive dentro de un grupo cultural determinado, siente las presiones que dicha sociedad ejerce sobre él, y se adapta en gran parte a lo que se espera de él. Sin embargo, en todo esto es único, puesto que ninguna otra persona ha vivido exactamente de igual manera su experiencia. Su herencia es única, y las respuestas que él hace al ambiente son particularmente suyas. El énfasis en la singularidad individual debe hacer sombra en la teoría de la personalidad.

Adaptación. El hombre está constantemente adaptándose a su ambiente. A veces lo domina, a veces es dominado por él. Allport dice que la adaptación no debe ser conceptuada en base a términos reactivos, puesto que tiene la posibilidad de ser una actividad creativa por medio de la cual el individuo trata de conquistar su ambiente. Una distinción válida en adaptación, hecha por Allport, es que la adaptación puede ser conceptuada en dos formas: confrontación o escape. Los aspectos saludables del ajuste se han de ver en la confrontación. El individuo hace frente a la realidad de la situación y hace su ajuste correspondiente. El siguiente dibujo revela cómo Shaffer presenta esquemáticamente esta adaptación.[1]

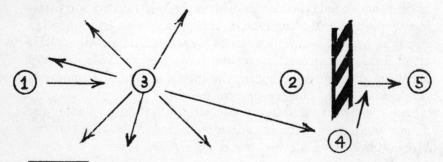

[1] Laurance F. Shaffer y Edward J. Shoben, *The Psychology of Adjustment* (Boston: Houghton Mifflin Co., 1956), pág. 9.

Usted está procediendo en algún curso de comportamiento motivado (1) cuando su actividad es obstaculizada. (2) Usted hace diversas pruebas exploratorias (3) hasta que una de ellas (4) supera el obstáculo y usted sigue adelante (5). Los pasos principales del proceso de adaptación normal son por tanto la existencia de un motivo y la operación de algún obstáculo que priva de satisfacción inmediata, lo cual da surgimiento a distintas respuestas, que paulatinamente conducen a una solución.

Este proceso de ajuste comprende la dominación y no sencillamente la adaptación pasiva.

El otro método de ajuste es por medio del escape. Si bien el método de confrontación es principalmente un proceso consciente, el escape es en gran parte un proceso inconsciente. En los automóviles de transmisión standard, el conductor debe poder hacer los cambios sin que se le trabe la dirección. Su pericia al saber cuándo y cómo hacer los cambios es un factor importante al tratar de evaluar su habilidad y destreza como conductor. El automóvil de transmisión automática, elimina esta consideración de la pericia automovilística. Así como la transmisión automática que, en consideración a la potencia del motor, la elevación de la montaña y la presión sobre el acelerador, usa la velocidad necesaria sin la ayuda del conductor, así también hay algunas formas de autocontrol dentro de la personalidad. Esta "transmisión automática" de la personalidad son los mecanismos mentales, dinamismos, o mecanismos de adaptación.

Hay numerosas y diferentes clasificaciones y definiciones de todos estos mecanismos de defensa, pero todos sirven para ayudar al ego a hacer frente a la realidad de la situación. Thorpe[1] clasifica los mecanismos de escape en las siguientes categorías: olvidar la realidad, distorsionar la realidad, satisfacer la realidad, retirarse de la realidad y atacar la realidad. La siguiente lista establece algunos de los mecanismos de defensa más frecuentemente usados.

---

[1] Louis P. Thorpe, *The Psychology of Mental Health* (New York: Ronald Press, 1960), págs. 130-142.

Fantasía:
>El proceso de satisfacer los deseos frustrados por medio de logros imaginarios.

Compensación:
>Mecanismo por medio del cual el individuo compensa sus debilidades o defectos exagerando la manifestación de alguna característica menos defectuosa o más deseable.

Identificación:
>El ganar sentimientos adicionales de valor al identificarse con una persona o institución de renombre.

Proyección:
>Tendencia a defenderse atribuyendo a otros la propia culpa o los propios deseos no éticos.

Racionalización:
>El proceso de razonar consigo mismo buscando motivos que justifiquen las prácticas o las creencias de uno cuando éstas son puestas en duda.

Represión:
>La actividad mental por medio de la cual los pensamientos penosos o los impulsos peligrosos y tendencias, inaceptables para la moralidad de la persona, son inconscientemente excluidos del campo de la conciencia.

Formación reactiva:
>Este mecanismo provoca formas de conducta que protegen algún aspecto de la personalidad o el pasado del individuo, de la autoinvestigación o de la investigación por parte de los demás, recurriendo con frecuencia a actos disfrazados.

Desplazamiento:
>Un mecanismo por medio del cual las emociones poderosas son desplazadas de una área a otra donde pueden ser toleradas más fácilmente.

Regresión:
>Es el retroceder a un nivel de desarrollo anterior que comprende responsabilidades menos maduras y generalmente un nivel inferior de aspiración.

Sublimación:
>Es encauzar o redirigir la energía que pertenece a una tendencia primitiva hacia una cosa nueva, y generalmente más elevada.

Todos empleamos mecanismos de escape hasta cierto grado. A veces existe una pequeña diferencia entre su uso normal y su uso anormal. Murphy[1] utiliza una sencilla ilustración:

>Si uno empuja una silla para atrás unos pocos centímetros, haciendo que se apoye sólo en las patas traseras, puede quitar su mano y la silla caerá hacia adelante para recuperar su antiguo equilibrio. Pero permítasele pasar más allá de determinado punto, y el antiguo equilibrio no podrá ser recuperado. La silla caerá hacia atrás sobre el piso y quedará en una posición completamente nueva sin ninguna posibilidad de regreso.

Esto ocurre también con la personalidad. La mayoría de las personas escapan de las realidades mórbidas de la existencia en algún punto u otro y posteriormente vuelven a una confrontación normal de la vida. Pero si el escape se convierte en la forma característica de reacción, puede resultar en una dificultad permanente. Algunos psicoterapeutas consideran la meta de la psicoterapia como la habilidad de ayudar al individuo a desarrollar la capacidad de confrontar y adaptarse a su medio social.

Apartando los ojos de las estrellas para fijarse en sí mismo, el hombre ha hecho algunos sorprendentes descubrimientos. Las reacciones del individuo que constituyeron el punto de partida de la investigación, pronto lo guiarán a las complejidades que se vieron en la definición de Allport. Nuestro examen de los aspectos de esta definición nos ha dado un punto de partida para mayores investigaciones.

---

[1] G. Murphy, *Personality: A Biosocial Approach to Origins and Structure* (New York: Harper and Bros., 1947), pág. 154.

La Naturaleza de la Religión

El definir y el categorizar la experiencia religiosa es aún más difícil que el tratar la personalidad. Según Miller, en épocas de Jonatán Edwards las personas se clasificaban en tres categorías de experiencia religiosa. El círculo más íntimo, consistía de aquellos que podían dar testimonio de su experiencia de conversión, y a ellos se les conocía como la "iglesia". Un segundo círculo estaba integrado por los hijos de los miembros de la iglesia quienes habían sido bautizados y quienes habían entrado en la iglesia bajo el "pacto a medias" pero a quienes era negada la membresía en la iglesia, el título de santo, y la cena del Señor. Se esperaba que los miembros de este grupo algún día experimentaran la conversión e integraran la membresía de la iglesia. El tercer círculo estaba formado por personas de la ciudad que habían tenido el privilegio de asistir al templo y quienes habían sufragado el costo de sostener la iglesia pero nada más. Si el asistir al templo o el sostener el trabajo de la iglesia constituía el "ser religioso", entonces todos podían entrar bajo esta clasificación. Pero si la experiencia religiosa era el requisito fundamental, entonces solamente aquellos miembros profesantes de la iglesia podían llamarse religiosos.

Sin embargo, aun entre los miembros de la iglesia hay grados de creencia. Clark[1] sugiere que el comportamiento religioso puede ser dividido en tres categorías: (1) *comportamiento religioso primario,* lo cual es una auténtica experiencia interior que conduce al creyente a una actividad dirigida a la armonización de su vida con la deidad y a complacer a ésta; (2) *comportamiento religioso secundario,* el cual pudo haber sido primario y vital pero que se ha enfriado o se ha convertido en algo rutinario y habitual, carente de estímulo; y (3) *comportamiento religioso terciario,* lo cual es la mera aceptación de las rutinas religiosas impartidas por otra persona. En este libro se da por sentado que estamos hablando del comportamiento religioso de tipo primario.

---

[1] Walter Houston Clark. *The Psychology of Religion* (New York: The Macmillan Co., 1958), págs. 23-25.

Si la tarea de definir la personalidad es difícil, la de definir la religión lo es aún más. En un libro anterior el autor compiló más de cien definiciones diferentes. Clark sugiere que las definiciones pueden ser subdivididas en tres categorías: (1) aquellas que rehusan separar la religión de cualquier otro aspecto de la vida psíquica. Estas nos proporcionan poca ayuda. (2) Declaraciones que recalcan los aspectos sociales de la religión. Este tipo de definición será de más valor al sociólogo que al psicólogo. (3) Las definiciones que ponen énfasis en el individuo y sus experiencias. La tercera categoría será el foco de nuestra atención en nuestra búsqueda del alma.

Posiblemente la más conocida del último tipo es la definición de William James,[1] en la cual describe la religión como "los sentimientos, los actos, las experiencias de los hombres individuales en su soledad, hasta donde ellos conciben que están en relación con cualquier cosa que puedan conceptuar como lo divino". El psicoanalista Fromm define la religión como "cualquier sistema de pensamiento y de acción compartido por un grupo que proporciona al individuo un marco de orientación y un objeto de devoción". Con un énfasis más aproximado al de James, Clark[2] anuncia su definición:

> La religión puede ser descrita más característicamente como la experiencia interior del individuo cuando presiente un más allá, especialmente como se manifiesta en los efectos de esta experiencia sobre su comportamiento cuando trata activamente de armonizar su vida con el más allá.

Hay en la definición de Clark un énfasis tridimensional sobre la interiorización, el misticismo, y el efecto que ofrece un punto conveniente para iniciar la discusión sobre la naturaleza de la religión.

Interiorización. La religión en un individuo puede ser el

---

[1] James, *op. cit.*, pág. 31.
[2] Clark *op. cit.*, pág. 22.

resultado de una respuesta a muchos factores. Puede ser una reacción al grupo o un esfuerzo del individuo por adquirir posición al colocarse dentro de determinada iglesia, de la misma manera como podría hacerse miembro de algún club social o algún otro organismo cívico. Sin embargo, si no hay una respuesta interior, probablemente tendrá poco o ningún efecto sobre su personalidad. De muchas maneras esta es la dificultad del problema de la muy discutida objetividad de los investigadores quienes no han tenido tal experiencia interior ellos mismos y por ende encuentran imposible comprender las experiencias religiosas interiores de otras personas.

Misticismo. Clark no denomina la deidad sino que sencillamente utiliza el término "más allá". Tampoco lo hacen James, ni Fromm. En este punto se preocupan las personas religiosas, puesto que no hay en el corazón de cada creyente devoto una convicción de que su deidad es el único Dios verdadero. Pero los hombres adoran todo tipo de dioses, algunos de los cuales veremos en capítulos siguientes. Se notará que las personas no solamente tienen dioses de madera y de piedra sino también tienen como objetos de adoración virtudes abstractas, tales como la razón. Es más sorprendente aun que la negación de toda religión, el ateísmo, también puede convertirse en religión.

Resultados. La definición de Clark está en armonía con el énfasis de James sobre el aspecto pragmático de la religión. James se interesaba en el efecto que la religión tenía en las personas, y se ha dicho que la frase "frutos, no raíces", expresa la actitud de James. Jung[1] tenía un énfasis similar:

"La religión, tal y como lo revela la palabra latina . . . es una existencia dinámica, o un efecto, no causado por un acto arbitrario de la voluntad, Por el contrario se apodera del ser humano y lo domina, de modo que siempre es más bien la víctima que su creador."

Similarmente, Fromm piensa que la psicología es tentada a invertir demasiado tiempo buscando las raíces psicológicas de la

---

[1] Jung, *op. cit.*, pág. 4.

religión en lugar de preocuparse del valor que la religión tiene para el individuo.

El énfasis sobre los resultados sirve para recalcar la diferencia existente entre la fe y la creencia. Clark declara que la creencia es un término estático que no tiene connotaciones emocionales de fe. La fe es una palabra más dinámica. Una persona puede creer que Plutón es un planeta, y esto tiene muy poco efecto sobre su comportamiento. Sin embargo, la fe en Dios tiene sus implicaciones de lealtad y de obligación. Fosdick dice[2] de la fe de Martín Lutero, que para él "la fe significa no tanto una creencia en torno a Dios como una confianza dinámica y atrevida en la gracia de Dios". Erasmo, por otra parte fue un gran intelectual de la misma época, pero su creencia no afectó en gran manera su conducta en la vida. Hablando del gran movimiento de la Reforma, cuando los hombres estaban tomando partido en un bando u otro, Erasmo definió su propia posición al declarar: "El navegante prudente pasará entre Scyla y Caribdis. Yo he tratado de ser un espectador de esta tragedia." Con una objetividad académica, él podía estar a distancia y contemplar desde ese punto la escena. Pero la fe incluye la entrega y a veces con gran riesgo. Sin una certeza final, el hombre de fe se arriesga en un esfuerzo por agradar a la deidad que él adora.

Una discusión de la naturaleza de la religión hace surgir casi tantas preguntas como las que contesta y deja una vaga aprehensión en torno a una clara formulación. Sin embargo, todos tenemos el convencimiento de que sabemos qué es la religión aun cuando no la podamos definir. La interiorización, el misticismo, y la actividad son siempre partes integrales de esta experiencia.

Postulados en Torno a los Factores Religiosos de la Personalidad

Uno de los conceptos más provechosos en la teoría educativa es el de Roberto J. Havighurst, sobre las "tareas de desarrollo".

---

[2] Harry Emerson Fosdick, *Great Voices of the Reformation* (New York: Random House, 1952), pág. 542.

Havighurst[1] demuestra que en la personalidad en desarrollo hay algunas tareas que deben ser llevadas a cabo. El define estas tareas:

> Una tarea de desarrollo es una que surge en un determinado período en la vida del individuo. El éxito en el logro de dicha tarea le conduce a su felicidad y a su éxito en otras tareas, mientras que el fracaso conduce a la infelicidad del individuo, la desaprobación por parte de la sociedad, y dificultades en tareas posteriores.

Las tareas de desarrollo comprenden tres factores:

(1) Maduración física. En cierta etapa de su crecimiento y desarrollo, el individuo está "listo" para aprender determinada tarea social o física.

(2) Presiones culturales que demandan que la persona cultive habilidad y pericias que cuadren dentro de su sociedad.

(3) Los valores personales y las aspiraciones del individuo.

Al mencionar los valores personales y las aspiraciones, se abre paso a una discusión de la religión y el desarrollo de la personalidad. Cada uno de los factores inherentes en una tarea de desarrollo es también un factor en la experiencia religiosa.

Maduración física. Esta está comprendida en los diferentes tipos de experiencia religiosa a través de los cuales pasa el individuo en distintas etapas de su desarrollo físico. La relación entre la pubertad y la conversión es la más evidente de las formulaciones que comprenden la maduración física.

Las presiones culturales. El segundo factor de Havighurst tiene su antítesis en la "cultura religiosa" de la vida individual. Si bien matizada por la sociedad circundante, la comunidad religiosa tiene sus normas particulares de metas tanto para jóvenes como para adultos, y estas metas influirán en el individuo.

Las aspiraciones personales del individuo. Estas representan el área de la personalidad donde la religión juega un papel decisivo. Aquello que es aceptado como un valor, el conflicto entre el

---

[1] Robert J. Havighurst, *Developmental Tasks and Education* (New York: Longmans, Green and Co., 1952), pág. 2.

deseo y la obligación concebida, y las decisiones de la vida, todo está amalgamado en sus convicciones religiosas.

Se podría decir que existen "tareas de desarrollo religioso" que conciernen y preocupan al educador religioso. ¿A qué edad podemos esperar que el niño pueda gozar de una experiencia religiosa significativa? ¿Cuándo debe ser bautizado un individuo, confirmado, o recibido en la comunidad religiosa? ¿Cómo debemos presentar a Dios al niño? ¿Qué imagen debemos proyectar y en cuál etapa de crecimiento? ¿Son estas habilidades de la vida religiosa cosas aprendidas en etapas determinadas de desarrollo? El concepto del momento educable tan importante para la pedagogía, gozará de igual importancia en la educación religiosa.

Para mayor conveniencia, el pensamiento de los capítulos siguientes sobre la personalidad y la religión girará en torno a esos postulados. Según Allport, el fundador de la psicología experimental, Wilhelm Wundt, declaró que "no hay una ley psicológica en la cual no haya más excepciones que consensos".

Si esto fue cierto de las leyes establecidas por Wundt después de muy cuidadosa y laboriosa consideración en su laboratorio, se desprende que nuestros postulados básicos distarán mucho de ser palabras finales y estarán sujetos a dudas y a objeciones. Sin embargo, servirán como punto de partida para nuestros pensamientos. Los postulados básicos para nuestra consideración son:

1. La herencia genética del hombre y su ambiente físico y sociocultural son factores importantes, pero no determinantes en el desarrollo de la personalidad.

2. El reconocimiento de los elementos inconscientes es vital en la consideración de los factores religiosos de la personalidad.

3. El enfocar el amor de uno sobre el objeto correcto en el tiempo apropiado es muy importante al estudiar los factores religiosos de la personalidad.

4. La religión es un ingrediente importante en la madurez de la personalidad.

5. El desarrollo de la salud mental es facilitado y no inhibido por una fe religiosa madura.

6. El desarrollo de la fuerza del ego en la personalidad es ayudada por las motivaciones religiosas.

Estos postulados servirán de base para la discusión que se presenta en los capítulos cinco al once inclusive.

Puntos de Afinidad

Puesto que el hombre sencillamente usa las capacidades de su organismo en sus experiencias religiosas, la religión y la personalidad deben tener una relación íntima. Con su percepción característica, William James[1] notó lo siguiente hace ya muchos años.

> Hay un temor religioso, un amor religioso, una reverencia religiosa, un gozo religioso, etcétera. Pero el amor religioso es solamente la emoción natural del amor del hombre dirigida a un objeto religioso; el temor religioso es solamente el temor ordinario o corriente, por así decir, del temor del corazón humano, en lo que concierne a la idea de una retribución divina; la reverencia religiosa es la misma sensación orgánica que sentimos, al caer la tarde, en un bosque o en una caverna; sólo que en estos momentos nos circunda el pensamiento de nuestras relaciones sobrenaturales; y de manera similar, de los distintos sentimientos que pueden ser de vital importancia en la vida de las personas religiosas.

La antigua idea de un instinto religioso o un sentimiento que era un apéndice de la personalidad religiosa del individuo ha sido descartada por los investigadores modernos. Las experiencias religiosas atraviesan las mismas sendas que todas las demás experiencias del ser humano.

De un examen tanto de los conceptos de la personalidad como de la religión, aparecen algunos factores comunes y se enumeran ocho similitudes.

1. Tanto la religión como la personalidad son intangibles. Los esfuerzos por definir a ambos han gozado de muy poco éxito y cualquier formulación está sujeta a duda.

2. La personalidad y la religión son áreas sumamente subjetivas de la vida, y no es fácil elaborar medios objetivos de evalua-

---

[1] James op. cit., págs. 27, 28.

ción. El informe del individuo siempre constituirá una parte significativa en la evaluación tanto de la religión como de la personalidad.

3. La personalidad y la psicología de la religión han experimentado dificultad al tratar de hallar su lugar en el campo de la psicología académica. La antipatía de la psicología hacia la religión ya ha sido mencionada, y Hall y Lindzey notan que la teoría de la personalidad nunca ha estado profundamente cimentada en la corriente principal de la psicología académica.

4. La orientación funcional es característica de ambas. Los teóricos de la personalidad se preocupan de cómo reacciona y cómo hace sus ajustes el individuo ante la vida. La religión, aunque con frecuencia se le acusa de lo contrario, marca como evidencias de su veracidad, un comportamiento diferente y actitudes cambiadas.

5. La totalidad de la persona es el foco de la teoría de la personalidad y cada vez más se rechaza el concepto de una idea fragmentaria de la personalidad. La religión también está recalcando con mayor ímpetu la influencia que gobierna la totalidad de la vida.

6. Wayne E. Oates nota que la religión y la personalidad ambas pueden ser definidas en términos de la peculiaridad del hombre que lo separa de otras especies, como de otros miembros de su propia raza.

7. Los teóricos de la personalidad se han preocupado por la motivación y el porque del comportamiento tiene un atractivo especial para Hall y Lindzey. La religión también se ha interesado vitalmente en las motivaciones de la vida.

8. La religión y la personalidad se afectan recíprocamente. La personalidad de un individuo afecta su reconocimiento en torno a su experiencia religiosa, y su experiencia religiosa altera aspectos de su personalidad. Con tanto campo en común existe la posibilidad de una relación creativa entre la personalidad y la religión. Pero también puede ser amor a primera vista o amor pasajero. ¿Pueden ambos estar realmente unidos? ¿Pueden tolerarse mutuamente al estar cerca el uno del otro? ¿Traerá aparejado este

matrimonio un sentimiento nuevo y vigoroso? Los siguientes capítulos podrán servir para demostrar si en realidad es un matrimonio que durará poco o si ya están de acuerdo para vivir felices toda la vida.

5

EL TERCER FACTOR
DETERMINANTE

En sus *Intimations of Inmortality* ("Intimaciones de la Inmortalidad"), Wordsworth especuló en torno a un bebé recién nacido y aquello que lo trajo al mundo y concluyó afirmando que no llegamos a este mundo ni en un olvido completo ni en un estado total de desnudez, sino navegando en las nubes de gloria.

Si bien la naturaleza de las "nubes de gloria" de Wordsworth posiblemente sea un tanto incierta, bien sabemos que cada individuo entra en el mundo con un equipo biológico heredado. En el momento de la concepción, el óvulo tiene aproximadamente cuarenta y seis cromosomas, la mitad de ellos provienen de la madre y la mitad del padre. Los cromosomas, a su vez, contienen los genes, y estos son los verdaderos transmisores de la herencia. El proceso por medio del cual los legados respectivos de ambos padres son transmitidos es muy complejo, pero los factores tales como la estructura del cuerpo, las capacidades latentes, y la inteligencia componen una gran parte de las posesiones heredadas del individuo.

A la herencia genética deben agregarse las influencias del ambiente. En un ambiente apropiado, los factores heredados hallan las condiciones para su óptimo desarrollo. El ambiente puede ser dividido y clasificado como *físico*, haciendo referencia al mundo natural que rodea al individuo, y *sociocultural*, que incluye el mundo de las personas, las costumbres, y los valores.

Algunas de las controversias más acaloradas del pasado han
sido en torno a los papeles de la herencia y del ambiente en el proceso del desarrollo. La resolución a veces ha llegado a contemplar
los dos factores como inextricablemente unidos, siendo virtualmente imposible definir dónde termina uno y dónde comienza el
otro. Nosotros emplearemos la palabra "medio ambiente" en su
sentido más general para describir la vida del individuo en su
totalidad.

Una simplificación demasiado fácil de la vida se halla contenida en la declaración: "el hombre es solamente producto de su
herencia y de su medio ambiente". El determinismo implícito en
esta declaración es a veces inconscientemente propagado. El determinismo ha sido definido por Horace y Ava C. English[1] como:

> la doctrina de que un evento es totalmente explicable en base a sus
> antecedentes. La aplicación a los actos humanos viene a ser que, dado
> el conocimiento completo de las condiciones, uno podría tener cono-
> cimiento total preciso de cómo una persona actuará o deberá actuar.

El determinismo tiene implicaciones tanto psicológicas como
sociológicas, religiosas y aun políticas. La psicología de la religión
debe ocuparse del determinismo, puesto que tanto la psicología
como la religión han sentido su impacto. Nosotros comenzaremos
considerando la casi monótona regularidad con la cual se ha hecho
hincapié en la psicología, en la sociología y en la religión.

Psicología

Los matices del determinismo se aprecian en las teorías y
formulaciones de gran número de las escuelas de pensamiento psicológico. Si bien las teorías psicológicas demuestran una gran
variación en sus especulaciones en torno a los factores que afectan
el crecimiento y el desenvolvimiento del individuo, es probablemente inherente a la naturaleza de la teoría psicológica que la
casualidad debe ser un factor eclipsante, en que el individuo se considera como producto de las múltiples fuerzas de la vida.

---

[1] English y English, *op. cit.*, pág. 147.

El determinismo genético es la expresión frecuentemente usada para describir la teoría de la personalidad de Sheldon. La forma corporal de cada persona y su estructura es de determinado tipo, y se ha demostrado estadísticamente que este tipo de cuerpo corresponde a un tipo de reacción ante la vida. El tipo de cuerpo y de comportamiento están por lo tanto íntimamente relacionados el uno con el otro. Aun en el asunto de retribuciones y de castigos, el tipo corporal del individuo determina la manera en la cual responderá el individuo. Estas relaciones son tan íntimas que, no solamente aparece una diferencia entre las características fisiológicas de delincuentes y normales sino que hay diferencias distintivas entre las subvariedades diferentes de delincuentes. La estructura del cuerpo del individuo determina en gran medida el tipo de persona que llegará a ser.

El fondo científico de Freud y su preparación cimentaron el camino para su énfasis determinista. Jones[1] dice que Freud por cierto hubiera estado de acuerdo con la declaración de su maestro, Neynert, cuando dijo: "Aun la libertad que sentimos dentro de nosotros es solamente apariencia." El individuo es inconsciente de los factores ambientales que operan al tomar decisiones, pero su selección ha sido determinada por una serie de eventos causales. Los eventos de su vida temprana cimentaron los patrones para ajustes posteriores. Las experiencias al recibir el alimento del pecho de la madre, el ser adiestrado para ir al baño, las relaciones entre hijo y padre, y los deseos infantiles, todos conducen a ajustes posteriores en la vida. Se ha comentado que para Freud el drama de la vida era solamente una repetición del drama de la infancia. Freud mismo declara: "De ahí que el adulto civilizado es el resultado de su infancia o la suma total de sus tempranas impresiones; el psicoanálisis por lo mismo confirma el antiguo adagio: "El niño es padre del hombre." Se está generalmente de acuerdo que Freud

---

[1] Ernest Jones, *The Life and Work of Sigmund Freud* (New York: Basic Books, 1953), Vol. 1, pág. 366. Hay versión castellana: *Vida y Obra de Sigmund Freud*, Editorial Nova.

considera las bases del carácter como establecidas al tiempo en que el niño cuenta con tres años de edad. El trabajo minucioso de Freud en el inconsciente y su creencia en la cadena regular de eventos mentales, lo convierten a él en el ejemplo preeminente del *determinismo psíquico*.

Alfredo Adler, discípulo de Freud, abandonó el campo freudiano y reemplazó el énfasis freudiano del sexo por un énfasis sobre los aspectos sociales de la vida. Un grupo social primario es la familia, y la posición en la familia es un factor de gran importancia en el desarrollo del "estilo de vida" del niño, el cual puede llegar a ser una influencia perdurable para cuando el niño cumpla cuatro o cinco años de edad. El hijo mayor tiene la tendencia a ser conservador, y habiendo contado con el amor total de la familia por tanto tiempo desea mantener incuestionablemente su posición original. El segundo hijo constantemente está tratando de alcanzar al que le precede. Sus tentaciones son: (1) cultivará una ambición exagerada y (2) tendrá la tendencia de ser un revolucionario tratando de cambiar el *status quo*.

Una situación particularmente difícil es la del hijo menor. El cuenta con todo el amor de la familia y por consiguiente va creciendo esperando ser amado por todos. Las formulaciones de Adler provinieron de su experiencia clínica, y no todos los investigadores están de acuerdo con él. Sin embargo, las conclusiones alcanzadas en esta área de su teoría revelan el énfasis social sobrecargado por la influencia determinista del ambiente familiar.

Los psicólogos del comportamiento dieron un énfasis totalmente diferente al asumido por las escuelas freudianas, constitucionales, o aliadas. Contemplando al hombre como un mecanismo de estímulo y respuesta, asemejándolo a una máquina, ellos rechazan conceptos tales como la conciencia, y han desarrollado un énfasis altamente ambiental. El ambiente de la infancia y de la niñez contribuyen a los procesos de condicionamiento, los cuales a su vez forman patrones de hábito que funcionan en posteriores reacciones hacia la vida.

Las ideas positivistas de la personalidad también fueron atacadas por Allport debido al énfasis en el medio ambiente. Los positivistas consideran al hombre fundamentalmente como un ser que reacciona. Ocupados con el estudio de ratas blancas en los laboratorios, la inferencia reactiva se desprende fácilmente. El vocabulario del psicólogo está plagado con tales términos como reflejo, reacción, respuesta, retención, que son cien veces más frecuentemente usados que los prefijos "pro": programación, propiedad, proceso, promesa. La inferencia es que el hombre reacciona a su medio en lugar de actuar sobre él.

Religión

Apartándonos de la psicología, no estamos totalmente preparados para el fuerte énfasis religioso de los factores ambientales en la personalidad, pero ahí está a plena vista para que todos lo contemplen. En los tiempos del Antiguo Testamento, el ambiente del hogar ejercía influencia en los niños a fin de que al crecer adoptaran las convicciones religiosas de sus padres.

El pasaje clásico del libro de Deuteronomio es: "Y amarás a Jehová tu Dios de todo tu corazón, y de toda tu alma, y con todas tus fuerzas. Y estas palabras que yo te mando hoy, estarán sobre tu corazón; y las repetirás a tus hijos, y hablarás de ellas estando en tu casa, y andando por el camino, y al acostarte, y cuando te levantes. Y las atarás como una señal en tu mano, y estarán como frontales entre tus ojos; y las escribirás en los postes de tu casa, y en tus puertas" (Deuteronomio 6:5-9).

Gran parte del simbolismo del Antiguo Testamento estaba dirigido a impresionar la mente del niño en desarrollo. La fiesta de la pascua concluía con la pregunta del niño: "¿Cuál es el significado de este servicio?" y el padre aceptaba la responsabilidad de explicar el rito.

En tiempos modernos tanto los católicos romanos como los protestantes han recalcado el ambiente. La Iglesia Católica Romana, con su insistencia en las escuelas parroquiales, ha recibido crédito al afirmar que si se le da un niño durante los primeros siete años, permanecerá siendo católico romano por el resto de sus días. De igual manera el énfasis en los programas de educación religiosa dentro de las iglesias protestantes es un reconocimiento de la importancia del medio ambiente. Una investigación llevada a cabo en el Seminario Teológico Bautista del Sudoeste con líderes en el campo de la educación religiosa reveló que la mayor parte de los líderes superiores provenían de hogares religiosos devotos mientras que muchos que no tuvieron éxito provenían de hogares carentes de gran influencia cristiana. El énfasis moderno institucional en la vida religiosa es un reconocimiento continuado de la creencia referente a las influencias ambientales.

Las fuerzas que se oponen a la religión rinden tributo a las influencias del ambiente. En la Rusia comunista no se le puede enseñar religión a los niños ni a nadie se le permite hacerse miembro de una iglesia sino hasta contar con dieciocho años de edad.

Algunos comentaristas han visto influencias deterministas en algunas de las fórmulas teológicas de las iglesias. El calvinismo ha sido considerado como un concepto determinista, en el cual el individuo está predestinado a seguir cierto camino en la vida y nada hay que pueda hacer cambiar su destino final. Una vez que se manifiesta, el énfasis determinista siempre está latente en el fondo de los conceptos religiosos.

Sociología

Lenski[1] revela que hay dos influencias en el desarrollo de la sociología. Producto del renacimiento francés, desde el comienzo la sociología estuvo entregada al concepto positivista de que la religión en los hombres es un resabio del pasado que está destinado a morir y que finalmente desaparecerá. Una segunda influencia llegó en los años formativos de la sociología, cuando la teoría del determinismo económico trajo su énfasis en las instituciones económicas de la sociedad que determina todo cambio social.

Debido a la naturaleza de su trabajo, los sociólogos dan gran

---

[1] Gerhard Lenski, *The Religious Factor* (Garden City, N. Y.: Doubleday and Co., 1963), pág. 3. Hay versión castellana: *El Factor Religioso*, Editorial Labor.

consideración a las influencias del medio ambiente. Un ejemplo de una investigación sociológica indica este énfasis. En su libro *Predicting Delinquency and Crime* ("Prediciendo la Delincuencia y el Crimen"), Sheldon y Eleanor Glueck han desarrollado un sistema para predecir el comportamiento criminal. Después de muchos años de cuidadosa investigación, este equipo constituido por una pareja ha sugerido la premisa sorprendente de que el comportamiento criminal puede ser predicho con casi la misma seguridad que una compañía de seguros calcula el grado de accidentes y muertes.

Al estudiar las estadísticas elaboradas a base de miles de criminales, los Glueck aislaron factores decisivos para predecir la delincuencia. Ellos han fijado su vista en "cinco factores altamente decisivos" en la vida de la familia: la disciplina del padre, la supervisión de la madre, el afecto del padre hacia su hijo, el afecto de la madre, y la unión de la familia. Se afirma que estos factores ambientales son tan importantes que, usándolos como base, se hicieron predicciones y se compararon con historias de casos de dos mil delincuentes de Nueva York. Se comprobó que las predicciones fueron un 90 por ciento exactas. También se descubrió que estas tablas fueron igualmente útiles cuando se usaron para hacer predicciones en el Japón y en Francia.

Los Glueck indican que puede ser posible combatir la delincuencia al cambiar el medio ambiente. Si solamente dos de los cinco factores altamente decisivos son alterados, la perspectiva de la delincuencia puede ser reducida de nueve posibilidades de cada diez a seis posibilidades de cada diez. La manipulación del ambiente es evidentemente un factor vital en las predicciones que hacen los Glueck sobre delincuencia.

Determinismo Económico
Ya hemos notado la declaración de Lenski de que el determinismo económico ha influido en la sociología. Pero no solamente afecta la sociología. El concepto, como ladrón furtivo que opera bajo la sombra de la noche, se ha metido en muchos campos de

pensamiento. Declarado muy sencillamente, el determinismo
económico significa que las instituciones de la sociedad son determinadas por el sistema que prevalece en la producción económica.
Es un concepto marxista. Engels, escribiendo en el prefacio de su
manifiesto comunista establece la proposición fundamental que
apoya todo el escrito:

> "Que en toda época histórica, el ambiente prevaleciente de productivi-
> dad e intercambio económicos, y la organización social necesaria que
> sigue de ella, forman la base sobre la cual se edifica, y solamente en
> base a ella puede explicarse la historia política e intelectual de dicha
> época."[1]

Entonces pasa a afirmar que esta proposición de Karl Marx
estaba destinada a ser tan importante para la historia como la
teoría de Darwin para la biología.

Schwartzchild dice que el determinismo económico se
compara con una estructura de tres pisos. El primer piso lo constituye las fuerzas productivas: los instrumentos, las máquinas, y los
procesos técnicos con los cuales el hombre cuenta. De las fuerzas
productivas surge el segundo piso, el cual es un sistema económico
y social. El tercer piso de la estructura está compuesto de leyes, de
ideas, y ética de una sociedad que surge de los dos primeros pisos.
También se podría agregar que toda la estructura tiene una base
atea, puesto que es materialista a carta cabal. Está edificada sobre
la premisa fundamental de que no hay Dios y que los hombres y
las mujeres son meramente animales.

El concepto incluso ha adquirido un significado biológico.
Comentando el trabajo del gran biólogo Michurin, su biógrafo,
Bakharev, dice:

> La teoría general biológica de Michurin está basada en el
> materialismo dialéctico, la perspectiva del mundo del partido marxista
> leninista. La dialéctica materialista enseña que los conceptos y las
> creencias, y la perspectiva total del hombre están determinados por las

---

[1] Karl Marx, *The Communist Manifesto*, (Chicago: Henry Regnery Co., 1954),
pág. 7. Hay versión castellana: *Manifiesto Comunista*, (Editorial Claridad.)

condiciones de la vida material de la sociedad. "El orden de las ideas... depende del orden de las cosas."[1]

Estas formulaciones siguieron adelante al punto que por muchos años afectaron los conceptos oficiales sobre la herencia. Las ideas de Mendel en genética fueron rechazadas, y el concepto de Lysenko de que las características adquiridas podían ser heredadas, fue oficialmente adoptado. Se vio que el ambiente era tan poderoso que se pensó que la doctrina oficial debía permitir que los beneficios de una generación fueran pasados a la siguiente generación, y la teoría fue aceptada pese a la oposición de la evidencia científica.

En su extensión de la doctrina del determinismo económico, el marxismo ha postulado que las ideas del hombre provienen de su ambiente económico. "Vuestras ideas son solamente el resultado de las condiciones de vuestra producción burguesa y de vuestra propiedad burguesa."[2]

El Manifiesto declaró que la institución de las familias es un producto del ambiente económico. "¿Sobre cuál fundamento está basada la familia actual, la familia burguesa? Sobre el capital, sobre la ganancia privada." Pero se hace cada vez más familiar cuando sigue postulando que la religión es el producto del medio ambiente económico del individuo. Aun el valor apreciado de la libertad religiosa es atribuido por Marx cuando dice: "La idea de la libertad religiosa y la libertad de conciencia sencillamente dan expresión al modo de competencia libre que domina el pensamiento."

Hay implicaciones importantes aquí para la teoría de la personalidad. El marxismo presupone que bajo la regla conocida como "la dictadura del proletariado", un hombre puede ser colocado en el medio ambiente "adecuado". Aquí la naturaleza humana puede ser milagrosamente transformada, y los procesos de

---

[1] A. N. Bakharev, *I. V. Michurin* (Moscow: Foreign Languages Publishing House, 1954), pág. 77.

[2] Marx *loc. cit.*, pág. 47.

perfección se verifican hasta que se convierte en un miembro
idóneo del estado idealista del comunismo. Tan fuerte ha sido el
énfasis ambiental, sin ningún respeto por los distintivos del individuo, que ha suscitado un comentario ridículo por parte de Max
Eastman:

> "Al construir un gallinero modelo el marxista tendría buen sentido de
> considerar la naturaleza instintiva de las gallinas, pero al construir
> una sociedad ideal para la humanidad, está impedido por su doctrina
> al no poder formular una pregunta en torno a las tendencias naturales
> de este animal."[1]

Significativamente, el día que los comunistas han ansiado
para introducir "la desaparición del estado", y el paraíso en la tierra, se ha ido posponiendo cada vez más. Las constantes purgas, el
sistema de consolidación de clases, y la amenaza de un estado totalmente dictatorial, han revelado que este concepto materialista no
es adecuado para producir un cambio en la personalidad. Aun en
países comunistas el determinismo económico ha sido probado y se
ha encontrado que no satisface.

En lugar de ser un ejemplo de la validez del determinismo
económico, la religión es, así como lo establece Lenski, una ilustración de su falta de validez. El argumento es que las ideas son sólo
un reflejo del sistema prevaleciente de producción económica. Pero
cuando examinamos las características de las principales religiones
del mundo, nos impresiona por su continuidad más que por su
flexibilidad. Los credos formulados hace 1500 años son aceptados
aun en los principales grupos de hoy día. Las Escrituras que tienen
dos o tres mil años de antigüedad continúan siendo las guías de fe y
de práctica. Las ideas en torno a la naturaleza de Dios formuladas
hace más de tres mil años y creídas por los pueblos primitivos que
vivían en distantes sociedades, son aceptadas y creídas por personas
que viven en sociedades urbanas e industriales de la actualidad.
Hay algunos cambios en la religión, pero la misma forma de

---

[1] Marguerite J. Fisher, *Communist Doctrine and the Free World* (Syracuse:
Syracuse University Press, 1952), pág. 194.

expresión está asociada en diferentes tipos de religión, y el mismo tipo de religión con diferentes formas de expresión. La continuidad en lugar del cambio es la característica predominante de la religión.

Un artículo publicado en una revista, que llevaba por título: "El policía que tenía un hermano criminal", narraba la historia de muchachos que provenían de la misma familia. Había cinco en esa familia y el mayor de los muchachos llegó a ser teniente de policía en una gran ciudad norteamericana mientras que el otro llegó a ser el criminal más buscado de la misma ciudad. Por supuesto estaba en juego mucho más que la herencia o el ambiente en esta situación. El individuo tiene una perspectiva y un papel en la vida que no pueden ser descartados por meras consideraciones deterministas.

El Tercer Factor Determinante

Coleman discute las determinantes de la personalidad y, tras hacer referencia a la herencia genética del hombre y su ambiente físico y sociocultural, llama la atención al "yo" como "el tercer factor determinante". Durante mucho tiempo, la principal consideración había sido dada a los factores de la herencia y del medio ambiente. Allport sostiene que es posible dar un vistazo a cientos de libros sobre el tema de la psicología y no encontrar absolutamente nada acerca de las palabras "voluntad" y "libertad". Ahora llega el reconocimiento tardío por parte de algunos de que un individuo, al ser consciente de su propia identidad individual, interpreta las experiencias de la vida desde su propia perspectiva particular.

El ataque lanzado contra el determinismo ha provenido de diferentes frentes. Algunos de los teóricos más destacados sobre la personalidad han declarado su posición. Hall y Lindzey[1] definen la situación:

"En contraste, Allport, Lewin, y hasta cierto grado Rogers,

---

[1] Hall y Lindzey, *loc. cit.*, pág. 543.

explícitamente recalcan la falta de continuidad en el desarrollo y la relativa dependencia del adulto que funciona desde los eventos de la infancia o niñez... Todos estos teóricos sugieren que algunos principios un tanto diferentes pueden necesitarse para justificar aquello que ocurre en distintas etapas del desarrollo."

El concepto de "autonomía funcional" de Allport[1] fortifica el ataque puesto que él insiste que las motivaciones del adulto no son una mera continuación de aquellas de la infancia. La neurosis es una de las evidencias más convincentes presentadas por Allport. Algunas formas adquiridas de comportamiento, tales como los tics nerviosos, las perversiones sexuales, y las ansiedades son difíciles de rectificar. Frecuentemente denominadas "síntomas"; la inferencia es que el descubrimiento de la causa original conducirá a su desaparición. Pero el encontrar la causa frecuentemente no altera la situación y las reacciones neuróticas continúan por sí mismas. La terapia basada únicamente sobre el descubrimiento de la causa no es necesariamente efectiva. El individuo tiene que aprender nuevas formas de reacción, tiene que aprender a cómo gobernar su síntoma y adquirir percepción en torno a lo que le está haciendo en este momento actual, muy aparte de la causa original.

Los servicios de psicoterapia que están comenzando en nuestros días con tipos de ayuda que nuestros abuelos nunca soñaron, han sido conceptuados como sintomáticos de nuestra "era de ansiedad". Pero representan mucho más que esto. Un consejero está motivado por una fe en la relativa independencia del individuo, en su capacidad para cambiar, y alcanzar su potencial. Rogers[2] contempla la relación existente, no como el marco para una nueva actividad, sino como una experiencia de crecimiento mediante la cual el individuo desarrolla y adquiere pericia para hacer frente a la vida en este momento muy aparte de las experiencias pasadas o de las circunstancias actuales.

---

[1] Allport, loc. cit., pág. 200.

[2] Carl Rogers, Counseling and Psychotherapy (Boston: Houghton Mifflin Co., 1942), pág. 30. Hay versión castellana: Psicoterapia Centrada en el Cliente, Editorial Paidós.

Los consejeros matrimoniales representan un esfuerzo hacia el ajuste. Dos individuos relativamente normales pueden tener un matrimonio no satisfactorio porque no pueden amoldarse el uno al otro. Si la naturaleza humana es contemplada como rígida y no alterable, la ayuda será fútil. Mudd[1] expresa el concepto alternativo:

> Si, en cambio, el consejero considera la personalidad como algo en proceso de desarrollo, en evolución, siempre creciente y desarrollando la expresión de casi un sin límite de potencialidades y fuerza interior que sólo necesita asistencia para alcanzar la meta, el mismo, como así también el paciente, contemplarán metas más amplias y harán uso de los recursos internos del cliente hacia la realización de ellas. Este punto de vista de la personalidad es, a grandes rasgos bien conocida por consejeros y especialmente por consejeros matrimoniales.

El grado de éxito que proviene de sus esfuerzos ha justificado la confianza en los consejeros matrimoniales.

La educación ha sentido el impacto de la influencia por el concepto de estímulo-respuesta. Sin embargo, Ernest Ligon,[2] uno de los más destacados investigadores en el campo de la educación religiosa, establece como uno de sus conceptos básicos "que el individuo influye sobre su ambiente mucho más que lo que su ambiente influye sobre él". Posteriormente, Ligon considera los conceptos de estímulo-respuesta y dice:

> Tradicionalmente hemos pensado en el E (estímulo) como algo al cual el individuo debe ajustarse. Siempre es siervo de ese E. Ahora repentinamente descubrimos que es mucho más prudente el que el individuo decida cuál E (estímulo) confrontará.

Proveniendo esta declaración de Ligon como resultado de una vida dedicada a la investigación de la educación, él revela su fe en la capacidad de la naturaleza humana de cambiar y en la motivación subyacente en su énfasis sobre la educación del carácter.

---

[1] Emily H. Mudd, *Marriage Counseling: A Casebook* (New York: Association Press, 1958), pág. 35.

[2] Ernest M. Ligon, *Dimensions of Character* (New York: The Macmillan Co., 1956), pág. XI.

La horrenda catástrofe de la Segunda Guerra Mundial vino debido al concepto de Hitler de una raza superior que podría ser producida a voluntad. Frankl escribe: "Las cámaras de gases de Auschwitz fueron la consecuencia final de la teoría de que el hombre no es más que el producto de la herencia y del medio ambiente, o, como les gustaba decir a los nazis, 'de sangre y de tierra'." Frankl, un psiquiatra vienés, experimentó el horror de un campo de concentración. De esa horrible experiencia al ver el comportamiento tanto de los guardias como de las víctimas clama por la consideración de otros factores más que los de herencia y del ambiente, como determinantes en los patrones de la personalidad.

Un ataque devastador sobre el determinismo de Freud proviene de otro seguidor. Haciendo un inventario de las contribuciones distintivas de los psicoanalistas, Ira Progoff discute los "cuatro grandes": Freud, Adler, Jung y Rank. Cada uno de los últimos tres originalmente fue seguidor o discípulo de Freud, pero posteriormente desarrolló un sistema diferente. Estos tenían algunos elementos en común con Freud, pero también poderosas discrepancias, las cuales los separaron de su antiguo maestro. Surgió una serie de nombres. La teoría de Freud se llamó *psicoanálisis;* la de Adler, psicología *individual,* la de Jung, psicología *analítica;* y la de Rank psicología de la *voluntad.* Progoff afirma que el ataque fundamental lanzado contra Freud estaba dirigido hacia su determinismo y su interpretación materialista de la personalidad. Otto Rank cuestionó de manera específica el lugar, la naturaleza, y la influencia de la voluntad. Se atrevió a afirmar que la esfera de la voluntad era el terreno propio de la psicología.

Para Rank, los conflictos de la vida sirven para desarrollar la voluntad que por sí misma revela el corazón de la individualidad. Afirmó que cualquier esfuerzo por pasar por alto la formulación de una idea de la voluntad puede representar un esfuerzo por parte de la humanidad para evadir las responsabilidades de la vida. Según Progoff,[1] Rank habló con entusiasmo en torno a "la

---

[1] Ira Progoff, *The Death and Rebirth of Psychology* (New York: The Julian Press, 1956) pág. 199. Hay versión castellana: *Muerte y Renacimiento de la Psicología,* (Editorial Tropel.)

psicología constructiva de la voluntad, en el centro de la cual podemos nuevamente situar el ego, con sus viejos derechos y prerrogativas recientemente ganadas". Progoff cree que la percepción peculiar de Rank en la naturaleza de la voluntad es la clave para la comprensión de todo su trabajo, tanto terapéutico como teórico.

Una analogía puede ayudarnos. El primer lanzamiento de un hombre en un vuelo espacial alrededor de la tierra por los Estados Unidos de Norteamérica representó un triunfo de la tecnología científica. La automatización había sido muy desarrollada y el astronauta parecía viajar simplemente por el gusto de viajar. Sin embargo, una vez que empezó a volar se presentó un pequeño problema, y el astronauta, en lugar de invertir su tiempo haciendo observaciones, tuvo que asumir el mando del vehículo espacial. La herencia biológica del hombre puede ser comparada al vehículo espacial, y el vuelo programado con sus controles automáticos puede considerarse como similar al patrón de vida determinado por factores del medio ambiente. Pero el hombre puede asumir el gobierno si así lo desea. Después del primer vuelo espacial, el coronel Glenn dijo: "Ahora podemos disponer de una parte del equipo automático y permitir que el hombre asuma el control." El consejo de Glenn bien puede ser pasado a los teóricos de la personalidad. Es tiempo de reconocer que la voluntad y el ego funcionan activamente.

Alfred Adler desarrolló el término ampliamente popularizado de "complejo de inferioridad" y demostró que los sentimientos de inferioridad frecuentemente eran el estímulo que conducía al cambio. Un escritor popular amplió el concepto de Adler e intituló sus escritos: "La Importancia de Sentirse Inferior." El propio sentimiento de inferioridad fue una fuerza motivadora. Adler se preocupó del mecanismo mental de *compensación*. El se refirió "al poder del ser humano para cambiar un signo de menos en uno de más". La ilustración clásica empleada es la de Demóstenes, el griego tartamudo. Al sentirse consciente de esta desventaja, Demóstenes se acercó a la orilla del mar donde colocó una piedre-

cita en su boca y gritó más fuerte que el rugido de las olas. Finalmente, llegó a convertirse en el más grande orador de la antigüedad. Una serie de circunstancias que dramatizaron su desventaja lo
motivaron a hacer algo para cambiar la situación de su vida.

La voluntad solía ser el centro de discusión en teología, mientras escritores como Jonatán Edwards luchaban con el problema
de la voluntad del hombre. En aquellos días la preocupación era si
el hombre podía o no ejercer su voluntad en contra de Dios. El
tema ahora ha cambiado su dirección y la preocupación en la
teología y en la psicología de la religión es si el hombre puede ejercer su voluntad en contra de su medio ambiente. La evidencia cada
vez más contundente revela que sí.

La posibilidad de cambiar el ambiente se explora en el ensayo
de Max Weber, *The Protestant Ethic and the Spirit of Capitalism*,
("La Etica Protestante y el Espíritu del Capitalismo"), donde trata
de revelar que sin la ética protestante el capitalismo occidental
quizá nunca hubiera sido desarrollado. Según Weber, el
capitalismo fue desarrollado no tanto a través de un espíritu de
avaricia que siempre ha caracterizado a la humanidad sino a
través de un espíritu de dedicación y entrega al trabajo. Para él el
espíritu del protestantismo se distinguía por dos características
principales: (1) una convicción de que el trabajo era una actividad
provechosa por sí misma y no solamente un medio para adquirir
comodidad o riqueza material; y (2) un rechazo de la indulgencia
personal, lo que produjo casi inevitablemente una acumulación de
riqueza.

Weber encontró la génesis del espíritu del capitalismo en el
protestantismo y más específicamente en el calvinismo y el purita-
nismo. Fue un resultado accidental de esos movimientos religiosos.
Los seguidores de Lutero y de Calvino vieron el trabajo no como
una condenación por el pecado, sino como un medio para glorifi-
car a Dios. La autoindulgencia era un pecado mortal para un calvinista, o un puritano. Los metodistas compartieron la misma idea.

La contestación de Wesley al problema que él se planteó fue:
"Adquiere todo lo que puedas, ahorra todo lo que puedas, da todo

lo que puedas", con la idea de que los metodistas nuevamente
entraran en el ciclo de comenzar a ganar.

Para nosotros, el factor significativo es que la motivación
religiosa del hombre lo obligó a alterar su medio ambiente en
lugar de conformarse a él. En sus estudios en Detroit, Lenski
encontró confirmación substancial para la tesis de Weber de que
las motivaciones religiosas eran mucho más importantes que el
medio ambiente. Dentro de situaciones sociales dadas, las motivaciones fueron halladas diferentes y aun el tipo de religión afectó
la intensidad del empuje de un individuo.

El hechizo del determinismo psicológico está pasando. La
naturaleza humana no es simplemente una cosa parecida al con-
creto, fabricada con una mezcla predeterminada la cual es vertida
en el molde del ambiente, endurecida, y por lo tanto inmutable. El
ego o aquella parte del ser que se relaciona con las decisiones siempre tendrá un papel potencial en el desarrollo de la personalidad.
Los conceptos del individuo y sus ideas son más que un pálido
reflejo de su ambiente, y contienen un poder inherente tremendo
para realizar un cambio en la situación de uno. Así como Weber y
más recientemente Lenski han demostrado, una motivación
religiosa trae un nuevo poder, el cual capacita al individuo para
cambiar su prisión ambiental, destruirla, y reconstruirla en
cualquier cosa, sea una choza o una mansión.

El Yo Como Tema

Como una composición musical que tiene un tema o un
motivo, este libro, por su propia naturaleza y propósito, tiene un
constante y repetido concepto del alma o del yo. Regularmente
aparece y reaparece como parte de la búsqueda de la psicología
tras el alma.

En este capítulo la primera nota del tema se oye en la protesta contra el determinismo tan generalmente enseñado y aceptado sin pensar. Se ha dicho que no hay nada tan práctico como
una buena teoría y el resultado práctico de una teoría determinista
es una falta de respeto por los derechos, privilegios y responsabili-

dades del individuo. La democracia ha tenido un desarrollo largo y frecuentemente agitado, pero se basa en la premisa de que un hombre común tiene la habilidad de tomar las decisiones necesarias para el bienestar del estado. Una teoría de la personalidad que cuadre con los hechos de la experiencia debe reconocer las habilidades únicas del individuo que puede tomar decisiones. La herencia y el ambiente ambos son importantes, pero el hombre nunca es un esclavo o títere de ellos. El ego o el yo se revela en sus funciones ejecutivas.

En el capítulo seis se considerará el inconsciente el cual trata con los aspectos velados de la vida síquica. Juntamente con los insultos cosmológicos y biológicos, el golpe psicológico al amor propio del hombre puede ser conceptuado como devastador. Sea cual fuere el impacto de las fuerzas primitivas inconscientes sobre el ego para restarle valor, éste todavía retiene su importancia. El ego finalmente debe hacer al inconsciente su siervo en lugar de someterse al mismo como amo.

El desarrollo de la vida afectiva se presenta en el capítulo siete y nuevamente enfoca la atención en el ego. Todo cuanto se sabe del amor comienza con el amanecer de la autoconciencia, a medida que el individuo se percata de sí mismo y descubre una serie de objetos de amor.

En las extrañas y a veces sorprendentes vicisitudes del desarrollo de la vida efectiva, la compenetración y la protección del ego están siempre en constante juego en los ajustes necesarios del individuo.

El crecimiento es un concepto básico. El crecimiento y el desarrollo del ego son el resultado de muchos factores a medida que el individuo se percata de su cuerpo, desarrolla sus habilidades de comunicación, considera la realidad, y aprende a tolerar la demora. El fracaso en el crecimiento representa la fuente más fructífera de desajuste y debilidad del ego. La madurez es el centro de discusión del capítulo ocho.

La salud mental es fundamentalmente la fuerza del ego. El ego, o bien domina la situación, o se acobarda ante ella. El capítulo nueve hace un esfuerzo por establecer el yo en su marco psicológico y religioso a medida que busca la salud mental óptima.

Una discusión de los sistemas de personalidad en el capítulo diez nos trae al corazón del asunto. En cualquier discusión de este tipo el ego deberá forzosamente aparecer en primer plano. Las interrelaciones complejas de impulsos, ego, y sistema valorativo se enfocan en el papel esencial del ego en el funcionamiento de la personalidad.

6
El Insulto Psicológico

Freud,[1] en su libro *A General Introduction to Psychoanalysis* ("Una Introducción General al Psicoanálisis"), afirmó que la ciencia había asestado varios golpes que hieren el orgullo del hombre. Karl Stern discute los tres insultos al amor propio del hombre: (1) El insulto cósmico. Los descubrimientos de Copérnico revelaron que, contrario al concepto del hombre, la tierra no era el centro del universo sino sencillamente una partícula dentro de un tremendo sistema celeste. (2) El insulto biológico. Para Freud, la formulación de la teoría de Charles Darwin en torno a la evolución orgánica, afirmando que el hombre no era diferente de los animales, era un insulto a su amor propio. (3) El insulto psicológico. En el concepto de Freud este era el golpe más severo de todos. Provino de su propia búsqueda en la investigación psicológica, la cual él afirmó que mostraba que el hombre no es el amo de su propia casa, así como se lo imagina, sino que en gran medida está motivado por las fuerzas inconscientes de su personalidad.

El comportamiento inconsciente es aquel en el cual el individuo no se percata de sus motivos o razones. Por consiguiente, la investigación de las fuerzas activadoras presenta una tarea formidable. No obstante, en nuestra búsqueda del alma debemos reconocer los factores inconscientes que afectan tanto a la personalidad como a la religión.

---

[1] Sigmund Freud, *A General Introduction to Psychoanalysis* (New York: Permabooks, 1953), pág. 289. Hay versión castellana: *Introducción al Psicoanálisis*.

La Topografía de los Procesos Mentales

La psicología dinámica considera que la mente funciona en tres niveles: (1) el consciente, (2) el preconsciente, y (3) el inconsciente. No se han de conceptuar como compartimientos exclusivos con divisiones inamovibles, sino que hay fácil comunicación entre uno y otro. Es difícil ser dogmático en lo que concierne a los detalles específicos de cualesquiera de los niveles.

El consciente es aquella parte de los procesos mentales que se encarga del reconocimiento inmediato. Uno sabe quién es y que es lo que está haciendo. En este momento usted está consciente de lo que está leyendo, y su atención puede fijarse en cualquier número de objetos de los cuales usted está inmediatamente consciente.

El preconsciente es aquella área que tiene material que puede ser recordado al fijar la atención sobre el mismo. El nombre de un amigo, la dirección de la casa donde usted reside, la imagen mental de alguien a quien usted conoce, lo que usted comió en el desayuno. Cada uno de estos es ahora algo consciente. Hace un momento todo era preconsciente, pero en disponibilidad de ser recordado.

El inconsciente contiene material que no es recordable a voluntad. Se puede asemejar al sótano de una casa, el cual tiene espacio tanto para la acumulación de artículos en depósito como para sistemas de calefacción. Es un vasto depósito de material, una vez consciente, pero ahora relegado al inconsciente. Dentro de él, igual que en el sistema de calefacción, están los deseos primitivos y emocionales pero son experiencias ya olvidadas de días pasados. Carrington[1] provee un resumen del concepto del inconsciente:

> Todo el patrón del concepto freudiano está construido alrededor de la existencia y del poder de esta parte profunda inconsciente de la mente, sin la cual el campo de la conciencia estaría tan saturado de material inservible que el ego no podría funcionar adecuadamente. Pese a que es tan necesario el inconsciente de la mente para la función normal.

---

[1] W. L. Carrington, *Psychology, Religion and Human Need* (Great Neck, N. Y.: Channel Press, 1957), pág. 22.

psíquica, también puede proveer algunos problemas complejos cuando la función psíquica se trastorna.

Varias analogías han sido empleadas para presentar el inconsciente. Una de estas analogías es el iceberg, con seis séptimas partes sumergidas y una séptima parte a flote. La séptima parte que está encima del agua y en completa visibilidad representa el consciente en disponibilidad de ser examinado. La porción más grande escondida debajo del agua, ilustra el inconsciente poderoso, proporcionalmente más grande que el área consciente.

Freud utilizó la ilustración de dos cuartos conectados. El consideró el consciente como un observador en el cuarto más pequeño. El cuarto mismo es el preconsciente y el cuarto más grande, con cortinado, es el inconsciente. Este cuarto más grande está lleno de situaciones mentales, la una sobre la otra como compradores ansiosos tratando de llegar hasta la venta especial. A la altura de la cortina y antes de pasar al área más pequeña preconsciente, hay un portero, llamado por Freud "el censor". Varias de las excitaciones de alguna manera pasan al salón preconsciente pero otras son rechazadas. Aun si las excitaciones ganan la puerta al preconsciente, todavía es necesario que el observador fije su atención en ellas antes de que se conviertan en conscientes.

Jung agrega otra dimensión al inconsciente. Un extraño fenómeno puede verse en las montañas Arbuckle del estado de Oklahoma. Probablemente debido a alguna catástrofe natural de épocas pasadas, una gran sección de la tierra ha sido removida y está completamente lisa, al grado que es posible caminar sobre la superficie de la montaña y ver los distintos estratos de la profundidad de la tierra. Se podría decir que las formulaciones de Jung son similares al trabajo de la naturaleza en las montañas Arbuckle. Jung ha superado el desarrollo de Freud en lo que toca al concepto inconsciente, y divide la totalidad del inconsciente en "el inconsciente personal" y "el inconsciente colectivo".

Además, sin tener que conceptuarse como divisiones exactas y fijas, Progoff compara los estratos de la conciencia a una formación geológica. La capa más ligera de la superficie es el consciente. Más gruesa que la primera capa pero también relativamente delgada, la siguiente capa es el inconsciente personal. Debajo de estas dos capas hay una formación profunda de roca que se extiende hasta el centro plutónico de la tierra misma el cual es llamado el inconsciente colectivo. El inconsciente colectivo contiene arquetipos que son patrones psíquicos que se manifiestan en toda la humanidad. Estos patrones psíquicos se revelan en el simbolismo de los mitos que representan la transmisión de creencias mantenidas en el inconsciente en culturas nacionales.

Jung sustentó con evidencias su tesis del inconsciente colectivo. Haciendo un estudio de la mitología de las razas primitivas, fue impresionado por la similitud de los mitos y leyendas, aun cuando las personas vivían en regiones muy separadas de la tierra. Además, en las observaciones de su práctica psiquiátrica, encontró que sus pacientes utilizaban los mismos símbolos que él había encontrado en los mitos y leyendas antiguas. También descubrió que los pacientes esquizofrénicos producían imágenes primitivas y arcaicas en sus delirios y alucinaciones. De éstas y otras fuentes Jung llegó a la conclusión de que todas las personas, en todas partes, tenían el mismo juego de ideas potenciales heredadas y que éstas constituían el inconsciente colectivo.

Evidencias del Inconsciente

No es fácil probar la existencia del inconsciente. La mayoría de las conclusiones se han derivado de la experiencia clínica. Si bien muchas de éstas serían difíciles de demostrar en un laboratorio, un número de evidencias han sido presentadas para apoyar el concepto del inconsciente.

La hipnosis es una fuente fructífera. Un paciente que ha sido hipnotizado frecuentemente puede recordar los eventos de la infancia de los cuales previamente no tenía conocimiento consciente. La regresión de la edad es una técnica de la hipnoterapia, en la cual el sujeto es situado en el trance hipnótico y se le sugiere que está viviendo en una época más temprana. En el trance puede recordar incidentes que ocurrieron en aquella época temprana, aun cuando no tenía previamente memoria consciente de las experiencias. Se infiere que el conocimiento de la primera parte de la vida estaba almacenado en algún lugar, suponiéndose que estaba en el inconsciente.

El fenómeno de la sugestión posthipnóptica ofrece ayuda. El individuo, habiendo sido colocado en el trance hipnótico, se le proporciona una sugerencia de algo que él efectuará 30 minutos después. Saliendo del trance exactamente 30 minutos más tarde, el sujeto hace lo sugerido aun cuando no sea consciente del motivo. La explicación ofrecida es que su inconsciente está trabajando, aun hasta el detalle de medir los treinta minutos de tiempo.

Por mucho tiempo se ha notado que muchas personas tienen un reloj interno, el cual les capacita para despertar del sueño en cualquier momento fijado con antelación. Este recurso no es infalible. Un experimentador lo expresó de la siguiente manera: "Claro que puedo despertar a las 5:30 de la mañana si me lo propongo antes de acostarme. La única dificultad es que también me despierto a la 1:30, a las 2:30, a las 3:30 y a las 4:30 solamente para ver si no me he pasado de la hora." Aun cuando un estudiante sugirió que esta capacidad demostraba "el poder de la mente sobre el colchón", para los investigadores otra partícula de prueba es añadida a la idea del inconsciente, esta es, deslices de la lengua, los cuales pueden ser humorísticos, o bien muy molestos, pero que demuestran el trabajo del inconsciente. La anfitriona, muy cansada por todas las tensiones, da las buenas noches a sus huéspedes con las palabras: "¡Cuánto siento que hayan venido!" Si bien se despidió cortésmente, sin embargo, inconscientemente ella ha dicho lo que realmente siente en cuanto a sus huéspedes. Un hombre que hubiera preferido jugar al tenis fue instado a asistir a una reunión de oración. Cuando se le pidió que orara, varias veces dijo: "Señor, nosotros jugamos es decir oramos", revelando así su manera preferida para invertir esta hora.

Una de las ediciones más antiguas de la versión inglesa de la Biblia del rey Santiago se llama la "Biblia malvada", precisamente porque el "no" fue omitido del séptimo mandamiento

(Exodo 20:14). La investigación de la vida personal del impresor
pudo haber sido muy reveladora. De manera interesante fue Jesús
quien dijo: "Mas yo os digo que de toda palabra ociosa que hablen
los hombres, de ella darán cuenta en el día del juicio" (Mateo
12:36). Evidentemente para Jesús, la palabra no premeditada era
la que revelaba el verdadero intento del corazón.

Otra evidencia del inconsciente es el proceso mental de incubación mediante el cual una idea se desarrolla con el paso del
tiempo. Luego de "consultar con la almohada" un problema, la
respuesta puede ser evidente.

John Dewey advirtió la futilidad de tratar de seguir adelante
después de un cierto límite de tiempo y escribió lo siguiente en
torno a la necesidad de descartar el problema:

> Después de que la mente ha cesado en su intento sobre el problema, y
> la consciencia ha relajado su tensión, comienza un período de incuba-
> ción. El material se reorganiza. Los hechos y los principios caen en su
> debido lugar; aquello que estaba confuso se torna brillante y claro, lo
> confundido frecuentemente se convierte en algo ordenado, a tal grado
> que el problema se encuentra esencialmente resuelto.[1]

Alberto Einstein dijo que las implicaciones de su teoría de la
relatividad le llegaron a él mientras estaba caminando a través de
un bosque de Alemania. El proceso de incubación fue evidentemente importante en cada uno de estos ejemplos. Aunque el individuo esté despierto o dormido, parece que este proceso
inconsciente continúa.

El fenómeno de soñar puede también ser considerado como
una actividad del inconsciente. En una ilustración sobre el
consciente, el preconsciente, y el inconsciente, Freud demostró que
las excitaciones mentales estaban amontonadas en el inconsciente y
estaban tratando de salir pasando la cortina de la sección hacia el
preconsciente en donde el observador, representando la consciencia

[1] Frank Alexander Armstrong, *Idea-Tracking* (New York: Criterion Books,
1960), pág. 63.

podía fijar su atención sobre ellos. En el proceso de soñar, Freud vio al censor junto a la cortina como habiendo dejado de estar en guardia momentáneamente. Las situaciones en el inconsciente, así como las personas en algunas fiestas de disfraces, dejaban su apariencia y entraban en el consciente.

Un sueño tiene dos aspectos. El contenido manifiesto es la forma de la imagen, mientras que el contenido *latente* representa el verdadero significado del sueño. Un hombre soñó que era constantemente perseguido por un perro de pelo muy rizado que continuamente trataba de morderle el talón. Recordando el sueño ante su esposa ella le pidió que le describiera el perro, después de lo cual ella le preguntó: "¿Quieres tú decir que tenía el pelo rizado como el de tu mamá?" El soñador respondió: "Bueno . . . sí." El resentimiento inconsciente, normalmente controlado, se había manifestado en el sueño. Freud afirmó que el sueño era el cumplimiento de un deseo; el deseo frecuentemente sepultado en el inconsciente se expresa en forma de un sueño.

El sueño se complica también por los mecanismos usados en transformar el deseo inconsciente en un contenido manifiesto. La *condensación* es el proceso por el cual un contenido manifiesto es más abreviado que la idea latente. Algunos elementos son omitidos y otros son combinados en el sueño. Un segundo mecanismo es el *desplazamiento*, en el cual los elementos del sueño pueden ser substituidos por algo más remoto y menos peligroso. El *simbolismo* es el tercero y quizás el más interesante aspecto del trabajo del sueño. Los símbolos son divididos en dos clases: (1) universales (2) individuales. Freud afirmó que ciertos símbolos son comunes a todos y que estos, por regla general, tienen una connotación sexual. Los símbolos individuales son distintivos de cada persona y deben ser interpretados según la experiencia del soñador, los conflictos y las relaciones. El soñar es tan significativo para algunos investigadores que lo han llamado el camino real hacia el inconsciente.

El olvido también puede ser una actividad que emana del inconsciente. Las preocupaciones intensas pueden ocasionar el olvido pero el olvidar también puede ser una actividad con propósito, proveyendo una válvula de escape. Los consejeros encuentran que sus clientes al confrontar problemas difíciles fácilmente se olvidan de su cita. En muchos casos las personas se olvidan muy sinceramente a medida que el inconsciente les ayuda a resolver situaciones difíciles.

Se afirma a veces que Freud descubrió el inconsciente pero evidentemente no es así. Hay otros muchos pensadores que han postulado un fenómeno similar. Sin embargo, Freud popularizó la idea, si bien no fue tan significativa para él en su pensamiento posterior como en sus primeros trabajos. Con todo, la evidencia que proviene de la hipnosis, de los *lapsus linguae*,* del olvido, de la resolución de problemas, y del soñar, es muy sólida en favor del inconsciente hipotético.

La Naturaleza del Inconsciente

La naturaleza del inconsciente puede ser resumida convenientemente en tres palabras: (1) primitiva (2) tiene propósito y (3) empuja. Las palabras ilustran los aspectos dinámicos del inconsciente.

El inconsciente es *primitivo*. Contenido dentro de él se encuentran fuerzas que fueron necesarias en la infancia de la civilización, pero que contienen posibilidades problemáticas para la cultura del siglo XX. Walter Murdock ilustra esto con su ensayo: "Bestias en el Subsuelo", en el cual narra acerca del hecho de haber heredado una casa de una tía excéntrica. Al leer el testamento descubrió, para su gran sorpresa, que estaba obligado bajo los términos del testamento a mantener viva la colección extraña de animales que habían sido juntados por su tía y hospedados en el sótano.

Obligado bajo los términos del testamento a mantener esta colección viva, Mudock trató de ocultar su existencia pero pasó por

---

* Errores en la conversación o actos fallidos del lenguaje. Muy a menudo condicionados por la agresividad reprimida. Por ejemplo: si el presidente presenta a un orador con las palabras: "Deseo presentar a ustedes un orador muy pedante" en vez de "un orador muy brillante".

momentos difíciles. Al tener algunos invitados, el león rugía, el loro gritaba, o el asno rebuznaba. A medida que esto hacían, Murdock movía vigorosamente sus pies, hacía ruidos con su garganta, aumentaba el volumen del aparato de radio, o de alguna manera trataba de desviar la atención de sus huéspedes. Murdock interpreta su parábola:[1]

> Ahora el cuadro de esta colección privada para representar los conductos subterráneos de nuestras mentes, es tan evidente que confío en que ha sido lo suficientemente recalcado. Enjaulados dentro de cada uno de nosotros, y mantenidos invisibles bajo circunstancias normales ante los ojos de otros y aun ante los ojos de nosotros mismos, hay numerosos deseos primitivos, tendencias, instintos, llámense como quieran, y que hemos heredado de nuestros antepasados salvajes. La sociedad civilizada implica su represión, pero siempre están presentes, todo el tiempo, muy vivos y muy activos. En ciertas circunstancias, un tigre ancestral de agresividad despertará en mí; hará que yo haga algo que no me gusta hacer, y una antigua mula pondrá sus patas firmemente sobre la tierra y rehusará moverse; tóquese mi vanidad, y un puercoespín levantará todas sus púas; hágase cosquillas a uno de mis apetitos, y oirán a un cerdo inmemorial, trate de discutir conmigo sobre un prejuicio, y un asno patriarcal levantará su cabeza y rebuznará... Es la supervivencia, en tiempos civilizados, de impulsos que fueron útiles y hasta indispensables al hombre salvaje, pero que no son compatibles con la civilización, lo que ocasiona las dificultades en el mundo actual.

El Nuevo Testamento contiene referencias a esta parte de la personalidad. En los escritos paulinos hay tres referencias al "viejo hombre", así como cuando Pablo dice: "En cuanto a la pasada manera de vivir, despojaos del viejo hombre, que está viciado conforme a los deseos engañosos" (Efesios 4:22). De manera similar, Pablo usa la palabra "carne", con referencia a las fuerzas primitivas del hombre.

Otra característica del inconsciente es su *propósito declarado*. Este elemento primitivo de la personalidad que busca la autopre-

---

[1] Walter Murdock, *Selected Essays* (Sydney, Australia: Angus and Robertson, 1956), pág. 184.

servación es fundamentalmente egoísta, tratando siempre de sacar lo mejor para el individuo aun cuando no esté percatado de la realidad de la situación. Un hombre a quien su esposa le pide que corte el césped, lo hace por diez minutos, entonces regresa diciendo que está agotado, y se estira sobre un diván para recuperar las fuerzas. Unos minutos después un amigo llama y le invita a jugar golf. Su vitalidad queda restaurada milagrosamente y sale para jugar un largo partido de golf. El estudiante, aburrido con el tema bajo estudio, se siente demasiado cansado para estudiar, pero luego que se acuesta no puede dormir por muchas horas. Esta condición proporciona evidencia muda de la actividad con propósito del inconsciente.

Las enfermedades conocidas como funcionales no tienen base física que ilustran el sentido del propósito del inconsciente. El soldado colocado en una difícil situación desarrolla una parálisis en su pierna lo cual hace imperativo que se le releve; la dueña de casa cansada de la rutina que nunca termina tiene un dolor de cabeza muy intenso, y el pastor en una difícil situación de la iglesia, queda afónico. Ninguna de estas cosas es hecha conscientemente. Cada una trae aparejado el sufrimiento, pero sin embargo, ofrece el camino de escape y es una manifestación de la acción con propósito del inconsciente.

El inconsciente también *empuja*. En la primavera de 1513, el español Ponce de León, se dirigió rumbo al occidente de Puerto Rico buscando "la fuente de la juventud". Tres pequeñas embarcaciones constituyeron la expedición que alcanzó tierra en un lugar que posteriormente se conocería como el cabo Kennedy. Girando hacia el sur les parecía a ellos que estaban en medio de un impetuoso río que empujaba su embarcación. En las palabras del historiador, Clarke dice:[1]

> A pesar del buen viento que tenían, no podían seguir hacia adelante, la embarcación retrocedía aunque a ellos les parecía que continuaban bien, pero al fin descubrieron que . . . la corriente era más poderosa que el viento.

---

[1] Arthur C. Clarke, "The Gulf Stream", *Holiday*, Vol. 29 (June, 1961), pág. 80.

Los dos últimos dos barcos pudieron anclar, pero el tercero en aguas más profundas, fue conducido hacia el norte. Poca atención fue prestada a la experiencia de Ponce de León. Había más interés en la mitológica fuente de la juventud que en el sorprendente fenómeno natural que cambia la vida en grandes áreas de la superficie del mundo. Dos siglos y medio más tarde fue reconocida como la corriente del golfo.

Los barcos de Ponce de León, con sus velas desplegadas por el viento poderoso del norte, mientras viajaban hacia el norte a buena velocidad, ilustran el poder del inconsciente. Las fuerzas no reconocidas del inconsciente, así como la poderosa corriente del Golfo, están en constante acción que es difícil de comprender y más difícil de gobernar. Así como Ponce de León buscaba "la fuente de la juventud", es fácil preocuparse con metas superficiales y no reales, pasando por alto las fuerzas sumergidas e impelentes del inconsciente.

La percepción de las motivaciones inconscientes incluso ha impulsado las técnicas de promoción. En el rápido desarrollo de la investigación de la motivación, se encuentra que las personas prefieren las flores artificiales debido al hecho de que el marchitarse las flores naturales les recuerdan la muerte. Los mercaderes están por lo tanto tratando de satisfacer las necesidades escondidas. Packard dice: "Los fabricantes de cosméticos no están vendiendo lanolina, están vendiendo esperanza... ya no compramos naranjas, compramos vitalidad. Ya no compramos simplemente un automóvil, compramos prestigio." El poder de la motivación del inconsciente ha sido reconocido tardíamente.

La Represión y el Inconsciente

La represión es el término usado por los psicólogos de la psicología dinámica para describir el mecanismo que probablemente ocasiona más dificultades en el inconsciente. *La represión* no debe ser confundida con la *supresión*, palabra usada para describir el proceso voluntario por medio del cual el material es reconocido como inaceptable y excluido del consciente. La represión repre-

senta la forma por medio de la cual la mente sin querer relega
memorias dolorosas y conflictos al inconsciente. El proceso o mecanismo de represión es presentado en el diagrama que sigue.

Las ideas reprimidas constantemente están buscando salir a la
consciencia. Empujadas hacia arriba, hacia la consciencia, por los
deseos no dominados, son mantenidas bajo dominio por la acción
combinada del ego, o yo, y el sistema valorativo. Sin embargo, la
represión nunca es completa. Es algo así como si un grupo de
muchachos malos continuaran entrando en la casa. Al esposo no le
molesta especialmente, ya que pudo haber gustado de su compañía, si bien bajo circunstancias diferentes, pero su esposa se
opone e insiste en que sean echados fuera. Los muchachos representan el material reprimido tratando de expresarse; la esposa
insistentemente presenta el cuadro del sistema valorativo del individuo; el esposo un tanto temeroso simboliza el yo o ego.

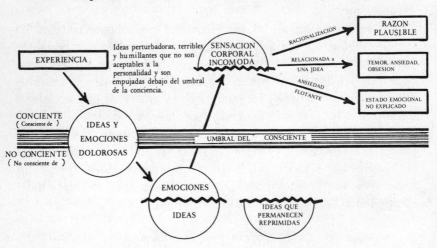

El Mecanismo de Represión (adaptado)

Las ideas reprimidas pueden continuar coloreando las experiencias de la vida. Un soldado en el ejército experimentaba dificultades al tratar de amoldarse debido a su espíritu sumiso. Una investigación psiquiátrica reveló antagonismo profundo para con su padre. Mientras atravesaba por la narcoterapia, se reveló un incidente por completo olvidado. En los días de su infancia su padre lo había atacado en la bodega, lo había golpeado hasta dejarlo inconsciente. Si bien se había olvidado, la emoción del incidente permanecía, y una terapia muy intensa fue requerida antes de que se pudiera ajustar debidamente.

Con una perspectiva característicamente incisiva, Jung[1] dice que el psicoanálisis es un desarrollo de las ideas básicas que subyacen en el confesionario. No hay una relación causal, y ambos van en direcciones diferentes. Pero pueden tener la misma raíz psíquica. Cuando el hombre primeramente tuvo consciencia de sus deficiencias, trató de encubrirlas. Jung denomina el proceso "encubrimiento psíquico". Todo lo escondido es un secreto y la manutención de un secreto actúa como un veneno psíquico que distancia al individuo de los demás.

Los secretos son esenciales para la individualidad y ayudan a diferenciar al individuo de la comunidad. El hombre primitivo frecuentemente encontró necesario el inventar secretos a fin de no tener que disolverse en una mera inconsciencia de la vida comunitaria y por ende sufrir una herida psíquica mortal. Muchas de las antiguas religiones de misterio con sus rituales secretos ayudaron a suplir esta necesidad de diferenciación. Jung dice que los sacramentos eran conceptuados por la iglesia primitiva como misterios y la iniciación proporcionaba a la persona un sentido de pertenencia a la comunidad cristiana y participación en sus secretos.

Un secreto compartido con distintas personas puede tener valor, pero un secreto privado puede ser peligroso. Si somos conscientes de aquello que escondemos, el mal que resulta es menor que si no sabemos aquello que estamos reprimiendo, o no

---

[1] Jung. *op. cit.*, pág. 31.

sabemos que lo hemos reprimido. En el último caso no solamente mantenemos el asunto privado conscientemente, sino que lo escondemos aun de nosotros mismos. Entonces se distancia de la consciencia como una entidad independiente para llevar una existencia separada en el inconsciente donde no puede ser relacionada ni molestada por la mente consciente. Jung estima que la represión en este papel autónomo, cultiva una vida de fantasía propia que es peculiar y destructiva.

Aspectos Religiosos del Inconsciente

La relación de la religión con el inconsciente es un campo no explorado. Lo que se ha explorado es periférico e incidental. Bien puede ser que el craso materialismo de Freud, quien popularizó el concepto del inconsciente, ha inculcado temor a los estudiantes de la religión. Ya es tiempo de realizar un examen comprensivo y sistemático de los aspectos religiosos del inconsciente. Tillich[1] afirma que las ideas del inconsciente han creado todo un nuevo clima para las disciplinas teológicas. Por consiguiente, las formulaciones religiosas en torno al inconsciente son vitalmente importantes.

La creatividad y la religión tradicionalmente han estado asociadas, y el lugar del inconsciente en la creatividad demanda acción. En la introducción de un volumen recientemente publicado de Freud con sus ensayos sobre temas culturales, *Creativity and the Unconscious* ("Creatividad y el Inconsciente"), el editor dice: "Freud descubrió el camino a las alturas (de la creatividad) por medio de las profundidades del inconsciente." Pero no todos los escritores están de acuerdo en que Freud tenía un concepto creativo del inconsciente. Allport ha dicho que en su trabajo de explorar en el inconsciente "Freud profundiza más, permanece más tiempo sumergido y emerge más sucio que cualquier otro psicólogo." Chaplin afirma que el psicoanálisis ha ocasionado un deterioro en la calidad del arte. Recordando el énfasis de Aristóteles en la uni-

---

[1] Hans Hofmann, *The Ministry and Mental Health* (New York: Association Press, 1960), pág. 14.

dad, estructura, y forma del arte, Chaplin[1] con pesimismo contempla la escena actual.

Con la venida de la edad del análisis y la popularización de las doctrinas psicoanalíticas entre los círculos artísticos y de vanguardia, un profundo cambio tuvo lugar en la estructura y la función del arte. En la literatura, el clasicismo dio lugar al naturalismo. El naturalismo, a su vez, fue desplazado por el realismo que luego evolucionó en lo nuevo de la corriente de la conciencia. La pintura también perdió su estructura formal y trató de reflejar el inconsciente. El drama se despojó de las formas clásicas y giró de los temas tradicionales a los de la explotación de los problemas patológicos. Hablando en términos generales, la naturaleza humana, tal y como es presentada en las artes, ha caído desde el cenit del clasicismo heroico al abismo de los vagabundos contemporáneos. La naturaleza, otrora glorificada en el arte, ahora es ridiculizada por la escuela moderna. El hombre, que aparecía con el rostro de miles de héroes de la literatura del pasado, es presentado como un objeto de compasión, irracional, quebrantado por su ambiente y sus conflictos internos. Todos los dioses han fracasado; somos gobernados por las profundidades tediosas del inconsciente.

El concepto pesimista, determinista de Freud en torno al aspecto irracional y animal del hombre ha dominado la estética del siglo XX.

Haciendo a un lado esta escena deprimente, Chaplin se fija en la idea de Jung del inconsciente creativo. Para Jung, las fuerzas creadoras del arte y de la religión permanecen ocultas debajo de las capas más superficiales del inconsciente. *El inconsciente colectivo* de Jung es un concepto creativo. Lo define Clark: "El inconsciente colectivo es la herencia de la posibilidad de las ideas." Nutrido en base a la tradición de la psiquiatría alemana y francesa, Jung aceptó este énfasis sobre los factores hereditarios en el desarrollo mental.

Los psicoanalistas ortodoxos, por otra parte, se rebelaron en contra de la idea. A. A. Brill afirmó que la mente era una pizarra limpia al nacer. Jung trató de unir la idea de la herencia con la del inconsciente personal. El sostuvo que la estructura del cerebro se heredaba de la misma manera que la estructura del cuerpo y que

---

[1] J. P. Chaplin, *The Unconscious* (New York: Ballantine Books, 1960), pág. 179.

los cerebros de todos los seres humanos tienen un parecido los unos con los otros.

Un aspecto inusitado del concepto de Jung sobre el inconsciente es su énfasis sobre los aspectos femeninos. Según Jung,[1] el trabajo creativo del poeta se desarrolla en él como una criatura por influencia de la madre: "Los procesos creativos tienen cualidades femeninas, y el trabajo creativo surge de las profundidades del inconsciente, diríamos del campo de la madre." Jung rechazó el concepto del inconsciente como un mero receptáculo para el material desechado del consciente. Sí contiene este material, pero también lleva adelante su propia actividad creativa.

Los aspectos *dinámicos* del inconsciente fueron considerados anteriormente en el capítulo como parte de la evidencia de su existencia y son de importancia para cualquier discusión sobre la creatividad. Se ha acumulado el testimonio para demostrar que puesto en operación el inconsciente dinámico continúa su trabajo. John Dewey[2] lo expresó de esta manera:

> Muchas personas teniendo un asunto práctico complicado que deban decidir encuentran saludable el consultar con la almohada sobre el asunto. Frecuentemente despiertan en la mañana encontrando que mientras dormían las cosas se han aclarado. Un sutil proceso de incubación ha resultado en la maduración de una decisión y un plan.
>
> Por este surgir de invenciones, soluciones y descubrimientos raras veces ocurre, excepto en una mente que con anterioridad se ha empapado conscientemente del material con el que se relaciona su problema, ha meditado sobre el asunto, pesando los puntos favorables y los puntos desfavorables.

La incubación es una fase del proceso rítmico.

El proceso de incubación revela el inconsciente como esencialmente creativo, si bien *amoral*. Un Hitler puede concebir la idea de una raza superior, y su inconsciente elabora el plan a medida que produce estratagemas de conquista mundial y de destrucción y eliminación de razas.

---

[1] Jung, *op. cit.*, pág. 170.
[2] Armstrong, *op. cit.*, pág. 58.

PLANIFICACION	IMAGINACION	CREATIVIDAD	DISTORSION
CON PROPOSITO	Y	EN EL NEUROTICO	DE LA REALIDAD
Y PRUEBA DE	CREATIVIDAD		EN LOS ENFERMOS
LA REALIDAD	NORMALES		MENTALES

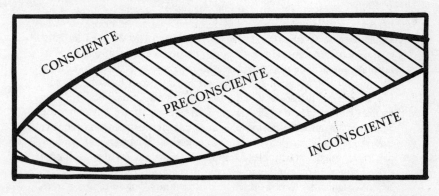

DOMINIO DEL	DOMINIO DEL	DOMINIO DEL
CONSCIENTE	PRECONSCIENTE	INCONSCIENTE

La creatividad no es una entidad simple sino una actividad compleja que resulta de la interacción de muchos factores. Un feliz equilibrio ha sido formulado por Kubie quien ve un sentido de equilibrio entre el consciente, el preconsciente y los elementos inconscientes en los varios tipos de creatividad.

Una persona verdaderamente neurótica está dominada grandemente por el inconsciente mientras que la persona con un ego dominante vive más dentro de los límites del consciente. El preconsciente, representando el área del material accesible para recordar, juega un papel importante en el proceso. La creatividad en la persona normal se da en la cooperación del inconsciente y del preconsciente, mientras que en la persona neurótica el inconsciente está más compulsivamente en control. Sin embargo, el ego puede ser activo, aun en el campo difuso del preconsciente, y participar en el proceso creativo.

Un aspecto extraño de creatividad en el inconsciente es revelado por Jones[1] en su biografía de Freud, cuando él indica la conexión existente entre un período de creatividad de Freud y sus reacciones neuróticas:

> Por muy desagradable que sea la idea para quienes adoran a los héroes, se puede decir con verdad de que Freud no siempre poseyó la seguridad y la serenidad internas, tan características de él en los años cuando era bien conocido. Este punto ha de recalcarse aún más. Hay amplia evidencia de que, aproximadamente por más de diez años, los últimos del siglo pasado, sufrió de una psiconeurosis bastante grande. Un admirador puede estar tentado a pintar esto con los colores más oscuros con la idea de recalcar, mediante el contraste, los logros de Freud en la autodominación con la ayuda del instrumento peculiar que él mismo forjó. Pero no hay necesidad de exagerar; la grandeza del logro queda intachable. Después de todo, en las peores épocas Freud nunca cesó de trabajar. El continuó con su trabajo diario y con sus investigaciones científicas, su cuidado y amor por su esposa e hijos permaneció, y en toda situación dio pocas evidencias de manifestaciones neuróticas (con la única excepción de Fliess). Sin embargo, sus sufrimientos a veces eran muy intensos, y durante esos diez años pudieron haber existido solamente intervalos ocasionales cuando le pareció que la vida valía la pena vivirse. Freud pagó muy caro los dones que concedió al mundo, y el mundo no fue muy generoso en su agradecimiento.
>
> Sin embargo, precisamente en esos años cuando la neurosis estaba en su apogeo, 1897-1900, Freud produjo su trabajo más original. Hay una conexión muy clara entre estos dos hechos. Los síntomas neuróticos debieron haber sido uno de los caminos por medio de los cuales el material inconsciente estaba tratando de emerger indirectamente, y sin esta presión es dudoso que Freud hubiera realizado el progreso que logró. Es una forma costosa para alcanzar ese campo escondido pero continúa siendo el único camino.

El que Freud escasamente percibiera esta conexión aun en esa época se ve por distintas alusiones a su modo de trabajar. El no trabajaba bien cuando se sentía contento, ni tampoco cuando

---

[1] Jones, *op. cit.*, págs. 304, 305.

estaba muy inhibido o deprimido; necesitaba un término medio entre ambos extremos. Freud expresó esto precisamente en una carta con fecha 15 de abril de 1896: "He regresado con un sentimiento grande de independencia y me siento demasiado bien; desde que regresé he estado muy flojo, debido a que *necesito de un sufrimiento moderado para trabajar intensamente* y éste rehúsa aparecer." (Itálicas del autor.) El reconocimiento franco de Jones de la situación abre la puerta para una mayor investigación de la relación del inconsciente y la creatividad.

El poder del inconsciente puede complicar la metodología de la psicología de la religión. La discusión previa ha revelado que los documentos personales, las biografías, los diarios, las cartas, asimismo la literatura y el cuestionario proveen una gran cantidad de materiales usados en el estudio de la psicología de la religión. Todos estos métodos se inclinan mucho a la introspección. La psicología dinámica indica que las respuestas dadas y las reacciones obtenidas eran notoriamente inciertas, y no pueden proveer una base adecuada para generalizaciones exactas. Para obtener mayor material válido, es necesario utilizar situaciones más controladas y emplear técnicas de observación, así como tests *standard*.

Posiblemente la forma más poderosa para influir en el inconsciente es la sugestión. El asunto se discute extensamente en el capítulo 11, pero aquí podemos notar que la sugestión juega un papel vital en la religión. La autosugestión está presente en la oración. Las experiencias colectivas de adoración hacen surgir la sugestibilidad de los participantes. La fe sanadora tiene matices muy poderosos tanto de autosugestión como de hetero-sugestión. La conversión abarca la incubación en el inconsciente, y la sugestibilidad del sujeto frecuentemente determina el tipo de experiencia. En todas las actividades religiosas la sugestión y su influencia en el inconsciente, permanecen como un factor duradero.

Estabrooks compara el inconsciente con una máquina de

vapor, que tiene una presión que busca escape. El inconsciente puede expresarse en una variedad de formas las que Estabrooks llama "actividades automáticas", en las cuales el sujeto se encuentra en una especie de estado hipnótico. Si se acerca al oído una concha de caracol, se escucha un ruido que se interpreta como el ruido que hace el mar. A veces las voces se escuchan como "en una concha", mientras que el inconsciente adquiere expresión. Una persona puede contemplar una esfera de cristal o un vaso con agua y ver en ellos material del inconsciente. El escribir automáticamente es un proceso en el cual el sujeto pierde todo el control consciente del lápiz que tiene en su mano. Cualquier sujeto, sin darse cuenta de lo que está haciendo, puede expresar su contenido inconsciente a través de sus escritos a tal grado que podemos estar leyendo, como en un libro, mientras él escribe. El escrito terminado es a veces visto con una caligrafía diferente, con palabras inusitadas y formas que manifiestan la actividad del inconsciente.

Estabrooks considera el fenómeno de "hablar lenguas", como un "discurso automático". Técnicamente conocido bajo el nombre de "glosolalia", el hablar en lenguas se encuentra generalmente entre grupos pentecostales. Es considerado como una indicación del bautismo del Espíritu Santo o como un acto de adoración. Una concepción errónea común es que la lengua hablada pertenece a un idioma reconocible y que ha de usarse para la propagación del evangelio. Generalmente esto no es así. El hablar en lenguas es considerado más frecuentemente como una "señal" y no necesita ser de ninguna lengua específica. Estabrooks dice acerca de la experiencia:

> Lo que ocurre en el habla automática es la misma cosa que ya se ha visto en la escritura automática. Es un caso de disociación, solamente que aquí son los músculos de la garganta los que ya no están bajo el control de la personalidad normal despierta. El individuo comienza a hablar así como el escritor automático escribe; parece que los músculos de la garganta siguen adelante sin ningún control consciente de la persona. Las palabras que pronuncia el sujeto pueden ser completamente ininteligibles, un lenguaje propio, una "lengua divina" como a veces

es llamada, o bien puede estar hablando en su lengua nativa, expresando aquello que está inconsciente en su mente.[1]

Desde esta perspectiva la glosolalia es una actividad en la cual cesa el control consciente y el inconsciente se expresa libremente. Las reuniones donde se observa la glosolalia son altamente emotivas, en las que se usa libremente la sugestión y con un énfasis marcado sobre la pasividad y la cesación de todo control. Sin embargo, mucha de la glosolalia es probablemente un comportamiento imitado, y muchas de sus manifestaciones tienen una similitud notable.

Un asunto un tanto relacionado es el tipo de predicación que se escucha en muchas iglesias. Niebuhr muestra que la religión de la frontera dio cabida a un cierto tipo de predicación. La conferencia lógica formal fue tenida bajo sospecha, y "el lenguaje de la excitación" era el vehículo que traía siempre la mejor respuesta. Gran parte de este legado ha sido trasladado a la religión norteamericana de hoy día, y en muchas iglesias frecuentemente es oído el "lenguaje de la excitación"[2].

Entre algunos predicadores existe casi el fetichismo de "predicar sin notas", y un personaje episcopal destacado recientemente declaró que sus sermones eran presentados de esta manera. De esta manera el inconsciente entra en juego. Un extracto de la biografía de Freud escrita por Jones revela la forma en la cual el psicólogo contempló sus propias declaraciones.

El nunca usó apuntes y raras veces se preparó para una conferencia; lo dejaba en gran parte a la inspiración del momento. Recuerdo una vez cuando lo acompañé a una conferencia que le pregunté cuál sería el tema que presentaría esa noche y su respuesta fue: "¡Si sólo yo supiera! Debo dejar esto a mi inconsciente."

---

[1] G. H. Estabrooks, *Hypnotism*, (New York: E. D. Duttom and Co., 1943), pág. 104.

[2] H. Richard Niebuhr, *The Social Sources of Denominationalism*, (Hamdem, Conn.: The Shoe String Press, 1954), pág. 141.

Para Freud, el inconsciente dinámico estaba listo para facilitar su expresión. En el marco religioso la calidad de la expresión no preparada es conceptuada como el resultado de la obra del Espíritu Santo. Esta relación del Espíritu Santo y del inconsciente abre el camino para futuras discusiones.

Thouless[1] ha recalcado el *simbolismo* en el inconsciente. Más recientemente, Paul Tillich afirma que uno de los impactos mayores del inconsciente ha sido realizado en el ambiente teológico con una nueva apreciación del símbolo.

El factor decisivo era el quebrantamiento de la creencia en el poder de la razón para determinar la dirección de la voluntad. La predicación intelectual y moral no pudo alcanzar aquellos niveles de la vida personal que pueden, sin embargo, ser abiertos por símbolos auténticos, símbolos que en sí mismos tienen raíces en las profundidades inconscientes del individuo y de grupos. El impacto de los símbolos sobre la totalidad de la vida personal les proporciona el poder no sólo revelador sino sanador.[2]

Jung afirma que los símbolos más frecuentemente usados por el hombre son proyecciones del inconsciente colectivo. El llama a estos símbolos arquetipos, o imágenes primordiales que tienen connotaciones religiosas. En su *Psychology and Religion* ("Psicología y Religión"), él cuenta haber estudiado las implicaciones religiosas del símbolo a lo largo de catorce años antes de aludir a ellos públicamente. Jung opina que habrá un cierto temor en aceptar esa idea. Sin embargo, afirma que él y sus colegas frecuentemente han observado a las personas cultivar ese mismo tipo de simbolismo de modo que ya no se puede dudar de él. Jung piensa que el símbolo de la cuaternidad es una representación directa de Dios y discute la frecuencia con la cual los símbolos se centran alrededor de cuatro o de los múltiplos de cuatro. Se dan muchas referencias, tales como

[1] Robert H. Thouless, *An Introduction to The Psychology of Religion*, (New York: Cambridge University Press, 1923), pág. 114.

[2] Paul J. Tillich, "The Impact of Psychotherapy on Theological Thought", *Bulletin Academy of Religion and Mental Health* (1960), pág. 4.

la vieja idea de que Dios creó cuatro elementos, cuatro ríos del
Paraíso, cuatro vientos, y el simbolismo empleado para los cuatro
Evangelios: el águila, el león, el hombre, y el becerro.

Para Jung la cuaternidad significa "el Dios que está dentro".[1] El comenta sobre la importancia psicológica de esto:

> Sería un error imperdonable si alguien comprendiera mis obser-
> vaciones como si fueran una especie de prueba de la existencia de Dios.
> Solamente prueban la existencia de una imagen arquetípica de la dei-
> dad, lo cual para mi mente es lo más que podemos afirmar psicológi-
> camente acerca de Dios. Pero puesto que es un arquetipo muy impor-
> tante e influyente. Su ocurrencia, relativamente frecuente parece ser
> un hecho notable para cualquier teología natural.

Jung discute el hecho de que el simbolismo cristiano central es
la trinidad, mientras que la fórmula de la mente inconsciente es la
cuaternidad. Esto lo justifica en su teoría, porque la fórmula
cristiana es incompleta, habiendo fallado en mencionar el principio
del mal y el cuarto aspecto de la deidad, el diablo.

Una discusión del simbolismo hace surgir el hecho de la relación existente entre el Espíritu Santo y el inconsciente. Mowrer
compara el inconsciente al Espíritu Santo y parcialmente adelanta
la idea de que el Espíritu Santo reside dentro del inconsciente. La
idea de Dios que entra a través del inconsciente no es nueva.
William James también presenta una idea similar. El siguiente
cuadro revela la presentación diagramática de Uren[2] de la teoría de
James de la entrada de lo transcendental. James creyó que el subconsciente (inconsciente) era la fuente que alimentaba a todas las
experiencias religiosas. El sostenía que había algún poder detrás
del inconsciente y que éste tocaba sobre él. El círculo interior era la
región de la experiencia consciente adyacente al área del subconsciente (inconsciente), donde había distintos elementos psíqui-

---

[1] C. G. Jung, *Modern Man in Search of a Soul*. (New York: Harcout, Brace and
Co., 1933), pág. 72. Hay versión castellana: *Realidad del Alma*. (Losada).

[2] Rudolph A. Uren, *Recent Religious Psychology*, (New York: Charles Scribner's
Sons, 1928), pág. 71.

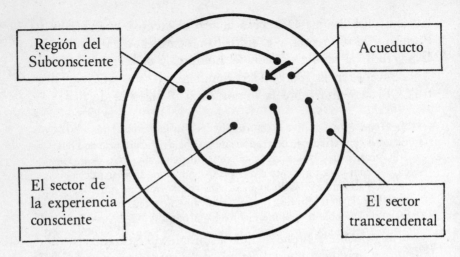

Región del
Subconsciente

Acueducto

El sector de
la experiencia
consciente

El sector
transcendental

cos que tenían la potencialidad de la serpiente o del serafín. La siguiente área era la región de lo transcendental de la cual provenía la experiencia religiosa. La experiencia religiosa era el resultado del elemento transcendental que fluía al subconsciente (inconsciente), y finalmente al consciente.

Una de las discusiones más profundas sobre la relación del Espíritu Santo con el inconsciente está contenida en el libro escrito por Dewar: *The Holy Spirit and Modern Thought* ("El Espíritu Santo y el Pensamiento Moderno".) Viendo que no existía ninguna posibilidad en la idea de Freud acerca del inconsciente, Dewar hace notar el concepto dinámico de Jung. Jung afirma que aun cuando la psicoterapia llega a una conclusión, el proceso terapéutico continúa con la fuerza motriz del inconsciente. Para Dewar, la actividad del inconsciente de seguir una meta puede fácilmente representar el trabajo del Espíritu Santo dentro del individuo al nivel natural. El nota la analogía entre la psicoterapia y la obra del Espíritu Santo, al cual se menciona en la Biblia como el paracleto, "uno llamado juntamente para ayudar". De ahí que él contempla el trabajo del psiquiatra y el trabajo del Espíritu Santo como similares.

Otro punto de interés para Dewar es el lugar de los sueños en la revelación bíblica. Un ejemplo es el incidente de Pedro en Jope. Pedro, hambriento y pensando en su comida del medio día, se durmió y soñó que un gran lienzo caía de los cielos, el cual contenía todo tipo de animales y reptiles. Una voz le dijo que se pusiera en pie, que matara y que comiera. Cuando Pedro rehusó, la voz divina dijo: "lo que Dios limpió, no lo llames tú común" (Hechos 10:15). La palabra traducida "lienzo" significa vela mayor, de modo que puede suponerse que la vista de barcos que navegaban en el puerto había proporcionado la imagen y el estímulo.

Despertando del sueño, el Espíritu Santo le dice a Pedro que tres hombres están buscándolo, y el incidente es seguido por el descenso del Espíritu Santo sobre los gentiles. Al relatar el incidente a la iglesia de Jerusalén, Pedro dijo: "Entonces me acordé de lo dicho por el Señor, cuando dijo: Juan ciertamente bautizó en agua, mas vosotros seréis bautizados con el Espíritu Santo" (Hechos 11:16). Dewar ve esto como el cumplimiento del relato juanino del trabajo del Espíritu Santo el cual era traer a la mente del discípulo las enseñanzas de nuestro Señor. Según la interpretación de Dewar el Espíritu Santo está trabajando en el inconsciente y está utilizando el simbolismo contenido allí.

Otra interpretación del significado religioso se halla en los escritos de Alejandro Maclaren, conocido como "el príncipe de los expositores bíblicos". Maclaren no era psicólogo, pero en uno de sus sermones intitulado "La Memoria en el otro Mundo", revela poseer percepción psicológica. Su texto son las palabras: "Pero Abraham le dijo: Hijo, acuérdate que recibiste tus bienes en tu vida, y Lázaro también males; pero ahora éste es consolado aquí y tú atormentado" (Lucas 16:25). Palabras habladas al hombre rico en el infierno. Maclaren en sus *Exposiciones de la Santa Escritura* cultiva y desarrolla la idea ampliamente aceptada del inconsciente como el depósito de las experiencias de la vida, cada hombre teniendo dentro de sí una especie de ángel secreto. Los incidentes totalmente olvidados pueden ser recordados con gran viveza, y al recordar los eventos de toda una vida estos pueden pasar en un momento por la pantalla de la mente. Maclaren afirma que la memoria en un mundo perdido puede ser el castigo eterno y cita a Milton: "En cualquier dirección que vuele encuentro el infierno, yo mismo soy el infierno." El inconsciente con su caudal de memorias, material disponible en un momento dado, más el remordimiento asociado con la experiencia de recapacitar, representan para Maclaren la posibilidad de lo que la teología cristiana llama "perdido".

En la personalidad bien desarrollada, el inconsciente debe ser el siervo y no el amo o el dueño del ego. El dominio se logra en gran parte por el uso del mecanismo de la sublimación, definido por English y English como "ajuste o desviación de la energía que pertenece a una tendencia primitiva hacia un canal nuevo". El empuje primitivo y las fuerzas con propósito del inconsciente deben ser controlados si hemos de vivir vidas significativas y con propósito en nuestra época. En una comunidad fundada en la ladera de una montaña, las lluvias prolongadas ocasionaban una corriente destructora que minaba los cimientos de las casas y de los edificios. Los esfuerzos por bloquear esta torrente fracasaron, hasta que alguien concibió la idea de cambiar la dirección del agua, desviando la corriente por la otra ladera de la montaña hacia donde corrió para regar los campos sembrados. Allí era utilizada para irrigar la siembra y hacer que la tierra fuera fructífera. Refiriéndose específicamente al impulso sexual. Thouless dice:

El impulso sexual puede hacer que usted se case y que invierta el resto de su vida para mantener y proteger a su esposa y a sus hijos. En este caso, está formando a base de su instinto sexual un hábito que es su intención biológica. Pero también puede conducirlo (particularmente si se frustran sus primeros y repetido esfuerzos de formar un hábito del tipo ya aludido) a escribir poesía, a encerrarse y mantenerse alejado del mundo, a dedicarse a la investigación científica, a pintar cuadros, o a tomar parte en diversas actividades que son tan diferentes como pueda imaginarse de los tipos de los hábitos que otros animales encontraron a base del mismo instinto. En este caso, podemos decir que está desviando la energía de este instinto a otro fin (quizás pudiéramos decir un fin más alto). Ahora es común, cuando se reconoce el fin como meritorio, llamar a este proceso *sublimación*.[1]

Freud criticó toda forma de religión. Sin embargo, hubo momentos cuando él consideró la religión bajo otra luz. Escribiendo a Pfister después de la publicación de su libro, Freud discutió los ideales y la ética, y con una nota casi de meditación dijo: "Desde el punto de vista terapéutico, sólo puedo envidiarle a la religión la posibilidad de sublimación que ofrece."[2] Las motivaciones religiosas son vitales para la sublimación. La psicología puede enseñarnos la sublimación, pero se requiere de la religión para darle significado. Hace muchos años yo dirigí unos servicios religiosos entre los nativos de la isla de Nueva Guinea y me sorprendí al oír unas extrañas tonadas que las gentes usaban para sus himnos. Investigaciones adicionales me revelaron que originalmente habían sido cantos de guerra, pero los misioneros habían llevado a los nuevos nativos convertidos el mensaje cristiano de paz para todos los hombres, de modo que lo cantaban con la tonada de la canción original militar. De igual manera, el mecanismo de la sublimación funcionará mejor dentro de las personas que tienen nueva vida, nuevos objetivos y nuevas motivaciones que vienen por medio de la fe en Cristo Jesús.

Resumen

Tratar de explorar y de marcar las áreas del consciente, preconsciente y del inconsciente es a la vez fructífero y desalentador. Fructífero, porque promete una explicación para el comportamiento que antes no se tenía; desalentador, porque todas las formulaciones tienen un cierto ambiente de especulación y de luz difusa en torno a los detalles. Si bien a primera vista parece ser que lo primitivo, lo que empuja, y aquello con propósito, aniquilaría la

---

[1] Robert H. Thouless, *An Introduction to the Psychology of Religion.* (New York: Cambridge University Press, 1923) pág. 124.

[2] Ernest Jones, *The Life and Work of Sigmund Freud.* (New York: Basic Books, 1953), pág. 199. Hay versión castellana: *Vida y Obra de Sigmund Freud.* (Anagrama).

religión, un examen más minucioso revela que el concepto puede tener implicaciones significativas para el estudiante de la religión. Aspectos de la represión están religiosamente implicados; la creatividad tiene asociaciones religiosas; el fenómeno religioso tal como la glosolalia y el "lenguaje de la excitación" evidentemente tienen una relación íntima con el inconsciente. El lugar del símbolo, la posibilidad de una más clara comprensión de la función del Espíritu Santo, el lugar peculiar de las motivaciones religiosas en la sublimación, y la advertencia de las complicaciones de la metodología de la psicología de la religión ocasionada por factores inconscientes, todas estas cosas señalan la necesidad de estudiar la religión y el inconsciente.

7
EL DESARROLLO DE LA VIDA AFECTIVA

El amor y la religión siempre han tenido una íntima relación. Algunos críticos de la religión afirman que la religión no es más que una falsa expresión del impulso sexual, pero esa conclusión tiene todas las características de una grosera simplificación. Sin embargo, debe admitirse que existe una relación íntima entre las dos ideas.

La Biblia comienza con una discusión de la relación existente entre el hombre y la mujer; las normas de conducta sexual provienen de fuentes religiosas; el concepto del lazo matrimonial y su grado de permanencia tiene raíces religiosas; las obligaciones de los padres y de los hijos y viceversa frecuentemente están dentro del marco de los ideales religiosos.

En el Antiguo Testamento, el profeta Oseas vio sus relaciones matrimoniales con su esposa, Gomer, como un símbolo de la relación entre Dios e Israel. En el Nuevo Testamento, Pablo, a veces denominado un viejo solterón, ve el lazo matrimonial como el símbolo de la relación existente entre Cristo y su iglesia.

Thouless sostiene que hay cuatro líneas de evidencia para la íntima asociación del sexo y la religión.

1. En el desarrollo del instinto sexual hay períodos de crecimiento y decadencia. Estos períodos revelan por lo menos algunos paralelos con los períodos cumbres de la experiencia religiosa, tal como el número de conversiones que se verifica en el período de la adolescencia. Pero frecuentemente hay experiencia religiosa en la niñez, antes de la adolescencia. También, existe poca evidencia

para sostener que en el otoño de la vida el decreciente impulso sexual ocasiona la desaparición del fervor religioso.

2. La emoción religiosa frecuentemente se expresa en el lenguaje del amor humano. Muchos de los místicos han sido adeptos a usar las metáforas del amor para expresar sus aspiraciones espirituales. Sin embargo, hay también otros tipos de símbolos y metáforas para describir la experiencia.

3. En algunas agrupaciones religiosas un alto valor es colocado en la castidad. La implicación es que la supresión del sexo abre el camino para que éste sea canalizado en expresión religiosa. Pero además hay otros impulsos que son negados a la vida religiosa. La agresión es descartada y en su lugar entra la mansedumbre; los apetitos físicos son rechazados por el ayuno; la compañía de otros es rechazada a favor de la soledad de la vida en la reclusión monástica.

4. En algunas formas de religión existe una tendencia hacia la sexualidad licenciosa. Pese a su comienzo con demandas de supresión sexual, algunas de las formas más emocionales de la religión están caracterizadas por una sexualidad sin inhibición. El propio contraste con las normas aceptadas del cristianismo realzan este tipo de comportamiento como excepcional y muy aparte de las expectaciones normales de una persona religiosa profesante. No hay evidencia clara de que la religión sea simplemente una manifestación del impulso sexual, pero hay evidentes asociaciones.

Sigmund Freud probablemente escribió o hizo que se escribiera más sobre el tema del amor que cualquiera otra persona. Sin embargo, aunque desnudó su alma sobre tantos temas, él relató muy poco en torno a su propia vida afectiva. Su biógrafo, Ernest Jones dice,[1] sin embargo, que debe investigarse la vida afectiva de Freud porque:

> No puede comprenderse la vida interior de ningún hombre, la clave de su personalidad, sin algún conocimiento de sus actitudes hacia la emoción básica del amor. Nada revela la esencia de su personalidad

---
[1] Jones, *op. cit.*, I, pág. 98.

tan aguda e incisivamente como la totalidad y sutiles variaciones de las respuestas emocionales en esta esfera, puesto que pocas situaciones de la vida ponen a prueba tan severamente la armonía mental.

Existe otro punto paralelo de interés entre la religión y la psicología. Evidentemente el psiquiatra percibe el amor íntimamente relacionado a su disciplina, y ningún estudiante serio de la religión puede pasar por alto el lugar central del amor en su campo de interés.

Cualquier discusión del amor confronta dificultades de definición. Los problemas de semántica nunca han sido mayores. Las personas hablan de amar objetos tan dispares como Dios, árboles, gatos, zapatos viejos, dinero y madre. La dificultad es que una sola palabra debe abarcar muchos conceptos diferentes. Hunt,[1] que afirma que los griegos tenían una palabra para cada cosa, también dice que ellos inventaron el amor. Se supone que los nombres que ellos dieron a los distintos aspectos del amor son probablemente los más acertados que existen. Tres palabras griegas traducidas como amor: *eros, philia,* y *agape,* pueden servir como base para la definición, aunque en el griego los significados no siempre son tan precisos, como podrá verse.

Eros es el amor *egoísta.* Es la atracción física entre los sexos, y el individuo está a la expectativa de lograr alguna experiencia personal, alguna expresión o la descarga de sus impulsos sexuales. En los escritos de los griegos, *eros* era "el amor del deseo" o amor adquisitivo; éste desea algo. Por consiguiente, para Platón, el amor era un estado intermedio entre el tener y el no tener. Se desprende entonces que cuando el objeto del deseo ha sido poseído, *eros,* como amor, fenece. La palabra *eros* no se usa en ninguna parte del Nuevo Testamento.

Frecuentemente se habla del acto de la experiencia sexual como "hacer el amor". Si bien esto es cierto en el sentido de *eros,* existe duda en torno a si la palabra "amor" no está mal empleada

---

[1] Morton M. Hunt. *The Natural History of Love* (New York: Grove Press, 1959), pág. 15.

PSICOLOGIA Y RELIGION

en esta relación. Escritores tan diferentes uno del otro como Reik[1] y Duvall[2] han mostrado que el amor y el sexo no solamente no son la misma cosa, sino que, frecuentemente, son muy diferentes.

1. El sexo es fundamentalmente físico, y es así como en la masturbación puede existir una respuesta sexual física solitaria. El amor, por otra parte, es psíquico y comprende la respuesta de una personalidad a otra personalidad. Es posible amar sin contacto físico.

2. El sexo puede comprender solamente un fragmento de la personalidad, pero el amor en su mejor exponente es la respuesta de dos personalidades.

3. El sexo se preocupa esencialmente de la satisfacción de los deseos propios, el buscar la satisfacción personal y el alivio de las tensiones sin importarle el bienestar de los demás. El amor en su mejor expresión no es egoísta y si el amor tiene conflicto con el sexo, el amante puede pasar por alto la experiencia sexual. Duvall llega a la conclusión de que el amor y el sexo no solamente no son idénticos sino que también pueden ser completamente antagónicos. Sin embargo, combinados, como el acero y el cemento, cimentan la sólida estructura de las relaciones interpersonales.

Philia puede ser considerado como el nivel *mental* del amor. Representa la atracción de intereses similares intelectuales y culturales. *Philia* es empleado en el Nuevo Testamento. Se puede ver la diferencia entre *philia* y *agape* en el incidente que tiene por protagonistas a Jesús y Pedro:

> Cuando hubieron comido, Jesús dijo a Simón Pedro: Simón, hijo de Jonás, ¿me amas más que éstos? Le respondió: Sí, Señor, tú sabes que te amo. El le dijo: Apacienta mis corderos (Juan 21:15). El uso dado por Jesús de *agape* y Pedro *philia* se revela en las traducciones respectivas de amor y de amigo.

---

[1] Theodor Reik, *Of Love and Lust* (New York: Association Press, 1952).

[2] Sylvanus M. Duvall, *Men, Women and Morals.* (New York: Association Press, 1952).

Algunas de las historias de amor más inusitadas tienen muy poca relación con el elemento de *eros*. La relación de Roberto Browning manteniendo correspondencia con Elizabeth Barrett, una solterona de casi cuarenta años, viviendo como inválida y posponiendo el día de encontrarse con él, tenía muy poco de *eros*. De manera similar, Walpole, el parlamentario inglés, un solterón de aproximadamente cuarenta y ocho años de edad, invirtiendo tanto de su tiempo con una francesa ciega de setenta años, reveló el aspecto filiaco del amor. Los consejeros matrimoniales frecuentemente indagan de los esposos y de las esposas que pasan por momentos difíciles en torno a las amistades mutuas que tienen y que hacen juntos. Las similitudes de afinidad mental tienen un papel importante en el enriquecimiento del deseo físico de *eros*.

Agape es el nivel *altruista* del amor. Es la gran palabra del Nuevo Testamento empleada predominantemente para describir el amor de Dios hacia los hombres y el amor que los cristianos deben tener los unos para con los otros. La nota altruista es la característica de *agape*. Pablo la hace resaltar en toda su gloria en 1 Corintios 13, donde el constante repetir es la actitud altruista del amor.

La exposición de Pablo es como una cumbre elevadísima en medio de un desierto cuando se compara con la literatura de la antigüedad sobre el tema del amor. El punto principal de diferencia es la característica esencial del altruismo del amor en la presentación paulina.

Con la excepción de *eros*, los niveles de amor no se excluyen forzosamente el uno del otro, y en la mayoría de las expresiones del amor existe un intercambio de los tres elementos. El libro bíblico llamado el Cantar de los Cantares es un buen ejemplo. El libro es un himno al amor. Aglen, en el *Comentario* conservador de Ellicott, dice de él:[1]

El tema del libro es el sentimiento del amor. El lenguaje similar al de

---

[1] Charles John Ellicott, *Commentary on the Whole Bible* (Grand Rapids: Zondervan Publishing House, 1954), IV, pág. 385.

toda la poesía del amor, pasional, sensual, voluptuoso, y en algunos casos con licenciosidad oriental rebasando los lindes de las normas occidentales de sobriedad y propiedad ... Desde el comienzo hasta el fin no existe una sola palabra que sugiera ninguna conexión con la religión.

En la opinión de Aglen, como en la de otros, el escritor del Cantar de los Cantares trata principalmente del amor al nivel de *eros*. Puede pasar a *philia*. Sin embargo, a través de los años los grandes santos de la fe cristiana han hallado en este libro una expresión del amor de Cristo para su iglesia y la relación del pueblo de Dios a él. Por tanto, los tres conceptos están entremezclados.

La complejidad del concepto obliga a una consideración de otros aspectos. Cuatro características del amor, no siempre evidentes, son: (1) es móvil, (2) busca un objeto, (3) une, y (4) es recíproco.

El amor es móvil. En el vocabulario del amor romántico el "enamorarse" implica una condición en la cual un individuo entra y permanece en ella. Es una situación estática. Menninger[1] trata de corregir el concepto erróneo cuando dice: "Uno no se enamora: uno *crece* en el amor y el amor crece en uno; y esto no comienza en la adolescencia ni en la madurez, sino en la infancia." El amor es una parte viva, vital de la personalidad y así como cualquier otra cosa que vive, puede ser alimentada o desatendida. Puede ser flexible y variable. Los factores del desarrollo de la personalidad no son más significativos en cualquier otro campo de la vida que en nuestro concepto en torno del amor.

La relación del amor a los objetos. Blanton[2] nos recuerda: "El amor, en su significado más amplio, es sencillamente un interés *intenso, positivo, en un objeto*." El cantor entusiastamente

[1] Karl Menninger y Jeanetta L. Menninger, *Love Against Hate* (New York: Harcourt, Brace and Co., 1942), pág. 261. Hay versión castellana: *Amor versus odio.* Ediciones Monte Oliva.

[2] Smiley Blanton, *Love or Perish* (New York: Simon an Schuster, 1956), pág. 108.

puede anunciar "estoy enamorado, estoy enamorado, estoy enamorado", ¿pero enamorado de quién? El individuo que crece y se desarrolla encuentra en su vida que su amor es movible porque se localiza en diferentes objetos. El desarrollo de la personalidad depende en gran medida del individuo que enfoca su amor en el objeto apropiado en el tiempo apropiado. En los largos años desde la infancia hasta la madurez, siempre estarán disponibles objetos inapropiados, y el no discernir el objeto correcto en cualquier etapa es una amenaza constante para el individuo que crece.

El amor es unión. El hombre sin amor vive en aislamiento. Una experiencia amorosa rompe este aislamiento, permitiéndole sentir unidad con otra persona. Fromm[1] afirma que en la historia de Adán y Eva el sentimiento de vergüenza que les sobrevino provino de su sentido de separación. El dice: "La percepción de la separación humana, sin la reunión por medio del amor, es la fuente de la vergüenza. Es a la vez la fuente de remordimiento y ansiedad." En su dilema de aislamiento, el hombre primitivo vivió cerca de la naturaleza y de la tierra. Trató de identificarse con los animales al usar las máscaras de animales y al adorar a los animales como dioses. Con la evolución de la sociedad, esta práctica se fue descartando. Pero el hombre moderno frecuentemente busca escaparse del aislamiento al adoptarse el conformismo de un grupo.

Fromm afirma que el deseo por la unión y la fusión interpersonal es el impulso más poderoso dentro del hombre. El prefiere el término "simbiótico", usado en la biología para describir una relación entre dos especies, ninguna de ellas con capacidad de sobrevivir sin la otra. En la unión simbólica psíquica los cuerpos están separados, pero hay una afinidad o unión psíquica. Además, cada una de las personas debe mantener su propia individualidad. Hay ocasiones cuando puede ser parte de otra persona y hay ocasiones cuando puede estar solo enteramente. Sin embargo, el amor pro-

---

[1] Eric Fromm, *The Art of Loving* (New York: Harper and Row, 1962), pág. 8. Hay versión castellana: *El Arte de Amar*, Editorial Paidós.

vee para el individuo lo que Allport[1] llama sus "necesidades de a-
filiación".

Aspectos recíprocos del amor. Debe recalcarse esto si uno de
los peores aspectos del amor romántico ha de ser combatido.
Muchas señoritas creen que deben esperar al príncipe gallardo que
llegará con armadura resplandeciente cabalgando en blanco corcel,
que tal príncipe verá en ellas algún rasgo inusitado, se enamorará
de ellas, y se las llevará a su castillo. Se recalca el "ser amada" en
lugar de "amar". Demasiadas personas piensan que "amar" es
sencillo pero "ser amado" es difícil. Criticando esa actitud, Fromm
dice que proviene en parte de nuestra "orientación comercial".[2]
De manera muy similar a la forma en que son empaquetadas las
mercancías, los vestidos, los cosméticos, los peinados, etcétera, para
ser agradables a la vista, así usamos técnicas que nos hacen más
"negociables", de manera que alguien "se enamore de nosotros".
Debemos aprender a amar antes de ser realmente amados aunque
ambos aspectos son importantes. Es esencial tanto amar como ser
amado, y nuestra relación será mejor cuando los dos elementos
estén presentes.

En los últimos días de su vida, Robert L. Stevenson, el famoso
escritor, se trasladó a Samoa en busca de salud. Allí edificó una
casa sobre un lugar elevado que contemplaba y abarcaba el
panorama del mar. Se hizo querer por los nativos por sus actos de
bondad y de interés en sus asuntos. Cuando, por su enfermedad, no
pudo moverse mucho, los nativos expresaron su gratitud
construyendo un camino desde su casa hasta el mar. Este camino se
llamó "el camino del corazón amante". Hay un sentido en el cual
cada individuo debe escalar el camino del corazón amante y las
características de movilidad; buscar un objeto de unión y reciprocidad están todos comprendidos en este ascenso.

---
[1] Gordon W. Allport, *Becoming* (New Haven: Yale University Press, 1955),
pág. 32.
[2] Eric Fromm, *Psychoanalysis and Religion*, pág. 66. Hay versión castellana:
"Psicoanálisis y Religión. Editorial Psique.

El subir por este camino es normal. Multitudes han podido hacerlo perfectamente bien, sencillamente al llevar a cabo lo que les resultaba natural. Sin embargo, las complejidades de las emociones asociadas con el amor hacen que sea trágicamente fácil para un individuo tropezar, tratar de levantarse demasiado rápidamente, o volver a caer. Blanton[1] lo dice de esta manera:

> Nuestros errores no se deben sencillamente al amor o al odio en sí mismos. Nosotros cometemos errores porque, bajo la urgente presión de estas fuerzas emocionales acumuladas, *somos impulsados a amar u odiar a las personas erróneas, en la época errónea, y por razones o motivos erróneos.*

Una comprensión adecuada de los objetos apropiados para amar nos puede servir para salvarnos de una caída dolorosa.

El amor a sí mismo viene primero

El infante se ama a sí mismo. Un recién nacido tiene mucho en común con otras formas de vida animal, y su impulso principal es fisiológico. Debe ingerir alimento para crecer. Una madre cariñosa piensa que cuando el infante se acerca a su pecho, ésta es una manifestación de amor, pero está más de acuerdo con la realidad decir que, generalmente, el niño está siguiendo esta línea de actividad con la esperanza de suministrarse alimento. El infante primero siente placer a través de su boca y la actividad oral es muy necesaria tanto fisiológica como psicológicamente.

En sus siete declaraciones en torno a las necesidades del infante, Menninger[2] enuncia la primera diciendo: "Debe tener la oportunidad de períodos frecuentes para mamar, no limitados por el tiempo, no interrumpidos artificialmente, y de manera preferente junto al pecho de la madre." La actividad oral y sus placeres, desde las épocas tempranas de su vida, continuarán tanto

---

[1] Smiley Blanton, *Love or Perish.* (New York: Simon and Schuster, 1956), pág. 167.

[2] Menninger, *op. cit.,* pág. 39.

para enriquecer como para atormentar al infante durante todo el desarrollo de su vida.

El infante es un ególatra a carta cabal. Todo lo que existe en la vida está para servirle a él. Esta actitud es natural y esencial en una criatura pequeña, pero se convierte en un rasgo impropio en el adulto maduro. Un individuo puede tener fijaciones o regresar a su etapa temprana de desarrollo. El chuparse el dedo es una de las formas más tempranas de regresión. Posteriormente, puede ser el comer demasiado, el fumar o cualquier otra forma de actividad oral. Muchas personas que son obesas evidentemente comen por placer insano y por necesidad de apoyo psicológico y no necesariamente para nutrirse. La moda actual de las dietas líquidas y sus éxitos sorprendentes pueden indicar que el fluido lechoso que es ingerido provee cierta satisfacción infantil para "el gordito frustrado".

Volviendo otra vez a la historia del joven griego, Narciso, se nos dice que contemplando el agua de la fuente vio reflejada su cara y se enamoró de su propia imagen. Así, algunos psicólogos han usado el término "narcisismo" para describir la preocupación de un individuo por sí mismo. Esto puede adquirir distintas formas. El celo, que a primera vista puede ser una hiperevaluación del objeto amado, puede en realidad ser una estimación narcisista del yo individual y el temor de no recibir la suficiente atención de su objeto amado. La masturbación puede ser una proyección de la vida de amor hacia uno mismo. La mujer egocéntrica, que exhibe su cuerpo casi desnudo, que gasta todo su dinero en ropa, y que se torna en un mar de lágrimas a fin de salirse con la suya, puede estar regresando a esta etapa temprana en el desarrollo de su vida afectiva. Para muchas de estas personas un chupete puede ser la solución apropiada para sus problemas.

Una cierta cantidad de amor a sí mismo es absolutamente esencial para el desarrollo adecuado del ego. Pero esta evaluación de uno mismo debe ser realizada en el contexto de referencia hacia otras personas. Jesús dijo: "Honra a tu padre y a tu madre; y, amarás a tu prójimo como a ti mismo" (Mateo 19:19). En sus cri-

terios de la religión madura, Clark[1] lo declara de esta manera:
"¿Es socialmente eficaz? ¿Fortalece la religión del individuo su
sentido de comunidad de tal manera que produzca una sociedad
más saludable?" Caín, con su pregunta: "¿Soy yo guarda de mi
hermano?" llega a ser el representante de un egocentrismo infantil
contrario a la religión cristiana.

Las Relaciones entre la Madre y la Criatura se Desarrollan

Discutiendo algunas de las dificultades confrontadas por las
mujeres, Menninger[2] recalca su lugar en la sociedad y dice:

> El colocar el mayor peso de responsabilidad para la formación de la
> personalidad del niño sobre la madre es colocar, psicológicamente, a la
> mujer en el centro del universo.
>
> Esto no está en contradicción con los conceptos biológicos; en
> muchas de las formas inferiores de vida, no hay machos sino sólo hem-
> bras.

Para el infante, *físicamente,* su madre es el centro de su
mundo. Ella lo cuida, ella le da alimento, y ella está con él la
mayor parte de las horas en que está despierto. La relación con su
madre es la primera relación *social* que el niño jamás ha tenido.
Ella también es *psicológicamente* el centro de su mundo. Los
freudianos ven al hombrecito como teniendo el complejo de Edipo,
enamorándose de su madre y viendo al padre como un rival. Sin
embargo, observadores más imparciales ven la relación de la niña
con su madre como de la misma importancia.

El amor de madre, con su acompañante contacto físico y psicológico, promueve un desarrollo adecuado de la personalidad. En
uno de los estudios mejor conocidos, Rena Spitz cuenta de dos grupos de infantes que estaban en instituciones. Las instituciones eran
idénticas, salvo que una tenía a las criaturas con sus madres, mientras que en la otra las cuidaban sin la ayuda de las madres. A

---

[1] Clark, *op. cit.*, pág. 256.
[2] Menninger, *op. cit.*, pág. 41.

través de un período de dos años se demostró que los infantes cuyas madres participaron se desarrollaron en todas sus formas a un ritmo más acelerado que los otros.

Thorpe[1] cita un estudio similar:

> Después de hacer estudios extensos de infantes, Margaret Ribble llegó a la conclusión de que, aun después del nacimiento, la madre y el infante son psicológicamente todavía una unidad y que una relación física íntima es tan esencial para el desarrollo mental y emocional como lo fue la conexión fetal para el desarrollo físico.

En los estudios de los esposos Glueck, investigando las causas del crimen y de la delincuencia, dos de los factores más altamente decisivos fueron la supervisión y el afecto de la madre. Más recientemente, un psicólogo destacado ha dicho que el latido rítmico del corazón de la madre es benéfico para la criatura y bien puede servir como la base para la apreciación posterior que el niño tenga de la música. Al estudiar grupos de infantes en los hospitales, un experimentador encontró que cuando el sonido rítmico del corazón normal era amplificado en la sala del hospital, los infantes se calmaban y aumentaban de peso más que aquellos en un ambiente normal de sala infantil.

Tan necesaria como puede ser la figura de la madre, los obstáculos de la fijación y de la regresión permanecen en pie. Una madre que protege demasiado y que domina a una criatura se convierte en un peligro y en un impedimento para el desarrollo de la personalidad. Regresando de su trabajo con los soldados durante la Segunda Guerra Mundial, Strecker[2] popularizó la idea de la "mamacita", y dijo:

> ¿Qué constituye una mamacita? . . . La mamacita es una madre que no prepara a su hijo emocionalmente para vivir una vida adulta productiva a nivel social adulto. Una mamacita no rompe el cordón umbilical emocional, el cordón de plata, con que ata a sus hijos.

---

[1] Louis P. Thorpe, *The Psychology of Mental Health* (New York: Ronald Press, 1960), pág. 338.

[2] Edward A. Strecker, *Their Mother's Sons* (New York: J. B. Lippincott Co., 1946), pág. 30.

El cortar el cordón umbilical emocional es difícil pero debe hacerse. Un destacado sociólogo encontró que cuando un matrimonio fracasa durante los primeros doce meses, muy probablemente se deba a la interferencia del suegro o de la suegra. Por regla general era la madre del joven la que ocasionaba la dificultad. La madre, cuyo amor era tan necesario para el desarrollo temprano de la criatura, ahora se convierte en un tropiezo para el debido crecimiento de la vida afectiva. De igual manera, la joven que decide regresar con mamá tan pronto como se presentan las dificultades en el matrimonio está muy seguramente regresando a un objeto temprano de amor. La situación se ilustra en la bien conocida historia del joven esposo quien dijo: "Tú no haces la comida como la hacía mi mamá." Su perspicaz esposa contestó: "Y tú no traes a la casa el dinero que traía mi papá."

El Padre Entra en Escena

Como un hombre parado a la orilla del mar contemplando a un barco que va apareciendo en el horizonte como una pequeña partícula, hasta que al fin se ve claramente como una línea en el horizonte, el infante comienza poco a poco a darse cuenta de la indefinida figura del padre hasta que se destaca como compañera de la poderosa figura de la madre. Algunos psicólogos han visto a la niña como más allegada al padre en una relación que es más significativa que la relación existente entre padre e hijo. Sin embargo, en realidad sería difícil llegar a la conclusión de que el sexo es un factor significativo en la determinación de la importancia relativa de un padre en la realización del potencial de la personalidad.

¿Cómo aprende el muchacho a ser un hombre? Al identificarse con alguna figura masculina. El patrón o modelo más evidente es la figura del padre que está disponible dentro del contexto del hogar. Para el hijo, el padre representa virilidad, el mundo exterior, el símbolo de autoridad, el padre que algún día será él, y el amante esposo que puede llegar a ser a medida que se convierte en un hombre sexualmente maduro.

Se ha reunido un vasto cuerpo de evidencia para recalcar la figura del padre. Durante el conflicto coreano, los norteamericanos se asustaron cuando por primera vez en la historia de los Estados Unidos veintiún norteamericanos eligieron permanecer en manos enemigas en lugar de regresar a su tierra. Al investigar el fondo de los veintiún hombres, Virginia Pasley en su libro *21 Stayed*, ("Veintiuno Se Quedaron"), demostró que diecinueve de los veintiuno sentían que no eran amados ni deseados por sus padres o sus padrastros.

Un examen de la vida de los líderes del mundo comunista revela que Federico Engels constantemente disputaba con su padre, que Stalin tenía un padre alcohólico, y que Trotsky estaba constantemente en dificultades con su padre. Bien pudiera ser que gran parte de la hostilidad engendrada en una mala relación de padre e hijo dio ímpetu a la asociación con el movimiento revolucionario.

De igual manera, los esposos Glueck incluyeron dentro de los "cinco factores altamente decisivos" que conducen a la delincuencia, dos que tenían que ver con la relación del padre con el hijo: "La disciplina del padre" y "la relación del padre con su hijo".

Las niñas necesitan en su vida una figura paterna adecuada. En un artículo: "La búsqueda del padre fantasma", un escritor discutió los romances de oficina en los cuales las señoritas tienen relaciones con hombres, no solamente mucho mayores que ellas sino que evidentemente no son candidatos para el matrimonio. El escritor afirma que en muchos casos las señoritas que entraban en estos romances clandestinos habían tenido figuras paternas deficientes en su círculo de familia. Discutiendo la alta incidencia del aborto y algunas razones para el mismo, un escritor notó que casi todas las mujeres que se habían provocado abortos, a quienes él entrevistó, se sentían rechazadas por el padre. Una muchacha que vivía en promiscuidad y que fue sometida a psicoterapia al fin llegó al punto cuando confesó que su mayor interés en las relaciones sexuales era que en esta experiencia ella podía recordar cuando como pequeña criatura se encontraba en los brazos de su padre.

Un reportaje periodístico, que versaba sobre un espeluznante incidente en el cual cuatro jóvenes y una jovencita asaltaron en su departamento a un hombre de cuarenta y cinco años, narraba cómo la jovencita había tomado un par de tijeras para grabar sus iniciales con letras de molde del tamaño de dieciséis centímetros de alto sobre las espaldas del hombre. Aprehendida, la joven fue interrogada en torno a la razón por la cual había atacado al hombre y su respuesta fue: "Porque se parecía a mi padre y odio a mi padre." Evidentemente se manifestaron en el incidente elementos de hostilidad en la relación de padre e hijo.

Hay implicaciones religiosas. Freud afirmó que el infante busca una "figura paterna" y que en su búsqueda es finalmente dirigido al concepto religioso de Dios como Padre celestial. Sin lugar a dudas, Freud tuvo la tendencia de simplificar la experiencia religiosa, sin embargo, es verdad que muchas personas hacen a Dios conforme a la figura del padre de ellas. Un joven en el curso de una entrevista psicológica, reveló que era constantemente asaltado por dudas e inseguridades. A medida que progresó la terapia, se reveló que era el hijo de un destacado ministro que era muy exigente, demandaba mucho y era inconsecuente en su relación con su hijo. Un día, en un momento de expresión, espontáneamente dijo: "Yo pienso acerca de Dios de la misma manera como pienso acerca de mi padre."

¿Qué significa esto para la iglesia? El Antiguo Testamento presenta al padre como una figura esencial en la enseñanza de la religión. Hoy día somos confrontados con lo que un escritor llama "la feminización de la sociedad norteamericana", a medida que las mujeres adquieren más preponderancia, en parte debido al movimiento de la liberación femenina. Además, con un número mayor de matrimonios deshechos, y con la custodia de los hijos concedida a las madres, mayor número de criaturas estarán sin la figura del padre en sus vidas.

Afortunadamente, el trabajo de algunos investigadores con

padres substitutos ha revelado que los lazos emocionales más bien
que los biológicos establecen la relación. Los padres substitutos a
veces realizan un trabajo superior al de los padres naturales. La
iglesia tiene gran responsabilidad ante los niños y alguna vez
tendrá necesidad de proveer un padre substituto. Algunas escuelas
dominicales dividen sus clases por sexos y los hombres enseñan a
los muchachos; aun en clases de edades muy pequeñas, las iglesias
están colocando a los hombres en íntimo contacto con los niños. No
es un cuadro inusitado el ver a un individuo muy masculino sentado entre un grupo de pequeñas criaturas. A medida que las
iglesias logran activar a los hombres en su vida de organización, es
posible que puedan aportar fuerza al desarrollo de la personalidad
y proporcionar nuevo significado a los conceptos de la criatura en
cuanto a Dios a medida que aprende la oración modelo: "Padre
nuestro que estás en los cielos."

Los Compañeros de Juegos Son Importantes

La criatura que está creciendo es consciente de los niños de su
propia edad quienes ahora son los objetos de su atención, y entra
en aquello que es generalmente conocido como la etapa del desarrollo en grupo.

Algunos psicólogos usan el término "homosexual", con el
cual quieren dar a entender la satisfacción que sienten los niños al
asociarse con los de su propio sexo. Un muchacho reprendido por
no jugar con su prima fue interrogado en torno a la razón y dio la
sencilla explicación: "Es mujer." Es la edad cuando los muchachos
prefieren estar con los muchachos y las niñas con las niñas. Los
muchachos prefieren juegos masculinos y las niñas hallan expan-
sión al imitar los papeles femeninos de la vida. Las organizaciones
para los muchachos y para las niñas se multiplican y los miembros
frecuentemente se apegan mucho a los líderes. La solidaridad del
grupo es característica.

Nuevamente la actividad es apropiada para la etapa de desarrollo. La fijación puede conducir al dilema trágico de la homosexualidad. Los hombres que hacen caso omiso de sus familias para

pasar su tiempo con los "muchachos" o las mujeres que están absortas en su club y no cumplen sus deberes con sus familias, pueden ser ejemplos de regresión a este nivel del desarrollo de la vida afectiva.

El Sexo Opuesto Adquiere Nuevo Significado

La adolescencia llega con fuerza explosiva y a medida que el impulso sexual latente se manifiesta, los objetos de amor cambian de homosexual a heterosexual. Mitad niño y mitad adulto, el adolescente se asemeja al esquiador aprendiz en el agua, luchando desesperadamente por levantarse y seguir sobre la superficie, pero frecuentemente cayendo y sintiéndose desesperado ante la futilidad de su esfuerzo.

La metáfora de "caer" es particularmente apropiada y posiblemente la caída más peligrosa de toda la adolescencia es "enamorarse". Algunas autoridades consideran los elementos irreales del amor romántico como la contraposición moderna del concepto medieval del amor cortesano que Hunt[1] traza hasta la corte de Guillermo X, el duque de Aquitania, nacido en 1071. Si bien tenía la esencia de la masculinidad, Guillermo tenía una vena romántica. Un antiguo historiador lo describe de la siguiente manera:

> El Conde de Poitou era uno de los hombres más cortesanos del mundo, y un gran engañador de mujeres, era un caballero valiente y tenía mucho que ver con los asuntos amorosos; y él sabía muy bien cómo cantar y hacer versos.

La conducta lisonjera de Guillermo con las mujeres se convirtió en moda, y los caballeros comenzaron a cantar a sus novias mientras los trovadores hacían viajes por toda la comarca, vertiendo en sus cantos la agonía y el éxtasis del amor. Los nombres de aproximadamente 460 trovadores han sido preservados junto con 2500 de sus cantos. Los sentimientos expresados en los cantos eran típicos de la presentación de la psicología de la figura

---

[1] Hunt, *op. cit.*, pág. 151.

femenina, siendo el objeto de amor inalcanzable que debía ser admirado de lejos.

Eleanora de Aquitania, nieta de Guillermo, popularizó el romanticismo de su padre y de los trovadores. Una mujer sorprendente, llegó a ser la reina de Francia e indujo a su esposo, Luis, a embarcarse en la segunda cruzada, acompañándolo y dejando tras de sí una serie de historias de sus aventuras amorosas. Divorciada de Luis, se casó con Henry Plantagenet, duque de Normandía, quien a través de ciertas circunstancias inusitadas, llegó a ser Enrique II de Inglaterra, por lo que convirtió a Eleanora reina por segunda vez en su vida.

Eleanora tenía muchos elementos de romance en torno a su persona. Fue esposa de dos reyes y madre de Ricardo Corazón de León, y del príncipe Juan. Su vida fue de intranquilidad y de dureza. Cuando su hijo Ricardo Corazón de León fue capturado en Austria, ella emprendió el viaje a través del continente para negociar su rescate. Pero a ella se le recuerda principalmente por su compasión, cortesía y fineza. Viviendo en el castillo en Poitiers, Eleanora se rodeó de una corte de poetas, filósofos, clérigos, y caballeros. Con su hija, María, la condesa de Champaña, cultivó una corte de amor, donde las relaciones de los hombres y las mujeres eran discutidas, personificadas, y magnificadas.

A la usanza de la Edad Media, la religión jugó un papel importante y un clérigo de nombre Andrés, capellán de María, escribió un manual titulado *Tratado Sobre el Amor y su Remedio* en el cual las prácticas desviadas para hacer el amor eran expuestas, incluyendo:

> La lealtad a carta cabal de un amante para con su amada; el énfasis sobre los hábitos que complacen, la conducta cortesana, y el atractivo personal; la subordinación, en las etapas del noviazgo, del hombre hacia la mujer; la fineza y la consideración requeridos en el acto de hacer el amor; los beneficios espirituales de estar enamorado.

Kelly[1] dice que el esfuerzo literario de Andrés está basado en

[1] Amy Kelly, *Eleanor of Aquitaine and the Four Kings* (New York: Random House, 1957), pág. 206.

el tratado latino de Ovidio, titulado *El Arte de Amar y El Remedio para el Amor*, con una diferencia fundamental: En los escritos de Ovidio, el hombre es dueño, empleando sus artes para seducir a la mujer para su propio placer, mientras que en el escrito de Andrés, la mujer es la maestra y el hombre su discípulo.

El hombre medieval fue confrontado con una ambivalencia anonadante en torno a la mujer. Ella era la hija de Eva, la tentadora del hombre. Un clérigo célibe, frustrado sexualmente, vertía sus denuncias contra el placer del sexo, puesto que el sexo sólo es para la propagación de los hijos y con ese solo propósito. El placer obtenido del sexo era pecaminoso. Pero una mujer se irguió a la cabeza del cristianismo romano. La virgen María había sido exaltada a la posición de la "madre de Dios". Ella era la personificación de la pureza y de la virtud santa. Las personas del sexo de María tanto atraían como repelían, y el amor cortesano proveyó al hombre medieval un camino de escape para su dilema.

No importa cuán ridícula parezca la mayor parte de la discusión del amor cortesano a los oídos modernos, tuvo un lugar destacado en la transición del feudalismo a la nueva era, por lo menos en tres puntos importantes: (1) El amor cortesano otorgó una nueva posición a las mujeres. Antes de su llegada, el hombre tenía un dominio similar al de Dios, pero el nuevo énfasis demandó que las mujeres fueran cortejadas, conquistadas y agradadas. (2) La expresión sexual estaba elevada por el amor cortesano y vinculada con la devoción, con el sentimiento profundo y con la gentileza. (3) El amor cortesano establecía la necesidad de mejorar el carácter y el valor ético como una condición del amor. Se ha dicho que en sus formulaciones las mujeres de la corte de Eleanora estaban racionalizando un plan de conducta que había quebrantado la estrechez del feudalismo y era, según las palabras de Hunt:[1] "El manifiesto de una revolución emocional."

Hay un gran paso desde el siglo XI hasta nuestros días, pero muchas de las flaquezas del amor cortesano continúan en nuestro

---

[1] Hunt, *op. cit.*, pág. 161.

amor romántico moderno. Hunt dice que el credo norteamericano del romanticismo comprende una serie de artículos de fe erróneos. *La teoría de la persona única.* En algún lugar del grande y vasto universo hay una persona perfecta adecuada para cada individuo. La búsqueda continúa hasta que se encuentra esa persona. Sin embargo, la investigación ha demostrado que con toda probabilidad esa única persona del mundo vive, no en Casablanca ni en Calcuta, sino probablemente dentro del radio de veinte cuadras alrededor de la residencia del individuo. En lugar de ser el hijo de un maharajá o de un sha persa, probablemente provendrá del mismo nivel económico, clase social, o fondo religioso del amante que está buscando. Además, hay un buen número de personas con las cuales podría realizarse un matrimonio que tenga éxito.

Enamorarse. Una experiencia extraña sobrecoge a su víctima con una rapidez alarmante. En algunos aspectos, se asemeja a un ataque de fiebre con su consiguiente delirio, los resultados son prolongados, puesto que las víctimas se enamoran, se casan y viven felices por siempre jamás. Los observadores imparciales dudan que exista tal experiencia. Menninger dice que las personas no se enamoran sino que más bien crecen en el amor y que el amor crece en ellas. Por lo que toca a vivir felizmente por siempre después de esta experiencia, los investigadores afirman que la mayoría de las personas normales tienen aproximadamente seis o siete enamoramientos antes de casarse.

El amor lo vence todo. El amor es la fuerza poderosa que sobrepasa todo obstáculo. Los padres, los amigos, los consejeros pueden señalar factores inapropiados del objeto de amor propuesto pero no importa, puesto que el amor siempre hallará una solución. Hunt dice que el credo está a la inversa, y que podría ser mucho más correcto decir que todo vence al amor. Evidentemente, los compañeros no idóneos a veces son aceptados como símbolo de desafío. Algunos psicoanalistas consideran el enamorarse como un estado obsesional en el cual los antiguos enojos, las tendencias masoquistas y sadistas, las rivalidades entre hermanos, etcétera, todo contribuye a hacer que el infatuado se crea enamorado cuando en realidad está aprisionado por sus móviles inconscientes.

La turbulencia de la adolescencia está íntimamente asociada a la maduración sexual. Biológicamente el adolescente está preparado para sus funciones sexuales, pero la sociedad demanda que pase períodos cada vez más largos en los procesos educativos antes de convertirse en individuo económicamente capaz de sostener a una esposa. Por consiguiente, los conflictos sexuales están a la orden del día. La masturbación puede ser un escape pero trae su incremento de culpabilidad.

Las caricias ofrecen una oportunidad para satisfacer, parcialmente, tanto las demandas de los deseos no regulados como el sistema de valores. La práctica no es nueva. El automóvil ha traído aparejadas algunas complicaciones, puesto que no solamente es un símbolo económico sino un arma de destrucción para los adolescentes, pero provee una situación móvil hecha para distintos grados de relación íntima en las caricias.

Con las nuevas actitudes hacia el sexo, los jóvenes están dudando de los valores tan tenazmente sostenidos por sus padres. Están preguntando si no debieran liberarse de las inhibiciones anticuadas y gozar de su capacidad sexual. Pero el sexo es más que un proceso biológico. Comprende los lazos emocionales y las evaluaciones de valor del compañero. Popenoe[1] sugiere los siguientes criterios para evaluar las experiencias de las caricias:

> (1) ¿Significa lo mismo para ambos, o está uno fríamente explotando al otro a fin de sentir el poder o un estímulo barato? (2) ¿Es principalmente físico, o comprende la totalidad de la personalidad? (3) ¿Es contrario a la estética, defrauda, es furtivo, es vergonzoso, o es abierto, sincero, honrado, de todo corazón? (4) ¿Estorba a otras actividades más importantes? (5) ¿Es similar a un hábito a base de droga que siempre necesita cantidades cada vez más grandes para producir el mismo efecto? (6) ¿Es un cumplimiento satisfactorio de la vida en su mejor exponente, o deja un sentimiento de falta de satisfacción, de frustración? (7) ¿Es una preparación para la futura vida conyugal?

---

[1] Paul Popenoe, *If your Daughter Pets* (Hollywood: American Institute of Family Relations, 1938), págs. 1-3.

La evidente respuesta a muchas de estas preguntas es índice del conflicto, de la turbulencia, y de las confusiones asociadas con las caricias.

El juego de amor es preliminar a las relaciones sexuales, pero los preliminares llevados a cabo constantemente sin la consumación crean tensiones. Es similar al joven que se sienta en la cabina de un aeroplano para jugar con los controles. Un día pone en marcha el motor y mientras hace que el motor esté en marcha, el aeroplano repentinamente empieza a correr por la pista. Cualquier consejero matrimonial puede contar de las historias frecuentemente repetidas de estos "despegues" que complican la vida y traen aparejada la tragedia. Una actitud realista hacia las caricias será esencial para la vida afectiva del adolescente en desarrollo.

La temprana adolescencia es polígama en carácter. Las relaciones entre muchachos y muchachas son cortas y los cambios de compañeros frecuentes, una consideración que inmediatamente hace surgir el problema de estos noviazgos tempranos. Esta locura que se ha difundido en las escuelas secundarias y hasta en algunos casos en las primarias, está saturada de problemas. Las experiencias sociales son limitadas justamente en el tiempo cuando se requiere una variedad. Una entrega desproporcionada puede dar por resultado que la muchacha lo tome muy en serio, y el muchacho acepte la relación con mucho desapego, o viceversa. Con dos adolescentes que siempre están juntos y que se encuentran aburridos con el proceso, fácilmente puede resultar una relación emocional.

Los adultos deben aceptar una parte de la culpabilidad. Algunos padres no permitirán que sus hijos sean niños sino que insistirán en que se conviertan en pequeños hombres y pequeñas mujercitas. Estos padres con o sin propósito patrocinan los noviazgos tempranos. Los casamientos entre jóvenes de la escuela secundaria dramatizan el dilema. Una madre con voz quejumbrosa dijo: "Antes de que se casaran no los podíamos mantener separados; ahora que se han casado no los podemos tener juntos." Estos noviazgos refuerzan la naturaleza polígama de la vida amorosa de la temprana adolescencia.

El contacto con la realidad es un criterio ampliamente utilizado para la evaluación de la salud emocional. Coleman[1] describe el sendero deseable del desarrollo humano como "del placer a la realidad". Si estas presuposiciones son verdaderas, muchos aspectos del amor romántico no solamente son indicaciones de desequilibrios emocionales sino que también tienen matices de algún tipo de falta de salud, puesto que en sus peores manifestaciones el amor romántico es preeminentemente irreal. El amante frecuentemente construye tal cuadro idealizado de su amada de tal manera que las expectaciones nunca podrían ser satisfechas por un ser humano normal. El matrimonio y el sexo son conceptuados de tal manera que nunca podrán ser logrados. Los elementos emocionales de la vida son exagerados al grado que los aspectos racionales son destruidos casi por completo. El amor se convierte para muchos en la *locura deliciosa* y, así como en otras muchas condiciones psicóticas, el camino de regreso a la normalidad puede ser áspero y duro.

Hay secciones difíciles y rudas en "el camino del corazón amante", y la adolescencia probablemente representa el período más difícil. No solamente es difícil negociar, sino que los obstáculos de fijación y regresión nunca fueron mayores. El picaflor que va de una flor a otra está todavía en la etapa de la poligamia, mientras que el individuo que siempre está buscando pasársela bien puede estar fijado o estar regresando a la etapa de la adolescencia. Cada grupo tiene su "eterno adolescente" que no puede actuar de acuerdo con su propia edad. Naturalmente, también muchas personas jóvenes que pasaron por alto el período de poligamia al entrar en noviazgos tempranos, o al casarse a edad temprana, frecuentemente sienten que han sido privados de algo en su vida. Las mujeres casadas que no encuentran satisfacción, frecuente-

---

[1] James C. Coleman, *Personality Dynamics and Effective Behavior* (Chicago: Scott, Foresman and Co., 1956), pág. 81.

mente se lamentarán que nunca tuvieron la oportunidad de ser niñas y sienten que han estado casadas toda la vida. Los procesos de desarrollo de la vida exigen su pago cuando se ignoran o se pasan por alto.

Para Bien o para Mal

El momento de crisis llega a la vida afectiva cuando una persona del sexo opuesto es elegida como objeto de amor y se establece una relación matrimonial. La religión entra para jugar su parte y santificar la relación. La Iglesia Católica Romana considera el matrimonio como un sacramento, y el que la comunidad religiosa tenga algo que ver es índice del papel importante que tiene ya que algunas de las iglesias europeas insisten en leer las amonestaciones durante tres domingos antes de la boda.

Además, el cristianismo aportó un nuevo concepto de dedicación y permanencia al matrimonio. La antigua idea romana había sido de divorcio por consentimiento, pero el voto matrimonial dice: "para bien o para mal, en riqueza o en pobreza, en enfermedad o en salud, hasta que la muerte nos separe". Aun en las actitudes más liberales hacia el divorcio, a duras penas la iglesia ha estado de acuerdo con ellas y ha visto el divorcio como un procedimiento de cirugía, que corta un organismo que debiera ser una sola carne.

De ahí que llega la etapa de la monogamia del amor, y es sorprendente ver cuán ligeramente entran las personas en esta relación que es de por vida. Otras culturas ven los peligros. En el oriente los matrimonios frecuentemente son arreglados por los padres y, por extraño que pueda parecernos, muchos de estos matrimonios resultan sorprendentemente exitosos. Sin embargo, en el occidente con el énfasis sobre la igualdad entre los sexos, la libertad de los individuos para realizar sus propias elecciones, y el anticipo del cumplimiento, el matrimonio se convierte en un procedimiento algo escabroso.

El emocionalismo es un obstáculo. Con el alto valor puesto en la respuesta emocional, los procesos racionales necesarios que debieran ser utilizados para seleccionar un compañero a veces son pasados por alto. Una comparación entre el amor y el enamoramiento revela algunas de las cualidades esenciales del amor que pueden ser pasadas por alto en este período. A continuación se da una lista de las diferencias entre el amor y el enamoramiento tal como se han revelado en estudios representativos.

Amor	Enamoramiento
1. Tiende a ocurrir por primera vez en los últimos años de la adolescencia y en los primeros años de la segunda década.	1. Tiende a ser más frecuente entre los adolescentes más jóvenes y los niños que no son adolescentes.
2. Relación simultánea con dos o más tiende a ser poco frecuente.	2. Relación simultánea con dos o más tiende a ser frecuente.
3. La mayoría de los casos duran por un largo período.	3. Tiende a durar un período corto (solamente unas pocas semanas en la mayoría de los casos).
4. Se desarrolla más paulatinamente después de terminado un evento amoroso.	4. Se repite más rápidamente después de acabada una relación.
5. Se usa frecuentemente para referirse al estado actual.	5. Es frecuentemente el término usado para relaciones anteriores.
6. El objeto del afecto probablemente es una persona adecuada.	6. Tiende a fijarse con más frecuencia en una persona no idónea.
7. Los padres tienen la tendencia a aprobarlo.	7. Los padres frecuentemente no están de acuerdo.
8. Generalmente comprende la personalidad entera.	8. Se enfoca particularmente en ciertas características, principalmente físicas.
9. Aporta nueva energía y ambición y más interés en la vida.	9. Menos frecuentemente acompañado por ambición e intereses generales.
10. Se asocia con sentimientos de auto-confianza y seguridad.	10. Sentimientos de culpabilidad, falta de seguridad, y frustración son frecuentes.
11. Va acompañado por sentimientos más amables hacia otras personas en lo general.	11. Tiende a ser egocéntrico y restringido.
12. El gozo en los intereses comunes y en el consiguiente sentimiento de tener vida cuando están juntos excluye el aburrimiento.	12. El aburrimiento es frecuente cuando no hay una excitación sexual o una diversión social.

13. La relación cambia y crece con asociaciones que siguen, con intereses que germinan, y con sentimientos que se profundizan.

14. Va acompañado con el deseo de confrontar la realidad y hacer frente a los problemas con realismo.

13. Poco cambio en la relación con el paso del tiempo.

14. Los problemas y los obstáculos son descartados frecuentemente, la idealización puede tener en cuenta muy poco la realidad. [1]

Frecuentemente los matrimonios a base de impulso son tan poco provechosos como lo son las compras repentinas, y si una entrega al matrimonio es hecha demasiado temprano, las relaciones futuras pueden peligrar. Se han hecho muchos estudios sobre la relación edad-éxito en el matrimonio, y si bien se está de acuerdo que éste no es el factor único y más importante en una relación de matrimonio, está relacionado y vinculado al éxito matrimonial de una manera significativa. Un investigador halló que para el hombre la mejor edad para el matrimonio es de 22 años en adelante y para la mujer, de 20 en adelante.

La religión también está comprendida en el matrimonio. Los manuales de los confesores de la Edad Media revelan las reglas, no sólo en grado de permanencia, sino también en cuanto a los detalles de las relaciones matrimoniales, aun en la intimidad de la vida sexual. Sin embargo, la religión no es solamente una restricción. También tiene un papel constructivo en el matrimonio. Aporta fuerza y apoyo a la percepción altruista del amor al revelar que el verdadero amor no busca ganancia sino que se manifiesta mejor en una actitud de dar. Los conflictos dentro del matrimonio se solucionan al aceptar que todos somos pecadores y necesitamos el perdón. La religión ayuda en las soluciones al poner las cosas en su correcto orden. El compañerismo de la iglesia con su vida social y su asistencia pastoral engendran un sentimiento de comunidad. La iglesia y la familia se levantan como dos instituciones fundamentales cuyos destinos están íntimamente ligados.

---

[1] Evelyn Millis Duvall y Reuben L. Hill, *When You Marry* (New York: Assciation Press, 1962), págs. 40-41.

Llegando a ser padres

Si bien muchos jóvenes no parecen darse cuenta de ello, uno de los resultados lógicos del matrimonio es el de ser padres. En su preocupación el uno con el otro a veces sienten que su vida afectiva ha llegado a su cenit. El embarazo y los hijos son contemplados como molestias en esta etapa idealista, y no hacen ninguna preparación para la familia que comienza. Siendo lo que es la naturaleza humana, a veces sus planes se ven frustrados.

Por cierto parece prudente que una joven pareja pase un año o más antes de iniciar su familia, a fin de que tengan la oportunidad para amoldarse el uno al otro y establecerse antes de que la esposa sea confrontada con el embarazo y algunos de sus problemas concomitantes. A veces el elemento económico entra en juego y la esposa puede trabajar para aportar estabilidad económica al hogar.

Sin embargo, si el iniciar la familia es postergado por demasiado tiempo, después se hace más difícil y es muy frecuente que en años posteriores tengan sentimientos de culpabilidad y de frustración porque los hijos no llegaron antes. Una de las causas de la infelicidad en el matrimonio es la de no tener hijos. Con el advenimiento de una criatura al hogar, se presenta una nueva experiencia de amor entre la pareja. En el cuidado de las pequeñas vidas y en el hacer los sacrificios necesarios a fin de capacitarlos para llegar a la madurez, se cumplen algunos de los aspectos más nobles del amor.

Un infante en la familia no es, por cierto, una garantía de felicidad. A veces la madre, preocupada con la criatura, deja abandonado a su esposo y las relaciones empeoran. Un dibujo mostraba a una criatura en pañales, sentada mirando a su alrededor, y diciendo: "Estoy cansada de ser el único factor que mantiene unida a esta familia." Ella no hace esto necesariamente. Hay por lo menos dos valores que provienen de ser padres. Esta experiencia muy frecuentemente une a los padres en una tarea común. También hace que la vida se vuelque hacia afuera, fuera de ellos mismos, y el gozo que generalmente trae, proviene de su interés en esta nueva y pequeña vida.

El amor por los niños se da en ciclos en el desarrollo normal de la vida familiar. Las estadísticas en ciertos países, revelan que hoy día la mujer tiene su último hijo a la edad de 26 años, y que se convierte en abuela a los 44. Después de esto, la pareja sigue el ciclo completo con los nietos. Observar el deleite en la faz del abuelo es sentir algo de la experiencia que los abuelos tienen a medida que vuelven a vivir los años infantiles de sus propios hijos. Aunque parezca extraño, frecuentemente las personas son mejores abuelos que padres.

La Humanidad Ofrece su Desafío

Si el amor se limita solamente a una persona del sexo opuesto o a los hijos de uno o a los propios nietos, no se ha desarrollado todavía según debiera haberlo hecho. De cualquier manera, los sociólogos están hablando mucho tocante al período de la vida matrimonial que llaman "el nido vacío". Las estadísticas del censo de 1950 indican que la vida de una familia se puede dividir en dos secciones, la primera que abarca aproximadamente 28 años y medio, desde la unión de la pareja hasta que los hijos salen del hogar, y la segunda que cubre los 29 años posteriores, desde que el nido quedó vacío. Estos 29 años que están por delante pueden ser infelices si no hay algún objeto de amor en el cual la pareja se deleite.

A fin de que el amor se desarrolle adecuadamente, un individuo debe estar percatado de su relación con la humanidad. John Donne bien lo dijo en su escrito de 1624:

> Ningún hombre es una isla, completo por sí mismo; cada hombre es un pedazo de continente, parte de la totalidad; si un pedazo de tierra fuese tragado por el mar, Europa sería más chica, lo mismo que si fuera un promontorio, lo mismo que si fueran quitadas una casa de tus amigos o la tuya; la muerte de cualquier hombre me toca porque yo estoy comprendido en la humanidad; y por lo tanto, nunca envíes a preguntar por quién doblan las campanas: doblan por ti.

Este tipo de preocupación no es natural para los hombres y las mujeres, y el paso de los años, a veces, trae aparejado cierto cinismo que separa al hombre aún más de sus allegados.

Las motivaciones religiosas adquieren gran significado. Cometando sobre el énfasis de Adler, Weatherhead[1] dice:

> Adler va un paso más adelante. El paciente debe amar a su prójimo. Sin embargo, ese "debe" es difícil de cumplir. Uno se pregunta, por cierto, si este cumplimiento es posible aparte de la religión. A mi juicio solamente se logra a medida que el hombre considera al prójimo como su hermano, porque son igualmente amados por Dios; sólo confiando en la gracia divina, puede revelar esa buena voluntad inquebrantable, hacia su hermano, que connota la palabra "amor".

El Nuevo Testamento está lleno de desafíos al amor. Enseña que amando a Dios naturalmente tendremos amor por el prójimo. Los dos están inexorablemente ligados, como dice la Biblia: "Nosotros sabemos que hemos pasado de muerte a vida, en que amamos a los hermanos. El que no ama a su hermano, permanece en muerte" (1 Jn. 3:14).

El Amor de Dios y Nuestra Respuesta

"Dios es amor", escribe el apóstol Juan. El nos confronta con la interpretación cristiana que el amor de Dios es la fuerza motivadora de la actividad divina, la dinámica para todo altruismo humano, y la norma por la cual todas las demás formas de amor son medidas y evaluadas. Sin embargo, cuando llegamos a los puntos específicos y los aspectos distintivos del amor de Dios para los hombres, el amor de los hombres para con Dios es algo así como el realizar un análisis de una obra maestra musical. Después del impacto de la música, las respuestas emocionales, y el ambiente producido por la presentación, el análisis parece estar fuera de lugar. Pero la percepción en la música probablemente aumentará y recalcará el placer subjetivo del oyente al llegar a otro concierto. Por lo tanto, de igual manera, un conocimiento mayor y más pro-

---

[1] Leslie D. Weatherhead, *Psychology, Religion, and Healing* (New York: Abingdon Press, 1956), pág. 275.

fundo de los elementos del amor divino enriquecerá cualquier experiencia religiosa.

En su monumental estudio del amor de Dios, Nygren usa la metáfora musical y ve dos "temas" que han brotado dondequiera que los hombres han enfrentado la idea del amor divino. Estos dos temas son los conceptos involucrados en las palabras griegas *eros* y *agape*. Nygren rastrea las palabras en su uso más temprano para revelar que si bien ambos han sido traducidos por la palabra "amor", tienen dos significados completamente diferentes en su origen. Así como dos temas gemelos de una gran sinfonía, ha habido períodos en la historia cuando los dos temas han estado unidos, mezclados, y casi inseparables. En otras épocas, los temas salieron diferentes, nítidos, separados. De allí que, en su discusión de dos períodos de la historia, Nygren[1] dice: "El Renacimiento toma el tema del *eros*, y la Reforma el tema del *agape*."

Para los antiguos griegos, *eros* era el camino a Dios. Los dioses mismos no tenían necesidades, pero el hombre era, en las palabras de Maslow,[2] "un animal necesitado". Al tener conciencia de su necesidad, él buscaba un dios. Las metáforas de los escritores antiguos revelan el énfasis. Aristóteles empleó la figura de una escalera para describir el proceso del ascenso individual a Dios. Gregorio de Nissa describió el encuentro con Dios como semejante a escalar una montaña, o así como el alma humana lanzada como una flecha hacia el marco celestial. En cada caso, es *eros*, el deseo del amor, el que transporta al hombre hacia el cielo.

El amor *agape*, a manera de contraste, es el amor que proviene de Dios y que se dirige hacia el hombre. Nygren[3] dice: "El compañerismo cristiano con Dios se distingue de todos los demás tipos por el hecho de que depende exclusivamente del *agape* de Dios. El destaca cuatro notas distintivas: (1) *Agape* es

---

[1] Anders Nygren, *Agape and Eros* (Philadelphia: The Westminster Press, 1953), pág. 669.
[2] Abraham Maslow, *Motivation and Personality* (New York: Harper and Bros., 1954), pág. 69. Hay versión castellana: *Motivación y Personalidad*, Ediciones Arco.
[3] Nygren, *op. cit.*, pág. 75.

espontáneo y sin motivación; (2) *agape* es indiferente a los valores del objeto amado; (3) *agape* es creativo; (4) *agape* es el iniciador del compañerismo con Dios. Por sobre todas las cosas, *agape* es el camino de Dios hacia el hombre.

Agape y *eros* marchan en dos direcciones diferentes tal y como se ve en el cuadro proporcionado por Nygren[1] de los contrastes entre *eros* y *agape*, en las cuatro dimensiones del amor. Nygren comienza con el amor a sí mismo que es preeminentemente *eros*, no teniendo ningún valor de *agape*. El hombre solamente ama aquello que finalmente obtendrá y el amor hacia Dios es para su propia ganancia.

AGAPE		DIMENSION	EROS	
DIRECCION	VALOR		VALOR	DIRECCION
(MOVIMIENTO DESCENDENTE)	3	AMOR DE DIOS	0	(MOVIMIENTO ASCENDENTE)
	2	AMOR AL PROJIMO	1	
	1	AMOR A DIOS	2	
	0	AMOR A SI MISMO	3	

----

[1] *Ibid.*, pág. 219.

En la dimensión del amor hacia Dios, *eros* tiene un lugar legítimo. Un hombre lucha hacia arriba, ascendentemente hacia Dios, porque tiene una necesidad y busca satisfacción en la plenitud divina. *Agape* también se preocupa de amar a Dios: y "Amarás al Señor tu Dios con todo tu corazón, y con toda tu alma, y con toda tu mente. Este es el primero y grande mandamiento" (Mt. 22:37, 38). Sin embargo, en *agape* la motivación es que el individuo llega a estar consciente del amor abrumador de Dios y responde con un amor agradecido a Dios.

El amor hacia el prójimo, en el sentido de *eros*, significa que el prójimo puede llegar a ser útil al amante erótico, quien lo utilizará como un peldaño. El amor *agape* hacia el prójimo, por otra parte, representa el amor motivado divinamente que se siente hacia un objeto indigno. Este amor es proporcionado sin esperanza de retribución ni ganancia. Bien se pudiera expresar en la frase comúnmente empleada "amando lo que no merece ser amado".

El contraste más destacado se ve en el amor de Dios. El tema *eros* es una tendencia ascendente hacia Dios. Fue así como lo hemos visto, el camino por medio del cual los griegos describieron la experiencia de llegar a conocer el amor de Dios. Pero en las formulaciones cristianas el hombre no puede hallar su camino a Dios sin ayuda. De modo que Nygren proporciona un valor de cero al *eros* en lo que toca al amor de Dios. En el tema del *agape* la tendencia es un movimiento descendente de Dios, y Nygren lo ve como teniendo el valor más alto en la escala.

En ninguna otra discusión del amor se han presentado tan evidentemente los aspectos recíprocos del amor. El hombre ama y es amado. ¿Qué viene primero, el amar o ser amado? La respuesta evidente es que en el amor *agape* Dios amó al hombre primeramente y el hombre, en reciprocidad, ama a Dios. El concepto cristiano distintivo es el del *agape*, el amor no egoísta, que se da a sí mismo.

Una leyenda de la antigua Roma revela la historia de Cupido y Psique. Psique era una mujer hermosa, y la diosa Venus, resentida por el atractivo de Psique, comisionó a su hijo Cupido para que lanzara una de sus flechas a Psique, a fin de que se enamorara de alguna criatura despreciable. Desgraciadamente para Venus, Cupido mismo cayó bajo la belleza de Psique y se enamoró de ella. Después de una relación larga y difícil, Venus finalmente aceptó a Psique, trayéndola al palacio de los dioses donde fue bien recibida y se convirtió en un ser inmortal. De allí que Psique (alma) y Cupido (amor) se encontraron. La psicología en su búsqueda del alma descubre, como el escritor de la leyenda, que el alma y el amor se pertenecen mutuamente.

8
EL DIFICIL PROCESO
DEL CRECIMIENTO

Dentro del cuerpo los procesos de crecimiento ocurren automáticamente. Para algunas personas, quizá el proceso sea demasiado automático, puesto que contemplan con pavor la cintura que se expande o se espantan al subirse a una balanza. Los procesos de maduración por los cuales pasa el organismo en las etapas ordenadas de desarrollo indican la sabiduría teleológica de la estructura humana. Así como la palabra maduración describe el crecimiento físico, también la madurez revela los procesos de crecimiento emocional. Pero, desgraciadamente, el desarrollo emocional no es tan inevitable como el físico.

El crecimiento y la religión están entrelazados, pero la historia de la religión está repleta de casos cuando individuos o grupos trataron de alcanzar condiciones estáticas de santidad. Gran parte del ímpetu de estos "grupos perfeccionistas" ha procedido de una interpretación literal de la declaración de Jesús en el Sermón del monte, cuando dijo: "Sed, pues, vosotros perfectos, como vuestro Padre que está en los cielos es perfecto" (Mt. 5:48). El alcanzar el estado de perfección sin pecado ha sido uno de los objetivos por parte de algunas personas religiosas y ha sido ocasión de desesperación para muchas otras. El apóstol Pablo declaró su convicción: "No que lo haya alcanzado ya, ni que ya sea perfecto; sino que prosigo, por ver si logro asir aquello para lo cual fui también asido por Cristo Jesús" (Fil. 3:12). La clave para el significado de la palabra traducida "perfecto" del Sermón del monte se halla en los escritos de Epicteto, quien usó la palabra para describir a un hombre que afirmó sus pasos sobre un camino y siguió avanzando. Por consiguiente, algunas de nuestras traducciones modernas han cambiado la expresión a "sed maduros".

La madurez tiene significados importantes tanto psicológicos como teológicos. La raíz latina del término "maduro" es una palabra que significa "totalmente crecido". El niño que roba el fruto de un huerto descubre que el fruto está amargo y ácido y el dolor de estómago que resulta indica que el fruto necesitaba madurar antes de ser cortado. Las personas inmaduras, al igual que los frutos no maduros, también pueden ser amargas. Pero así como el fruto cuando se le deja crecer en el árbol, siempre existe la posibilidad de que las personas pueden alcanzar la madurez.

Percepciones Psicológicas Comprendidos en el Concepto de Madurez

Uno de los libros más difundidos sobre la madurez es el de H. A. Overstreet,[1] *The Mature Mind* ("La Mente Madura"), libro que afirma que hay percepciones psicológicas que conducen a la aceptación del "concepto de madurez". La mayoría de éstas están asociadas con personalidades del mundo psicológico.

Edad psicológica. La gran figura para formular el concepto de la edad psicológica fue Binet, el francés, quien hizo el ya famoso "test Binet" de inteligencia. Por largo tiempo se ha sabido que algunos niños son más perspicaces que otros, pero el problema radicaba en inventar una técnica por medio de la cual la relativa inteligencia o falta de ella en los niños podía ser relacionada con su edad cronológica. Binet formuló la proposición de que un individuo tiene una edad mental así como también una edad cronológica. Tras de examinar miles de niños, Binet ideó normas de habilidad y de ideas para niños en etapas específicas. La percepción

---

[1] H. A. Overstreet, *The Mature Mind* (New York: W. W. Norton and Co., 1949), págs. 16-41.

principal de Binet era que las personas tienen una edad psicológica que no corresponde forzosamente con su edad física. Overstreet[1] dice: "Un niño de diez años según el calendario bien puede tener solamente cinco años de acuerdo a su calendario psicológico; o bien puede tener quince."

Esta noción llegó a convertirse en una preocupación para los educadores. Todas las implicaciones todavía no han sido absorbidas en nuestro sistema educativo, pero se ha llegado a un respeto más saludable en torno a la diferencia y al reconocimiento de que los niños que tienen la misma edad cronológica no son forzosamente capaces de hacer el mismo trabajo en la escuela. La preocupación principal de Binet era la edad mental, la inteligencia, o la capacidad para resolver problemas. Los psicólogos extendieron su investigación y llegaron a la conclusión de que el mismo principio funciona para las áreas emotivas y sociales de la vida del individuo. Una mujer de cuarenta y cinco años de edad podía tener una respuesta emotiva como una niña de doce años, mientras que un hombre de treinta y seis años podía tener una percepción egocéntrica de un niño de cinco años. No todos los adultos son adultos. Si bien han crecido cronológicamente, no se han desarrollado social o emocionalmente.

Respuesta condicionada. El fisiólogo ruso, Ivan Pavlov, es uno de los grandes del mundo psicológico. Comenzó su labor como fisiólogo y en experimentos con perros logró establecer aquello que fue conocido como "reflejos condicionados". Un perro fue colocado en el laboratorio y mantenido dentro de él en un ambiente cuidadosamente controlado. Se le insertó un tubo de caucho en las glándulas salivales para medir la secreción salival cuando se le daba de comer. Para el experimento Pavlov utilizó al perro, la comida y un timbre. A la comida le llamó "estímulo incondicionado", al timbre "estímulo condicionado". Lo que Pavlov buscaba era establecer una asociación entre el estímulo condicionado y el estímulo incondicionado. Esta asociación fue llamada "reflejo con-

---

[1] *Ibid.*, pág. 17.

dicionado" o sea, la secreción de saliva sin la presencia de la comida.

En 1914 un experimentador llamado Shanger Drestovnikova, alumno de Pavlov, experimentó con perros utilizando estímulos visuales. A medida que la discriminación se hacía más difícil, el comportamiento del perro denotaba cambio. Los animales que previamente habían sido dóciles ahora se hicieron antagónicos y mordían las cuerdas que los mantenían en posición. Posteriormente, se mencionó que se había inducido en el perro el equivalente de un trastorno nervioso. Resultados similares se obtuvieron con ovejas, cerdos, y monos. En 1925, un experimentador llamado Krasnogorski comenzó los procesos de condicionamiento con niños. A medida que progresó halló que era posible cambiar ciertos aspectos de la personalidad del niño.

Los procesos de condicionamiento han sido aplicados en áreas tan diversas como la terapia de reflejos condicionados en el tratamiento de enfermedades emotivas, teoría del aprendizaje para los teóricos educativos, y las formulaciones psicológicas del behaviorismo. Un aspecto que aterra de todo el procedimiento, son las técnicas comunistas del lavado cerebral conceptuadas por muchos como el resultado directo de la aplicación de los principios de Pavlov al condicionamiento de las mentes de hombres y mujeres.

La implicación más importante del trabajo de Pavlov para la consideración de la madurez es que la naturaleza humana no está sellada. El salivar mientras se les daba alimento fue algo natural para un perro, pero ahora ha sido enseñado a salivar al oír el sonido de una campana. Evidentemente la naturaleza de un perro no estaba ni fija ni era inalterable. Podía ser condicionada y cambiada. La caricatura de un periódico mostraba a un hombre sentado en una silla leyendo el periódico. Cerca de él estaba su hijo con un amigo. Con su dedo sobre el botón de la aspiradora eléctrica, el hijo estaba diciendo: "Como ves, cada vez que yo aprieto este botón sus piernas se levantan." El hombre había sido condicionado para la respuesta correcta a las actividades de limpieza hechas por su esposa. Pero esto va más hondo. Los humanos tienen la capacidad para crecer y cambiar, y pueden ser condicionados a respuestas nuevas y diferentes de las que bien pudieran conceptuarse como "naturales".

Unicidad individual. Por largo tiempo se ha sabido que los individuos difieren el uno del otro, pero solamente en fecha bastante reciente han mostrado los psicólogos que los individuos tienen diferentes aptitudes y capacidades. El desarrollo de las pruebas psicológicas hizo posible el determinar aspectos de la unicidad individual. Es difícil descubrir quién fue el pionero, pero en fecha bastante temprana Carl Stumpf comenzó a medir la habilidad musical. Thorndike tuvo un papel importante con su conocido aforismo: "Cualquier cosa que existe, existe en alguna cantidad, y puede ser medida."

Un destacado psicólogo que creyó en la aplicación del principio de la unicidad individual en la selección de una vocación fue Frank Parsons, quien escribió un libro pionero, *Choosing a Vocation*, ("Eligiendo la Vocación"), y se le tiene como uno de los principales responsables del movimiento de orientación vocacional tal como hoy se conoce. Se ha hecho la aplicación de estos principios a muchos campos de la vida. Hoy, el número de pruebas psicológicas se ha multiplicado.

En relación al concepto de madurez, eso significa que puesto que cada individuo es único, su potencial de crecimiento será más grande según la línea de su habilidad peculiar. Una de las tragedias de nuestra edad cibernética yace en el hecho de que muchas personas consideran su trabajo como un medio para adquirir dinero y no como una fuente de satisfacción personal. Una persona adquirirá mayor madurez potencialmente cuando su trabajo esté de acuerdo con sus habilidades, pericias, o aptitudes especiales.

La habilidad del adulto para aprender. Edward Thorndike, en 1928, publicó un libro intitulado: *Adult Learning* ("El Aprendizaje del Adulto"), y desafió el concepto largamente sostenido de que la infancia es la época para el aprendizaje y que ya siendo adulto la capacidad para aprender se pierde. También por largo

tiempo se había aceptado que a un perro viejo no se le podían
enseñar nuevas triquiñuelas, pero Thorndike con énfasis declaró
que esto era erróneo. Señaló que el fracaso en el aprendizaje raras
veces, si es que alguna, se debía a la edad.

F. W. Boreham estaba obsesionado por el temor de ser
demasiado viejo a los cuarenta. Tenía interés en escribir y esporá-
dicamente escribía para periódicos religiosos o seculares, pero una
conversación con un amigo motivó un renovado interés en su
pericia como escritor y decidió su futuro como tal. El señor
Soundy, un laico algunos años mayor que él, le preguntó un día
cuántos años tenía. Al ser informado que Boreham estaba en la
última parte de la tercera década, el laico amonestó: "Si usted
toma mi advertencia, aprovechará al máximo los siguientes años.
Usted tendrá muy pocas ideas después de los cuarenta."[1] La vida
de Boreham quedó ensombrecida por el espectro de ser demasiado
viejo a los cuarenta. Dedicó todas sus energías a la colección de
material y trabajó laboriosamente para mejorar su estilo literario
escribiendo y constantemente revisando. El sentimiento de ser
demasiado viejo a los cuarenta se halla reflejado en su ensayo
intitulado *Cuarenta*, que perpetuó sus temores, sus aprehensiones,
y sus esperanzas. Ya para cuando cumplió los cuarenta, había terminado dos libros. En los siguientes años el total subió a cuarenta y
seis libros. Sus habilidades creativas solamente alcanzaron su cenit
después de cumplir cuarenta años. La experiencia le había
revelado que ningún hombre tenía que pasar por la sombra de ser
demasiado viejo a los cuarenta.

Los adultos raras veces dejan de aprender simplemente por
causa de factores dentro de ellos o de su cultura. Generalmente les
falta motivación. Cada vez se ha hecho más evidente que no sólo
los adultos pueden aprender, sino que deben aprender. Para llegar
a ser una persona madura, el adulto debe reconocer que está en la
escuela de la vida sin ninguna fecha de graduación, solamente
frente a puertas que se abren a nuevas esferas de oportunidad.

---

[1] T. Howard Crago. *The Story of F. W. Boreham.* (London: Marshall, Morgan
and Scott, 1961), pág. 135.

Fijación y regresión. Dos percepciones psicológicas adicionales juegan un papel importante en el concepto de la madurez. En un sitio de recreo de Australia llamado Terrigal, hay un promontorio inusitado que se llama: "El Skillion" debido a su parecido a lo que los australianos llaman un techo de skillion. Se proyecta al mar, levantándose al nivel del terreno y luego inclinándose hacia arriba hasta que llega a su punto más alto donde la montaña termina en forma abrupta. Parece una cosa sencillísima escalarla, y en días bonitos muchas personas se proponen escalar la cumbre y contemplar el hermoso océano. La mayoría de ellos hace frente a una de dos cosas: algunos suben un corto trecho y se dan cuenta que la montaña es demasiado empinada y se sientan a descansar. Otros siguen escalando y quizás lleguen a tres cuartas partes de su altura antes de desistir de llegar a la cumbre.

La ilustración dramatiza dos mecanismos psicológicos que son enemigos del crecimiento. El primero es la *fijación*. Esto significa que los procedimientos de crecimiento del individuo han sido truncados. Concluye que es más fácil para él vivir al nivel prudente, protegido, infantil, que aventurarse por el camino de la madurez. El segundo mecanismo es el de la *regresión*. Así como los turistas que llegaron a tres cuartas partes de la montaña y luego regresaron, así también hay personas que seriamente tratan de hacer frente a los retos de la vida. Entonces, cuando son lastimados por la propia vida o la experiencia, sienten que tienen dificultades para continuar viviendo a ese nivel y regresan a un nivel infantil que hace menos demandas en su vida.

El Crecimiento del Yo

Nadie sabe lo que piensa un niño recién nacido, pero generalmente se está de acuerdo que es muy improbable que piense en algo. Muchos psicólogos no ven al ego como un equipo standard para el infante. Sus necesidades básicas son físicas, y alrededor de él está un mundo grande, ruidoso y acelerado. La creciente percepción del ambiente que le rodea y la diferenciación existente dentro de ese ambiente conduce al desarrollo del ego. El ego está gobernado por el *principio de realidad,* y a medida que la realidad emerge de la nebulosidad del ambiente infantil, el desarrollo del ego es facilitado.

Llega un día cuando el infante comienza a usar los pronombres *yo, mío* y *tú,* y el proceso marca el amanecer de la habilidad para distinguirse de los otros. A medida que el proceso continúa, descubre que es lo que otros piensan acerca de él. Proclama orgullosamente que él es el "niño bueno" de mamá en un gran paso hacia adelante en el desenvolvimiento del yo.

Bonner piensa que el cuerpo ha sido descuidado al considerarse el ego. Por tanto él habla del yo corporal. El cuerpo es el primer objeto que conoce el niño, y por tanto ocupa el primer lugar en su mundo de percepción. En algunas etapas de crecimiento el cuerpo es más importante que en otras.[1]

Irving Stone pinta a Miguel Angel a los trece años como sentado frente a su espejo y contemplando el reflejo de su imagen. El se dice a sí mismo: "Yo no estoy bien diseñado. Mi cabeza es desproporcionada, la frente predomina sobre mi boca y el mentón. Alguien debió haber usado una plomada."[2] Las proporciones corporales y faciales son frecuentemente de un interés muy grande para el adolescente. Más tarde en la vida, un amigo se volvió contra Miguel Angel en un ataque de celos y le aplastó la nariz, humillándolo de tal manera que se separó de la vida, revelando que el golpe psicológico fue peor que el físico.

Adler notó el lugar del cuerpo en la percepción del ego, en su idea de "inferioridad del órgano". El concepto total de la medicina psicosomática está fundado en la íntima asociación de las emociones y el cuerpo, a medida que el cuerpo expresa los conflictos emocionales del individuo. Algunos van tan lejos como para llamar a las enfermedades funcionales "el lenguaje del órgano".

---

[1] Hubert Bonner, *Psychology of Personality* (New York: The Ronald Press, 1961), pág. 459.

[2] Irving Stone, *The Agony and the Ecstasy* (Garden City, N.Y.: Doubleday and Co., 1961), pág. 11. Hay versión castellana: *La Agonía y el Extasis,* Selecciones España.

Con el desarrollo del sentido de realidad, el infante aprende a tolerar dilaciones. Descubre que no puede tener satisfacción en el momento que lo desea y que se debe ajustar a las demandas de su ambiente. El aprender a sustituir la satisfacción inmediata por gratificaciones futuras es parte del desarrollo del ego. Es un principio que permanecerá con él por el resto de su vida. Esto se discutirá posteriormente en este capítulo.

La emergente capacidad para hablar habilita al individuo para comunicarse con otros y conocer el mundo de la realidad. La comunicación tiene importancia por muchas razones. En cierto sentido el individuo nace solo pero a través del crecimiento de la expresión, llega a conocer el mundo que lo rodea y rompe su aislamiento. Helen Keller ofrece un ejemplo. Sorda, muda, y ciega, aislada del mundo que la rodeaba, parecía más un animal que un ser humano. Entonces su maestra devotamente trabajó con ella, logrando al fin penetrar con una palabra escrita en su mano. Con el arte de la comunicación el esplendor interior emerge, y Helen se convierte en una de las grandes figuras de nuestra época. A través del lenguaje entramos en la comunidad del conocimiento y llegamos a conocer el mundo que nos rodea.

A medida que el niño se convierte en participante del drama de la vida, el desarrollo del ego progresa. En el juego, construye bloques, rompe casas, asume distintos papeles. Los papeles pueden ser fácilmente intercambiados pero llegan a ser más significativos en el juego de la vida. Ya como adulto, él aprenderá los papeles de la vida, y su capacidad para satisfacer estos papeles será un factor decisivo cuando llega a ser esposo, padre, empleado, gerente, etcétera.

La comunicación también permite que un individuo aclare sus propios procesos mentales. A veces se conceptúa al hombre como diferente a los animales debido a su capacidad de imaginar. Sin embargo, si recurre demasiado frecuentemente a la imaginación puede perderse en las irrealidades de la fantasía. Una de las mejores pruebas de pensamiento es la verbalización de los mismos. A través del acto de expresión el individuo externa sus procesos de pensamiento y puede ver la falacia de su procedimiento. Un escritor ha llamado el proceso "la prueba de verbalización".[1]

La autoidentidad está ligada con el nombre de un individuo. Shakespeare dice que el nombre de una persona es su posesión más preciada: "Quien roba mi cartera roba basura; pero quien roba de mí mi buen nombre... me hace verdaderamente pobre." Un estudio reveló que las personas que no están contentas con su nombre frecuentemente tropiezan con dificultades para aceptarse a sí mismas.

Entre los comunistas ha habido una disposición para cambiar los nombres. El nombre original de Trotsky era Lev Bronsteis. Al escaparse de Siberia, usó papeles falsos de identificación, con el nombre de su carcelero, León Trotsky, por lo tanto tomó ese nombre con el cual es conocido en la historia. Así también ha ocurrido con otros líderes revolucionarios.

José Vissarionovich Djugashvili era conocido en distintas épocas como J. Besoshvili, Chizhikov, David, Ivanov, Ivanovich, K. Kato, Ko Koba (por un héroe legendario de Georgia), K. St; Nizheradze, Ryaboil (sobrenombre de la policía que significa cacarizo), Soso (diminutivo de José en georgiano), Stalin (significa hombre de acero), Oganess Vartanovich Totomyants, Vassilyev.[2] El cambiar de nombres por parte de estos revolucionarios bien pudiera ser solamente un síntoma del conflicto interior y de la hostilidad que ellos experimentaron. El nombre de una persona está asociado con su religión. En los países británicos todavía es costumbre referirse al nombre "propio" de una persona como su nombre "cristiano". El nombre se convierte en símbolo de una nueva lealtad cristiana. La autoidentidad es facilitada por la aceptación de su nombre por parte del individuo.

---

[1] John Drakeford, *Counseling for Church Leaders* (Nashville: Broadman Press, 1961), pág. 35.

[2] León Trotsky, *Stalin* (New York: Harper and Bros., 1941), pág. 475. Hay versión castellana: *Stalin*, Plaza y Janes, Editores.

El ego está gobernado por el principio de realidad y es la fuerza ejecutiva en los sistemas de la personalidad. Por consiguiente, el individuo aprende no sólo a postergar los placeres sino también a negar muchos de sus impulsos. Todas las áreas de autonegación pueden ser representadas muy bien por la indicación del crecimiento y del poder del ego.

Características de la Persona que Madura

Ira Progoff afirma que la conclusión fundamental alcanzada independientemente por Adler, Jung, y Rank era que las personas neuróticas estaban enfermas emocionalmente porque su potencial de crecimiento había sido obstaculizado. El problema básico es establecer un criterio adecuado para la evaluación de los procedimientos de crecimiento. Numerosos esfuerzos han sido realizados y una consideración de los conceptos de tendencias, descripción, y áreas puede ayudarnos a formar el cuadro para nuestras propias conclusiones.

Coleman sugiere siete tendencias generales que caracterizan a una personalidad saludable en crecimiento en cualquier cultura. Hay tendencias: (1) de dependencia a autodirección, (2) de placer a realidad, (3) de ignorancia a conocimiento, (4) de incompetencia a competencia (5) de sexualidad difusa a heterosexualidad, (6) de amoralidad a moralidad y (7) de autocentralización a generalización de interés. Lo anterior revela el concepto de Coleman de las tendencias para la adaptación. El movimiento y el desarrollo pueden ser obstaculizados por la fijación o la regresión. Se verá que el *desarrollo*, la *dirección*, y la *disciplina* del yo, todos se destacan.[1]

Allport prefiere un enfoque descriptivo y ve en el individuo maduro seis características por lo menos: (1) tiene un sentido ampliamente extendido del yo; (2) está capacitado para relacionarse satisfactoriamente con otros en contactos tanto íntimos como casuales, (3) posee una seguridad emocional básica y se acepta a sí mismo, (4) tiene la capacidad para percibir, pensar, y actuar con

---

[1] Coleman, *op. cit.*, pág. 81.

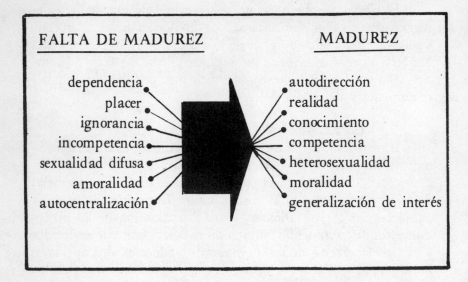

FALTA DE MADUREZ	MADUREZ
dependencia	autodirección
placer	realidad
ignorancia	conocimiento
incompetencia	competencia
sexualidad difusa	heterosexualidad
amoralidad	moralidad
autocentralización	generalización de interés

entusiasmo de acuerdo con su realidad externa, (5) es capaz de autocriticarse con percepción y humor, (6) vive en armonía con una filosofía unificadora de la vida.[1]

Las áreas de madurez preocupan e interesan a English y English quien contempla tres planos de crecimiento. (1) *Madurez intelectual.* Un individuo debe tener inteligencia de acuerdo con su edad o al nivel de adulto. Con esto está también asociado el pensamiento de la sabiduría práctica así como está contrastada con la inteligencia individual. (2) *Madurez emocional.* El comportamiento emocional maduro es estable y socialmente aceptable. A veces esto se refiere al grado en que una persona se ha apartado del comportamiento adecuado a la infancia y en cambio manifiesta un comportamiento própio de adulto. (3) *Madurez social.* La persona madura socialmente ha dominado técnicas efectivas sociales para relaciones que satisfagan y que sean adecuadas a sus compañeros.[2]

[1] Gordon W. Allport, *Pattern and Growth in Personality* (New York: Holt, Rinehart and Winston, 1961), pág. 307.
[2] English y English, *loc. cit.,* pág. 308.

En las tres formulaciones anteriores, el énfasis radica en tendencias de personalidad, en una descripción de la persona madura, y en las áreas de madurez dentro de la personalidad. La diversidad de criterios sobre la madurez complica el proceso, pero nuestro esfuerzo actual será descriptivo, dando por resultado que la definición de persona madura sea forzosamente hipotética.

La persona madura es una criatura de emociones pero no esclava de ellas. Si bien el hombre moderno ha realizado progresos sorprendentes en sus descubrimientos intelectuales, constantemente está confrontado con el hecho que si bien él es un animal racional no es completamente racional.

Las emociones son mecanismos primitivos que fueron necesarios para el hombre en los albores de la historia al hacer frente a su vida tosca. Viviendo en días primitivos, el individuo tenía que estar preparado para cualquier eventualidad: un enemigo, un animal feroz que podría saltarle encima y destrozar su frágil cuerpo. Confrontado con estas situaciones, el hombre primitivo tenía dos alternativas: podía luchar o podía escapar, y cualquiera de estas alternativas requería una tremenda descarga de energía.

La reacción emocional incluye una descarga del sistema de emergencia del cuerpo. Un individuo en estado de temor no solamente se siente de determinada manera, sino que tiene una reacción fisiológica total. La adrenalina, procedente de las glándulas suprarrenales se vierte en su cuerpo; su corazón comienza a latir más rápidamente; las pupilas de sus ojos se dilatan; todo el cuerpo está preparado para la acción, de modo que puede luchar contra su enemigo, o escapar de la situación.

Las investigaciones han revelado la efectividad del sistema de emergencia del cuerpo, y por lo menos tres efectos de la emoción han sido demostrados. (1) Una persona en medio de una emoción puede hacer demandas de sí mismo por mucho tiempo, y los procesos normales de fatiga parecen no prevalecer. Los soldados en el campo de batalla u otros tipos de emergencia pueden aguantar mucho tiempo sin dormir. (2) Un segundo efecto del sacudimiento emocional es una tremenda avalancha de energía. Durante un incendio, un hombre en estado de temor levantó en peso una caja fuerte y se la llevó afuera. Posteriormente, requirió el esfuerzo de tres hombres para meterla otra vez dentro del edificio. (3) Un tercer efecto bien puede ser la insensibilidad al dolor. Un jugador de fútbol lesionado, puede seguir con el entusiasmo del juego sin darse cuenta de su herida.

Sin embargo, en una civilización moderna, las emociones frecuentemente son más un estorbo que una ganancia. La sociedad civilizada no permite que el individuo dé expresión física a su hostilidad, y tiene que aprender a controlarla de otras maneras. La hostilidad puede ser expresada abiertamente y de manera verbal en contra de la fuente de frustración. El adolescente daña el coche de su papá y éste lo regaña en una manifestación de *hostilidad directa*. Una persona puede dirigir la hostilidad contra sí misma. El empleado comete un error craso y sabe que vendrá una reprimenda. Entonces se le desarrolla un dolor de cabeza intenso y puede decirse que es un caso de *hostilidad reprimida*. Otra manera para tratar con la hostilidad es expresándola de alguna manera tal como cortar leña, jugar al golf, conversar con un amigo comprensivo. *La hostilidad expresada* describe estas actividades.

Posiblemente el método más difícil para hacer frente a la hostilidad es el de la expresión abierta pero no en contra de la fuente original de la frustración. El desplazamiento de la hostilidad ocurre bajo un número de circunstancias diferentes: Si la fuente de frustración constituye un peligro para el individuo, como con el jefe quien tiene poder para despedirlo, entonces llega a su hogar y se desquita con su esposa y los niños. Cuando la persona tiene sentimientos ambivalentes hacia el sujeto que lo contrarió, como una esposa dependiente que descarga toda su hostilidad sobre los niños en vez de hacerlo sobre el esposo desconsiderado. El desplazamiento también puede ocurrir cuando la fuente de la frustración no es conocida o es inaccesible. Para el individuo frustrado cualquier causa, por ejemplo el gobierno, se convierte en su blanco.

Al investigar la forma por medio de la cual el comunismo es

considerado por aquellos que están afiliados a él, Almond[1] revela
que las personas que se identifican con el partido comunista tienen
la imagen de una organización militante en pie de guerra. Un
análisis de la literatura comunista revela muy poco énfasis sobre
el lado "constructivo" de la vida, siendo el impacto principal en
contra de los males de la sociedad. La hostilidad también es un factor central en la mayoría de los individuos no adaptados, y muchos
que se han identificado con el partido revelan resentimiento, antagonismo, rebelión, odio. El partido provee una oportunidad para
la expresión de estas hostilidades. Siendo el comunismo una organización al margen de la ley, el propio acto de afiliación es un
rasgo de rebelión. El convertirse en parte de una protesta en contra
de la sociedad provee expresión para la hostilidad de la inadapta-
ción.

Un individuo puede continuar creciendo emocionalmente,
pero las fijaciones y los procesos condicionados frustran el crecimiento emocional. Wayne Oates usa el término "emociones
fechadas". Temprano en la vida el niño aprende a dominar la
situación al gritar, patalear, o no respirar hasta que se pone
morado. De allí se desprende la evolución de técnicas para
manipular a otros. Confrontado con conflictos en la vida posterior,
las emociones surgen y dominan, a la par que la racionalidad se
retira rápidamente.

*La persona que está madurando es guiada por propósitos a
largo plazo y no por deseos inmediatos.* Una definición popular de
la madurez es "la capacidad para postergar el placer". Al igual
que muchos dichos populares, tiene más que un poquitito de verdad en él. La persona que está madurando contempla el futuro y
hace planes para el futuro. Allport[2] lo pone sucintamente así:
"Cada personalidad madura puede decirse que está viajando hacia

[1] Gabriel Almond, *The Appeals of Communism* (Princeton: Princeton University
Press, 1954).
[2] Allport, *Personality: A Psychological Interpretation*, pág. 219. Hay versión castellana: *Psicología de la Personalidad*, Editorial Paidós.

un puerto, seleccionado anticipadamente, o en dirección a varios puertos relacionados sucesivamente."

La doctora C. Bühler, en su estudio sobre las personalidades destacadas, llegó a la conclusión de que cada vida estaba ordenada definitivamente y dirigida hacia una meta seleccionada. Estas vidas estaban caracterizadas por la ambición y por la meta. Por otra parte, aquellos que quizás estaban propensos al suicidio indicaban que la vida se había convertido en una cosa intolerable porque no había ninguna meta que lograr. El sentido de dirección y la disciplina son dos ingredientes esenciales para el crecimiento.

La personalidad psicopática o sociopática es un tipo difícil de individuo que acosa nuestra sociedad y llena nuestras cárceles. Escribiendo en su fascinante libro *Rebel Without a Cause*, ("Rebelde Sin Causa"), Roberto M. Lindner[1] contempla a la personalidad psicopática como un individuo en una condición esencialmente infantil. El psicópata o bien no quiere o no puede crecer más allá de la perspectiva infantil y llegar a las actitudes del adulto para con la vida.

Un adulto puede posponer el consumir el alimento, el infante debe satisfacer su hambre inmediatamente. Si se posterga esta satisfacción, la frustración es expresada por el llanto o por un comportamiento más agresivo. Así como el infante, el psicópata debe tener satisfacción inmediata. No puede esperar los preliminares normales que conducen a la satisfacción sexual; tiene que cometer una violación. El construir gradualmente una reputación que traería el aplauso de la sociedad requeriría demasiado tiempo; entonces tiene que llevar a cabo un acto valiente a fin de que toda la atención se concentre en él.

Otra característica infantil del psicópata, así como la ve Lindner, es su incapacidad para lograr las metas de manera socialmente aceptable. Un adulto bien equilibrado tiene metas claramente definidas, y éstas son logradas por procedimientos planea-

---

[1] Robert M. Lindner, *Rebel Without a Cause* (New York: Grove Press, 1956), págs. 2-4.

dos, ordenados, lógicos. La perseverancia para llegar a lograr estas metas y objetivos caracteriza al adulto.

Yo tengo que ir a la compañía de luz para pagar mi cuenta. En el camino me encuentro con un amigo y conversamos brevemente, nos detenemos para ver algunas vitrinas, concentro mi atención en el problema de un conductor en un automóvil descompuesto, y me detengo para observar la construcción de un edificio nuevo, pero finalmente llego a la compañía de luz y pago mi cuenta vencida.

Sin embargo, el psicópata, así como el niño, no tiene meta y vive en el área de lo inmediato. Para él la atracción marginal se convierte en el rasgo central. Al contemplar el progreso de una construcción, decide permanecer allí durante toda la tarde y no hace caso de su cuenta de luz, y esto mismo trae una consecuencia inevitable. El vive según sus propios caprichos.

Así como con el infante, el psicópata no tolera la frustración. Viviendo en el mundo donde lo paulatino y lo persuasivo son altamente cotizados, él hace frente a una frustración constante. O bien ataca la causa de la frustración con intensidad, o bien escapa en su manera nómada sin importarle el resultado práctico de cualquiera de estas líneas de acción.

La religión cristiana frecuentemente es criticada debido a su énfasis en el futuro. Reclama que sus seguidores establezcan metas, que trabajen para lograr estos objetivos, y que sacrifiquen los placeres inmediatos por una satisfacción futura. Sin embargo, todos estos son factores de crecimiento, puesto que según dice Allport:[1] "Sin algunas metas sostenidas en alguna parte, la personalidad permanece infantil."

La persona que está madurando tiene una perspectiva de la vida más allá de sus propios intereses. Cuando nace, el hombre es fundamentalmente egocéntrico. Los freudianos dicen que el niño recién nacido es principalmente *id* y por consiguiente, motivado por el principio del placer. Con el amanecer de la realidad el indi-

---

[1] Allport, *Personality, A Psychological Interpretation*, pág. 220.

viduo se da cuenta que el mundo no existe para él solo. En algún punto del tiempo se da cuenta de esto: "estoy incompleto". Una gran parte del proceso de madurez está compenetrada en el viaje psicológico de la autoconcentración al interés por otros.

Allport llama al desarrollo "una extensión del yo". El considera la experiencia de enamorarse como una ilustración. El amante descubre que todos sus intereses personales y todos sus móviles están centrados en otra persona. Las cosas de interés para esa otra persona se convierten de interés para él. Hasta este momento él se sentía autosuficiente, pero ahora descubre que necesita otra persona. El bienestar de la otra persona se convierte en asunto de suprema importancia en su pensamiento y su yo se extiende.

Empatía es una palabra usada por los psicólogos para describir el proceso de comprender los sentimientos y preocupaciones de otro individuo. La empatía y la simpatía se confunden frecuentemente, pero English y English hacen una distinción:[1]

> Si bien el proceso empático es principalmente intelectual, la emoción no está al margen, pero no es la misma emoción que la que siente una persona con aquella con quien empatiza. El padre puede empatizar con la furia del niño, sintiendo lástima o riéndose, mientras que en la sinpatía él se enojaría con la criatura. La actitud de la empatía es una de aceptación y de comprensión, de un implícito "ya sé cómo te sientes".

Así descrita, la empatía es el cenit de una persona madura.

La fe cristiana pone gran énfasis en la comunidad. El correlativo natural de amar a Dios es amar al prójimo como a uno mismo, y la conocida regla de oro insta a los cristianos a pensar en otros. Overstreet dice:[2] "Una persona no es madura sino hasta que tenga tanto la habilidad como la disposición para verse como uno entre muchos y comportarse hacia otros así como él quiere que otros se comporten con él."

---

[1] English y English, *op. cit.*, pág. 178.
[2] Overstreet, *op. cit.*, pág. 63.

La persona que está madurando desarrolla la capacidad de autoobjetivación. Sócrates afirmó: "Conócete a ti mismo." Todo el proceso de madurez está ligado con el proceso del autoconocimiento. El autoconocimiento no se adquiere fácilmente.

Allport cita un estudio en el cual, en una clase de psicología, el 96 por ciento de los alumnos pensaban que poseían una percepción de su propia personalidad mejor que la del término medio y solamente 4 por ciento de ellos admitieron una posible deficiencia. Sería altamente improbable que esto fuera veraz, pero en la vanidad humana frecuentemente se pasa por alto el buen juicio.

El término psicológico para la objetivación del yo es percepción, el cual ha sido definido por English y English,[1] como una "comprensión y evaluación razonables de los procesos mentales, las reacciones, las habilidades; y el conocimiento de uno". El consejero ve "la percepción" como un objetivo deseable para el cliente. Rogers la describe como comprendiendo una percepción de relaciones, una aceptación del yo, y el elemento de selección. En cada uno de estos la autoobjetivación juega un papel importante.

La investigación psicológica ha revelado un número de correlativos de percepción. Las personas con percepción están mucho menos propensas a proyectar sus pensamientos en sus apreciaciones de otras personas y también generalmente son más inteligentes que el término medio. Uno de los correlativos menos anticipados es que las personas con percepción tienen un sentido muy bueno del humor.

La persona que está madurando está constantemente desarrollando su capacidad para alejarse y contemplarse a sí misma, conocerse, y estar preparada para reírse de sí misma cuando surja la ocasión. La ilustración clásica es la de Sócrates cuando asistió a la presentación del drama de Aristófanes, *Las Nubes.* El drama tenía un personaje que lucía una máscara con el propósito de ridiculizar a Sócrates. En el momento preciso, cuando los espec-

---

[1] English y English, *op. cit.,* pág. 264.

tadores estaban gozando de la caricatura, Sócrates se puso en pie y volvió su cabeza a fin de que los espectadores pudieran comparar su perfil con la máscara lucida por el actor del escenario. Sócrates estaba indicando su capacidad para unirse con las personas que se estaban riendo de él.

La religión cristiana siempre se ha preocupado por el hecho de que las personas adquieran autoconocimiento. Una gran proporción de la Biblia está dedicada a la enseñanza o a la exposición de ejemplos de personas que no pudieron enfrentarse a sí mismas y verse tal cual eran. La frase tan antigua pero aún importante, "convicción de pecado", tiene la implicación de que el individuo deje sus racionalizaciones elaboradas y sus defensas y que realistamente admita su propia naturaleza tal cual es.

La persona que está en proceso de madurar tiene una filosofía unificadora de la vida. Los individuos inmaduros generalmente están en conflicto con ellos mismos. Si el conflicto es verdaderamente grave, la persona se convierte en neurótica. Si la deteriorización continúa, la psicosis puede seguir. El término esquizofrenia, una forma de psicosis, literalmente significa personalidad dividida. Los elementos de la personalidad anteriormente integrados íntimamente ya no lo están sino que han sido fragmentados. La integración y la unificación de la personalidad son parte del proceso de madurez.

La experiencia religiosa entra en proceso de maduración a muchos niveles, pero en ninguna parte es de mayor importancia que aquí. El mayor Mayer,[1] psiquiatra del ejército quien entrevistó a muchas víctimas del lavado cerebral, describió, en una entrevista dada con derechos de propiedad en *U. S. News and World Report*, a la persona que resistió mejor que todas.

P. ¿Qué del hombre que tenía una fe religiosa potente?

R. Esto toca una de las grandes deficiencias de nuestro conocimiento. Deben hacerse algunos estudios intensivos de aquellas personas que resistieron desde el principio hasta el fin, las cuales perma-

---

[1] William E. Mayer, "Why Did Many G. I. Captives Cave In?" *U. S. News and World Report*, XI, (February 24, 1956), pág. 59.

necieron inconmovibles en sus convicciones y que, incidentalmente, sobrevivieron y regresaron a su tierra en mejores condiciones, porque fue el grupo de resistentes, generalmente, el que puede ser descrito de esta manera. Un buen número de personas nos dijo que habían resistido todas las insinuaciones del enemigo al invocar convicciones abstractas, a veces teológicas, que por largo tiempo habían sido parte de su vida.

P. ¿Quiere usted decir con esto convicciones religiosas?

R. Sí. Nuestros descubrimientos entre los soldados de combate que hacen frente al problema constante de defensa en contra del temor de la batalla. Una persona religiosa realmente convencida, sea católica, judía ortodoxa, o protestante, sea cual sea su religión, si la misma era parte integral de su vida, si su familia estaba organizada según los cánones de la educación religiosa y los preceptos morales y éticos de tal enseñanza, tal individuo frecuentemente podía defenderse y defender sus principios con este armamento. El nuevo convertido, el tipo de individuo que hizo profesión de fe en la trinchera, no es defendido por este tipo de idea abstracta.

El reto a los procesos inescrupulosos de lavado de cerebro demanda personalidades maduras, y el proceso de maduración está inseparablemente ligado con la religión.

Una Religión Madura

Pero no toda la religión es madura en sí misma. Clark[1] ha sugerido un criterio por medio del cual evaluar la madurez de la religión.

1. *¿Es primordial?* ¿Se deriva la religión de un sentido de necesidad obligatoria del individuo, o es una imitación piadosa dramatizada? No siempre la distinguirá esto de una religión inmadura, pero sí de una religión muerta. Cualquier otra cosa que sea, la religión madura debe ser siempre una religión viva.

2. *¿Es lozana?* ¿Tiene, como la religión de la infancia, un sentido de lozana curiosidad y asombro cósmico?

3. *¿Es crítica de sí misma?* ¿Puede el individuo ver debilidades en su posición religiosa al mismo tiempo que permanece leal a ella?

---

[1] Clark, *op. cit.*, págs. 256-257.

4. *¿Está libre de magia?* ¿Siente el individuo una fuente de poder ideal a la cual le rinde voluntaria obediencia en su intento de armonizar su vida con lo divino? En otras palabras, ¿es la suya una religión genuina como la hemos definido o es meramente un substituto mágico concebido por el individuo como un medio de asegurarse los favores de una fuente cósmica?

5. *¿Es significativamente dinámica?* ¿Da su religión significado a la vida de tal manera que aliste y motive todas sus energías de manera que sea capaz de llegar a ser una satisfacción por sí misma?

6. *¿Es integradora?* ¿Tiene relación con toda la experiencia del creyente, integrando de esta manera su vida y demostrando resultados morales consistentes con sus propios propósitos, así como con los de una sociedad bien integrada?

7. *¿Es socialmente efectiva?* ¿Fortalece la religión del individuo su sentido de comunidad con otros de tal manera que llegue a ser finalmente creadora de una sociedad mejor integrada?

8. *¿Demuestra humildad?*

9. *¿Está creciendo?* ¿Es la fe del creyente una fe que se extiende tanto en la búsqueda de verdades más profundas como también en ampliar progresivamente la identificación de los intereses de otros con los suyos propios?

10. *¿Es creativa?* ¿Contiene la vida religiosa del individuo elementos y muestra características propias, o es en todos respectos una mera repetición de la religión de otros? En cierto sentido, ésta es la prueba suprema de una vida religiosa madura.

La novena pregunta de Clark recalca el crecimiento en la religión. Obviamente se refiere al crecimiento en conocimiento y actitud. La declaración cumbre que hay en el canto al amor de Pablo es: "Cuando yo era niño, ... pensaba como niño, juzgaba como niño; mas cuando ya fui hombre, dejé lo que era de niño" (1 Co. 13:11). La Biblia abunda en exhortaciones concernientes al crecimiento, y es muy legítimo sacar por conclusión que la religión es un ingrediente importante en el proceso de maduración de la personalidad.

9

LA RELIGION
Y LA SALUD MENTAL

El movimiento de la higiene mental es de origen reciente y en gran parte está cimentado en el trabajo de Clifford Beers. Beers había estado recluido en un manicomio en diferentes ocasiones, y estuvo expuesto a la crueldad e indignidad de las instituciones de su día. El escribió sus experiencias en un libro intitulado *The Mind that Found Itself* ("La Mente que se Encontró a Sí Misma"). Salomón dijo: "Ahora, hijo mío, a más de esto, sé amonestado. No hay fin de hacer muchos libros; y el mucho estudio es fatiga de la carne" (Ec. 12:12). Los manuscritos frecuentemente se empolvan a medida que el entusiasmo inicial del autor decae, y otro libro muere al nacer. Esto también pudo haber ocurrido con la contribución de Beers a no mediar una circunstancia fortuita.

Buscando el sello de un nombre destacado, llevó el manuscrito a William James para solicitarle su evaluación. Aunque ya estaba rodeado de autores en potencia, James rápidamente hojeó esta nueva entrega siendo cautivado por la historia de Beers. Le dio su apoyo al libro escribiendo el prefacio, y su éxito por lo tanto estuvo asegurado.

El libro obró milagros, creando un interés general que creció tanto que Beers se sintió obligado a dejar su trabajo para iniciar el Movimiento de higiene mental. Actuó como secretario, posición que ocupó hasta el día de su fallecimiento. El escritor de *Varieda-des de la Experiencia Religiosa,* William James, quien tanto había hecho en favor del estudio de la religión, dio impulso al naciente movimiento de higiene mental y por lo menos en este sentido se puede decir que ambos movimientos tenían algo en común.

Beers llegó a ser el campeón de una nueva perspectiva sobre la enfermedad mental en la tradición de Philippe Pinel, de Francia, y Dorotea Dix en Norteamérica. Como secretario del naciente movimiento, Beers dirigió sus asuntos con vigor, pero el movimiento de higiene mental tuvo una existencia separada de la iglesia, aunque siempre hubo pastores que se interesaron en él. En fecha más reciente ha habido un estudio acelerado de la relación existente entre la religión y la higiene mental. A la luz de la temprana relación de la religión con la higiene mental, es más que necesaria una nueva evaluación.

Desde el amanecer de la historia, la religión y la medicina han gozado de una relación íntima, recalcando los aspectos mentales de las dificultades de la vida. Aun las enfermedades físicas fueron tratadas por lo que hoy conceptuaríamos como psicoterapia. Higia, la diosa griega de la salud, era adorada en templos donde se practicaba la incubación. La incubación exigía que el paciente durmiera en el santuario del templo, donde la deidad podía efectuar curas o prescribir remedios a través de sueños. Weatherhead dice:[1]

En verdad, los pacientes permanecían toda la noche y dormían dentro del templo, mientras que los sacerdotes-médicos, habiendo preparado las mentes de los pacientes a través de conferencias y pláticas, susurraban en sus oídos sugestiones en nombre del dios. Al leer de esto en tiempos modernos, nos damos cuenta de la efectividad de este método. El paciente pudo haber estado dormido o despierto o entre ambos estados. De todos modos, el sacerdote estaba *actuando en lugar del dios,* y el paciente estaba en un estado altamente sugestionable.

---

[1] Weatherhead, *op. cit.,* pág. 21.

Los desórdenes mentales fueron considerados en base a la demonología primitiva, y se emplearon diversas técnicas para quitar los demonios. Coleman dice:

Tal tratamiento originalmente estaba en las manos de los hombres de medicina o *shamans*, pero con el tiempo, fue asumido en Grecia, China, y Egipto por los sacerdotes quienes, evidentemente, eran una rara mezcla de sacerdote, médico, psicólogo, y mago. Si bien estos sacerdotes fueron dominados principalmente por la creencia en la demonología y establecieron prácticas exorcistas, también iniciaron un tratamiento más humano y científico de los enfermos mentales.[1]

Aunque tanto la religión como la medicina eran primitivas, crudas y elementales, sin embargo, estaban inexplicablemente unidas al ministrar las necesidades físicas, mentales, y religiosas de estos individuos.

Con el paso del tiempo, se introdujo el desarrollo de la investigación científica que condujo al conflicto inevitable entre la ciencia y la religión. En su discurso presidencial a la Asociación Psiquiátrica Norteamericana en 1956, R. Finley Gayle, hijo,[2] dio un nuevo significado a los "insultos científicos" de Freud y desarrolló la provocativa idea de que la guerra existente entre la ciencia y la religión estaba basada en tres frentes.

1. *Con relación al mundo que circunda al hombre.* Los descubrimientos de Copérnico y Galileo desafiaron el sistema astronómico de Ptolomeo. Muchos teólogos se sintieron amenazados debido a la implicación de que la tierra no era el centro del universo especialmente preparada por Dios para su pueblo. Algunos dirigentes religiosos rehusaron ver a través de un telescopio por temor de que esto amenazara su concepto de la estructura del universo y por lo tanto, que eliminara la necesidad de un creador.

---

[1] James C. Coleman, *Abnormal Psychology and Modern Life* (Chicago: Scott, Foresman and Co., 1960), pág. 23.

[2] R. Finley Gayle, Jr., "Conflict Between Psychiatry and Religion", *Pastoral Psychology* (November, 1956), pág. 29.

2. *Con respecto al mundo del hombre:* El conflicto giró del firmamento al hombre, a medida que la teoría de la evolución orgánica desafió el concepto tan acariciado de que el hombre era una creación especial aparte de todas las demás formas de vida animal. La teoría evolutiva pareció ante los ojos y el concepto de muchas personas sinceras como desafío a su fe. Justamente de la misma manera en que el nuevo sistema astronómico parecía eliminar a un Diseñador, ahora el Creador era eliminado.

3. *Con respecto al mundo dentro del hombre.* A medida que la investigación científica se acercaba más y más a la ciudadela del yo, nuevos problemas surgieron en la última etapa del conflicto existente entre la ciencia y la religión. El nuevo cuadro de aspectos antagónicos era la psiquiatría y la religión. La psiquiatría cayó bajo sospecha y ataque de parte de algunos ministros religiosos quienes pensaban que la ciencia estaba tratando de eliminar la necesidad de un redentor. Pero había un temor recíproco. Algunos psiquiatras se mostraban recelosos de los ministros que realizaban terapia, a la par que algunos ministros se preocupaban por los psiquiatras que estaban perdonando pecados. No obstante, mientras la religión libraba sus batallas, la psiquiatría también lo hacía. Muchas de estas batallas de la psiquiatría se han visto en varios segmentos de la sociedad fuera de toda afiliación religiosa. El doctor Zilboorg lo establece con claridad en su *History of Medical Psychology* ("Historia de la Psicología Médica"), uno de los enemigos más acérrimos de la psiquiatría a lo largo de los siglos había sido la profesión médica. Solamente en fecha reciente han comenzado los psiquiatras a gozar de la aprobación de la mayoría de sus colegas.

Mucho más grave que el conflicto en torno a campos de responsabilidad es la crítica de Freud, que ataca la propia naturaleza de la religión. La grandeza de Freud[1] en el mundo psicológico hace

---

[1] Sigmund Freud, *The Future of an Illusion* (New York: Doubleday and Co., 1957), pág. 79. Hay versión castellana: *El Futuro de Una Ilusión.*

que su ataque sea tanto más devastador, a medida que traza una
analogía entre la neurosis obsesiva y la religión:

> El verdadero creyente está en alto grado protegido en contra del peli-
> gro de ciertas aflicciones neuróticas; al aceptar la neurosis universal
> (religión), es librado de la tarea de desarrollar una neurosis personal.
> Sus dogmas religiosos corresponden a una supervivencia neurótica .

La exposición de Freud se encuentra en dos libros, *Totem y Tabú* y
El Futuro de una Ilusión, este último, que contiene su principal
ataque contra la religión, sostiene que el hombre primitivo estaba
constantemente atemorizado por las fuerzas naturales y por la
paradoja de la muerte. Para acercarse más a las fuerzas de la
naturaleza, él las personificó y trató de aplacarlas adorándolas y
construyendo altares.

El hombre moderno encuentra difícil avanzar desde el nivel
de su antecesor primitivo. El niño crece y se convierte en hombre
sólo para descubrir que está destinado a permanecer niño para
siempre. El personifica las fuerzas naturales, invistiéndolas con las
características de un padre, y confía que esta figura de padre lo
proteja. Ernest Jones[1] dice que Freud declaró inequívocamente sus
conclusiones en torno a las creencias religiosas y que hizo su principal contribución a la psicología de la religión al declarar:

> El psicoanálisis nos ha hecho reconocer la íntima relación entre el
> complejo de padre y la creencia en Dios, y nos ha enseñado que el
> Dios personal psicológicamente no es otro que el padre magnificado;
> nos muestra diariamente cómo el joven puede perder su fe religiosa
> tan pronto como la autoridad del padre se desmorona. De esta manera
> reconocemos la raíz de la necesidad religiosa basada en el complejo
> paternal.

Los valores morales se desarrollaron cuando la sociedad reconoció
que la vida era problemática sin algunas normas en torno a la
naturaleza agresiva del hombre. Por lo tanto, las restricciones
morales fueron proyectadas a la imagen del padre-dios.

---

[1] Jones, *op. cit.*, III, pág. 354.

Leslie D. Weatherhead[1] reacciona a la posición de Freud, y está particularmente capacitado para la tarea. Como pastor metodista, se ha destacado en el campo psicológico. Como un admirador de Freud, ha colaborado para efectuar la reconciliación entre los criterios freudianos y el cristianismo liberal. Al contestar a Freud, hace tres afirmaciones fundamentales:

1. *El desear un padre no invalida el hecho de que un padre pueda existir.* El error fundamental de Freud se encuentra inicialmente en la presuposición de que Dios no existe ni puede existir. Para explicar la religión, Freud afirmaba que el hombre había hecho a Dios a la imagen de su padre. En realidad, no existe nada para probarlo. Si se afirmase que el hambre física, el deseo de alimentación, revelase que el alimento es un invento de la imaginación humana, resultaría risible. Una afirmación mejor sería decir que la única manera en que Dios puede revelarse a sí mismo es a través de las necesidades del hombre.

2. *El cristianismo es una religión histórica, no una religión inventada para satisfacer una necesidad.* La historicidad del fundador del cristianismo está ampliamente establecida. Fuera de la Biblia está mencionada por Plinio el Joven (61-114 d. de J.C.), Tácito (55-120 d. de J.C.), Seutonio (75-150 d. de J.C.), y Josefo (37-100 d. de J.C.). Está tan bien cimentada como la propia historicidad de Platón. Conjuntamente con otros numerosos hechos, está la casi incontrovertible evidencia de la historicidad de la fe cristiana.

3. *El cristianismo es demasiado austero en sus demandas como para ser el tipo de ilusión inventada por los hombres.* Freud habla como si el cristianismo fuera una invención de los hombres que querían calmar sus temores y escapar de las realidades de la vida. Sin embargo, en honor a la verdad del cristianismo, los hombres y las mujeres han estado dispuestos a sufrir torturas, desgracias, exilios, encarcelamiento y muerte.

Esta respuesta a Freud presentada por Weatherhead, quien

---

[1] Weatherhead, *op. cit.*, págs. 399-406.

se identifica con muchos conceptos freudianos pero que rechaza su ateísmo, puede ser simbólico del acercamiento que se está verificando entre la religión y la psiquiatría.

Mowrer, siempre esperando encontrar una debilidad en el argumento de Freud, salta para atacar precisamente en el punto de la realidad. El hace referencia al asalto lanzado en contra del psicoanálisis desde muchos frentes diferentes, contrastando la dificultad del psicoanalista con la asistencia a las iglesias siempre en aumento en los Estados Unidos. Mowrer dice:[1] "En otras palabras, el 'principio de realidad' freudiano parece gozar de menos estabilidad que la 'ilusión' con un futuro tan poco halagador." Además, la vitalidad continua de la religión fascina a Mowrer, quien critica la idea de Freud de que la religión que se desarrolla en la mente del hombre primitivo ha sido perpetuada como una debilidad congénita. Mowrer revela que la religión ha sobrevivido precisamente porque tiene un valor psicológico singular para el individuo. Frecuentemente el individuo con convicciones religiosas poderosas ha emergido victorioso de experiencias de tensiones peculiares. Mowrer también se refiere al tema de la salud mental de los miembros de iglesia. Frecuentemente se asevera que hay más personas neuróticas entre los miembros de la iglesia que entre la población normal de quienes no asisten. Esta afirmación sería difícil de constatar sin un estudio controlado y meticuloso. Aun si los hechos fueran tal y como se declaran, Mowrer dice que una conclusión evidente sería el hecho de que la iglesia al ofrecer salvación atrae a las personas neuróticas. Sería absurdo condenar a los hospitales simplemente porque tienen dentro a personas enfermas. La iglesia con su llamado a los enfermos, a los dolientes, y a los necesitados, siempre atraerá ciertas personalidades neuróticas.

La evidencia experimental en torno al lugar de la religión en la salud mental ha sido presentada por Wayne E. Oates en su libro, *Religious Factors in Mental Illness* ("Factores Religiosos en

---

[1] O. Hobart Mowrer, *The Crisis in Psychiatry and Religion* (Princeton: D. Van Nostrand Co., 1961), pág. 10.

las Enfermedades Mentales"). Cuando escribió, Oates era capellán del Hospital del estado de Kentucky, en Danville, Kentucky. Trabajando con un grupo de diez estudiantes bajo su supervisión, el equipo estudió la experiencia religiosa de sesenta y ocho personas mentalmente enfermas. El estudio era una búsqueda de factores en torno al papel que jugó la religión en las condiciones psicóticas de los pacientes.

Un 17.2 por ciento de los casos reveló un conflicto de rebeldía largamente sostenido o de sumisión por parte del individuo a la religión de su hogar. En muchos casos la religión no era un discernimiento espiritual interior, sino una experiencia ligada con la rebeldía ansiosa del individuo contra sus padres.

En el segundo grupo, representando 10.3 por ciento de los casos, la religión fue tomada como último recurso para resolver problemas de otra manera insolubles y para justificar fracasos en relaciones interpersonales y pérdida de dominio propio. La respuesta religiosa de estos pacientes fue conceptuada tanto por los psiquiatras como por los capellanes como un consejo desesperado, marcando la etapa de crisis de su enfermedad ya en movimiento antes de que el individuo fuera influido por un grupo o un individuo religioso. Entonces un individuo o grupo sugería ideas o prácticas religiosas que en sí mismas llegaron a ser un problema para el paciente.

Un tercer grupo de pacientes, comprendiendo 20.5 por ciento del total, presentó condiciones psicóticas simplemente "revestidas" con ideas religiosas. Frecuentemente tomaban estas ideas de otros pacientes, o tenían "charlas" religiosas con los capellanes sencillamente porque eran ministros, o empleaban expresiones religiosas como medios para lograr la atención, la aprobación, o los favores de los capellanes. Poco o ningún interés religioso aparecía en la historia presicótica de estas personas. En la mitad de estos casos los capellanes estuvieron en posición de despertar en ellos un verdadero interés religioso. Evidentemente, los pacientes que eran conscientes de cómo los capellanes se sentían acerca de ellos, habían ya iniciado el camino hacia el restablecimiento.

Un cuarto grupo de 51.5 por ciento de los pacientes no reveló ningún interés religioso ni preocupaciones religiosas pasadas. Así era aun cuando provenían de comunidades rurales en el sureste del estado de Kentucky, el cual se supone es un área donde prevalece la Biblia, y que ha sido la cuna de sectas religiosas independientes de naturaleza extática. Aunque mucho se ha escrito en torno al efecto represivo de las enseñanzas religiosas, estas teorías no son adecuadas para explicar cómo la mitad de los pacientes sufría esencialmente del mismo tipo de enfermedad que aquellos pacientes más religiosos.

Combinando estos estudios con aquellos de Samuel Southard, realizados con un grupo de pacientes en Lakeland, Kentucky, Oates[1] llega a la siguiente conclusión en torno al papel y función de la religión entre los enfermos mentales:

1. La filiación religiosa con este o aquel grupo tiene poca o ninguna correlación con la enfermedad mental, ni a base de una denominación específica del paciente ni a base del hecho de membresía en la iglesia.

2. Sin embargo, *la forma en la cual fueron presentadas las enseñanzas religiosas* a la persona tiene mucho que ver con que si la persona acepta, rechaza, o cae en interminables conflictos en torno a estas enseñanzas.

3. De importancia particular en esta experiencia de comunicación de enseñanzas religiosas son la madre y el padre del individuo (o las personas que llenan el papel de padres en el evento del fallecimiento o la desaparición de ellos). El concepto de Dios y el concepto de padres puede fácilmente desarrollar "adherencias" que se estorban mutuamente en la percepción religiosa del paciente.

La investigación de Boisen de las sectas pentecostales o "santos extáticos" lo condujo a investigar el daño a la estabilidad emocional que siguió al contacto con este grupo. En una comunidad él hizo una investigación de las nuevas admisiones al manicomio local y se sorprendió cuando se dio cuenta del pequeño número de

---

[1] Wayne E. Oates, *The Religious Dimensions of Personality* (New York: Association Press, 1957), pág. 10.

admisiones de personas de esta secta religiosa. Boisen dice:[1] "He visto centenares de casos traídos ante los psiquiatras profesionales pero todavía no he visto ninguno que haya sido internado por causa de creencias peculiares cuando estas creencias eran compartidas con dos o tres personas más." Boisen concluye que la cantidad de disturbios mentales que suceden en esta muy extrema manifestación religiosa ha sido exagerada en gran manera.

Nada se gana con exagerar el caso. Debe reconocerse francamente que no toda religión es buena, y hay expresiones de religión que no conducen a la salud mental. Weatherhead da un buen sumario de algunas de las posibilidades de la perversión de la religión. (1) Puede ser usada para encubrir un escape de la realidad. (2) Puede ser usada para proporcionar una falsa seguridad. (3) Puede ser usada para conseguir un escape de las consecuencias de faltas pequeñas. (4) Puede ser usada para poner una aureola de santidad narcisista y egocéntrica.

De manera similar, en un escrito que es muy favorable hacia la religión como un todo, Thorpe[2] recapitula un número de problemas asociados con una religión inmadura y sus efectos sobre la salud mental.

> Otro aspecto del último problema mencionado es el de utilizar la religión como un medio de escape de la realidad, o como un mecanismo dependiente que estimula al individuo a "echar su carga sobre el Señor" y dejar de hacer algo por alivianarla.

Una respuesta apropiada para la situación sería remitirnos a la enseñanza bíblica en cuanto a las cargas, como dice Pablo: "Porque cada uno llevará su propia carga" (Gá. 6:5). El problema no está en la enseñanza bíblica sino en la falta de conocimiento del individuo.

La Religión de la Neurosis

Otro aspecto de la relación de la neurosis con la religión son las manifestaciones neuróticas que tienen una similitud con las for-

---

[1] Anton T. Boisen, *Religion in Crisis and Custom* (New York: Harper and Bros., 1955), pág. 88.

[2] Thorpe, *op. cit.*, pág. 506.

mas primitivas pervertidas de la religión. De muchas maneras, estas formas primitivas aparecen periódicamente, como una tía desaliñada y estrafalariamente vestida que persistentemente visita a sus parientes cultos, completamente ajena a la mortificación que causa a la familia.

Varios investigadores han observado los puntos de semejanza entre la neurosis y las formas primitivas de religión. Fromm menciona el culto a los antepasados, el ritualismo, el totemismo como representantes de las reacciones neuróticas del hombre moderno. Sigmund Freud estaba fascinado por este asunto y escribió acerca de él en su libro: *Totem y Tabú*.

El culto a los antepasados es una fijación neurótica del individuo en el padre o en la madre; el individuo está incapacitado para romper las relaciones paternales y pasa sus días bajo la sombra de la figura del padre o de la madre. La dependencia puede perdurar con la misma intensidad aun después de la muerte de los padres, invalidando el juicio del paciente, dejándolo incapacitado para el amor, y haciendo que viva en un constante estado de inseguridad. El centrar la vida de un individuo alrededor de un antepasado, el gastar la mayor parte de las energías de uno en el culto a él, no es muy diferente de un culto religioso.

El ritual primitivo se ve en muchos de los tipos compulsivos de neurosis. La persona culpable puede lavarse constantemente las manos o realizar cualquier otro acto irracional. El ritual puede también tomar una forma mental, haciendo que el sujeto piense o diga ciertas fórmulas. En cada caso los síntomas se asemejan al ritual religioso.

El totemismo es "una clase de fenómeno natural u objetos materiales —más comúnmente, especies de animales o plantas— entre las cuales y él mismo, el salvaje cree que existe cierta relación íntima". Fromm ve el totemismo en la persona cuya devoción exclusiva es para el estado o para su partido político o para un organismo similar. El único criterio de verdad y de valor está en el interés del estado o del partido o del organismo. Buenos ejemplos de esto se ven en el nazismo y en el comunismo.

Freud[1] ha notado también la similaridad de las manifestaciones neuróticas y la noción religiosa primitiva del *tabú*. Tabú es un concepto complejo del cual puede decirse que tiene dos ideas opuestas y no obstante relacionadas. Por una parte, significa sagrado o consagrado, pero por la otra, significa misterioso, peligroso, prohibido, inmundo, y generalmente se expresa en prohibiciones y restricciones. Freud ve tres puntos de correspondencia entre las compulsiones de los neuróticos y el tabú: (1) Ambos sienten que deben sujetarse a ciertas prohibiciones y no se dan cuenta de por qué debe ser así. Tienen una certeza interior de que la violación de la prohibición irá acompañada por un desastre. (2) Como en el tabú, con frecuencia, hay una prohibición neurótica de tocar, conocida como "fobia del contacto". La prohibición se extiende no sólo al contacto directo, sino también al uso figurativo de la frase "ponerse en contacto". Así que ciertos pensamientos son prohibidos. (3) Tanto el tabú como las compulsiones tienen una notable capacidad de desplazamiento de un objeto a otro.

Un aspecto de la religión y de la salud mental que incita a pensar es la relación entre la moral y la neurosis. Un número de investigadores ha notado que los impulsos de la neurosis con frecuencia pueden causar la infidelidad en el matrimonio. Apoyando esta afirmación está la teoría de que el amor se desarrolla del egocentrismo infantil hacia una madurez dispuesta a dar y a pensar en otros. Un estudio hecho por Morton Hunt,[2] comparando un grupo de mujeres pacientes psiquiátricas con un grupo igual de mujeres normales, mostró que las mujeres del grupo anormal habían tenido seis veces más relaciones sexuales fuera del matrimonio que las normales. Los informes de los consejeros matrimoniales muestran que en casos de relaciones fuera del matrimonio por lo general los objetos de amor son inapropiados, y la terapia con frecuencia, conduce a una disminución de

---

[1] Freud, *Totem and Taboo*, págs. 37-39. Hay versión castellana: *Totem y Tabú*.
[2] Morton M. Hunt, *The Natural History of Love* (New York: Grove Press, 1959), p. 378.

atracción de la relación ilícita, con una renovación del amor y del interés en el legítimo compañero matrimonial. Podemos inferir que los impulsos neuróticos están asociados a menudo con actitudes inmorales y que las bien formadas normas morales pueden indicar un buen ajuste psicológico a la vida y sus valores.

La Nueva Cooperación

Se ha dicho que desde que se ha suscitado el conflicto existente entre la teología y la psiquiatría, la actual situación es de "coexistencia pacífica". Otro paso es necesario, de la coexistencia a una activa cooperación.

Entre los mismos psicólogos, se ha notado un cambio en la evaluación de la religión. Jung fue uno de los primeros en optar por tal actitud. Este ex discípulo de Freud era hijo de un pastor suizo, y además de haberse separado de su maestro en torno al énfasis sobre el sexo, se dio cuenta del influyente papel de la religión en la vida emocional. Jung dice:[1] "La actitud religiosa es un elemento en la vida psíquica cuya importancia apenas puede ser exagerada." También dijo: "El psicólogo debe recordar que ciertas convicciones religiosas no fundadas en la razón son una necesidad de la vida para muchas personas." En otro caso, Jung indica[2] que: "El reconocimiento por parte del médico de los factores espirituales en su verdadera luz es de vital importancia." Posiblemente la más poderosa de todas las declaraciones hechas por Jung[3] fue aquella cuando abogó por una mayor cooperación entre la psicología y la religión:

Ello es coincidente con el éxodo general de la iglesia. Citando a un pastor protestante, yo podría decir: "Hoy día las personas van a ver al psiquiatra en lugar del ministro"... Me gustaría llamar la atención, sin embargo, a los siguientes hechos: Durante los últimos treinta años, personas de todos los países civilizados de la tierra me han consultado.

---

[1] Jung, *Modern Man in Search of a Soul*, (New York: Harcourt, Brace and Co., 1933), pág. 77.

[2] *Ibid.*, pág. 224.

[3] *Ibid.*, pág. 228-229.

He tratado a muchos cientos de pacientes, la mayoría protestantes, un número menor de judíos, y no más de cinco o seis católicos fieles. Entre todos mis pacientes que ya estaban en la segunda mitad de la vida, es decir, que ya rebasaban los treinta y cinco años de edad, no ha habido uno cuyo problema en última instancia no consistiera en encontrar una perspectiva religiosa para la vida. Se puede decir con confianza que cada uno de ellos se enfermó debido al hecho de que había perdido lo que las religiones vivas de cada época han proporcionado a sus adeptos, y ninguno de ellos ha sido realmente sanado si no ha recobrado su perspectiva religiosa. Esto por cierto no tiene nada que ver con un credo particular ni membresía en una iglesia.

Además, Jung[1] dice:

> Por cierto que es oportuno para el ministro y para el psiquiatra que se unan para hacer frente a esta gran tarea espiritual... Me parece que, a la par de la declinación de la vida religiosa, las neurosis aumentan apreciablemente.

Otra indicación de que la religión y la psiquiatría se están entendiendo se encuentra en una declaración hecha y sancionada por los miembros del "Grupo para el Avance de la Psiquiatría" en julio de 1947. Esta declaración dice:

> Por siglos, la religión y la medicina han estado íntimamente asociadas. La psiquiatría como una rama de la medicina ha estado íntimamente relacionada con la religión tanto así que a veces las dos han sido casi inseparables. A medida que se desarrolló la ciencia, sin embargo, la medicina y la religión asumieron papeles diferentes en la sociedad, pero continúan compartiendo el mismo fin del mejoramiento humano. Esto también queda en pie para aquel método de la psiquiatría conocido como el psicoanálisis.
>
> Nosotros los componentes del "Grupo para el avance de la Psiquiatría", creemos en la dignidad e integridad del individuo. Creemos que la meta principal del tratamiento es el logro progresivo de su responsabilidad social. Reconocemos como de crucial significado la influencia del hogar en el individuo y la importancia de la enseñanza ética en el hogar. También reconocemos el papel importante que la religión tiene para conjugar un estado mejor tanto emocional como moral.
>
> Los métodos de la psiquiatría tienen como finalidad ayudar a los

---

[1] *Ibid.*, p. 229-31.

pacientes a lograr la salud en sus vidas emocionales a fin de que puedan vivir en armonía con la sociedad y con sus normas. Creemos que no existe conflicto entre la psiquiatría y la religión. Por lo tanto, en la práctica de su profesión, el psiquiatra competente siempre será guiado por esta creencia.[1]

Desde la perspectiva de la religión, ha habido un movimiento hacia la unión de la psicología y la religión. Después del éxito fenomenal del libro *Peace of Mind* ("Paz Mental"), escrito por el joven rabino de Boston, Josué L. Liebman, salieron a luz una cantidad de libros que fueron los preliminares de los que gozaron de amplia circulación cuyo autor es Norman Vincent Peale. Sin embargo, antes de esto existía un movimiento patrocinado por los seminarios teológicos para hacer algo en torno a la capacitación en psicología de sus ministros. El primero de tales cursos fue presentado en 1890 en el Seminario Teológico de Hartford. El interés ha ido en aumento y la mayoría de los seminarios hoy día ofrecen cursos de psicología pastoral, consejo pastoral, y una introducción a la capacitación clínica y campos similares. Muchas de estas instituciones ofrecen programas graduados de estudio y experiencia clínica que conducen a las maestrías o al doctorado en teología pastoral, consejo pastoral, psicología clínica, y orientación vocacional.

Además, hay instituciones que aceptan a los obreros religiosos para darles capacitación clínica especial. Algunas iglesias han establecido clínicas dentro de sus propios edificios, con un equipo que consiste de un psiquiatra, un psicólogo, un trabajador social, y el pastor. En otros casos, uno de los miembros del equipo ha asumido el título de "ministro consejero". Recientemente ha salido un libro para capacitar a los maestros de la escuela dominical y a otros líderes para que sean consejeros laicos.

Una parte de este trabajo ha tenido la tendencia de ser superficial, y han aparecido críticos al "culto de la confianza establecida". Sin embargo, el ministro frecuentemente tiene oportunidades inusitadas para ayudar a las personas con problemas psicológicos

---

[1] Thomas A. C. Rennie y Luther E. Woodward, *Mental Health in Modern Society* (Cambridge: Harvard University Press, 1946), pág. 254.

menores. Una encuesta reveló que 42 por ciento de todas las personas que solicitaron ayuda por causa de sus problemas emocionales, primero buscaron a su pastor. El pastor está en una posición peculiar para ayudar a las personas atribuladas. Frecuentemente él se encuentra en el escenario antes de que el problema se haya desarrollado más allá de su primera etapa; él es un visitante bienvenido en los hogares de su feligresía. Su conocimiento de la situación total del individuo lo capacita para ver problemas personales a medida que estos comienzan a manifestarse. Si él cuenta con alguna capacitación psicológica, puede referir el caso en un momento oportuno y ayudar a salvar una situación en deterioro.

La Contribución Peculiar de la Religión

Ridenour, comentando sobre el desarrollo en la relación existente entre la religión y la psiquiatría a lo largo de los últimos veinticinco años, dice que la presuposición que subyace en las muchas conferencias sobre el tema es que explorarán el terreno común existente tanto para la religión como para la psiquiatría. No obstante, lo que en verdad ocurre es que la mayor parte del tiempo el proceso se invierte tratando de demostrar lo que el ministro puede aprender del psiquiatra para ayudarlo en su contacto con las personas. Ridenour[1] hace el comentario: "Empero, curiosamente, nunca llegan a discutir aquello que la religión puede ofrecer a la psiquiatría, una omisión harto extraña."

¿Hay una contribución distintiva que la religión puede hacer a la salud mental? La encuesta extensiva que aparece en *Americans View Their Mental Health*[2] reveló que de las personas que concurrieron al despacho de un psiquiatra, menos de la mitad (46 por ciento) sintieron que fue de provecho la entrevista. Por otra parte, 65 por ciento de aquellos que recurrieron al pastor en busca de ayuda dijeron que sí fue provechosa. Con toda probabilidad el

---

[1] Nina Ridenour, *Mental Health in the United States: A Fifty-Year History* (Cambridge: Harvard University Press, 1961), pág. 91.

[2] Gerald Gurin, Joseph Veroff, y Sheila Feld, *Americans View Their Mental Health* (New York: Basic Books, 1960), pág. 319.

psiquiatra tenía casos mucho más serios que los casos que tuvo el ministro, y esto puede explicar en parte el número inferior de buenos informes. Pero la ayuda obtenida de esta relación por cierto indica que el ministro religioso tiene una contribución especial que hacer.

El examen de algunos de los medios en los cuales la religión fomenta la salud mental formará la base para la porción que sigue de este capítulo.

1. *La religión puede dar un sentido de seguridad cósmica.* En un sentido el hombre moderno tiene una soledad terrible en su corazón y necesita tener seguridad espiritual a fin de que se sienta a gusto en el universo. Si no encuentra este sentimiento de solidaridad a través de la religión, buscará desesperadamente recibir esta seguridad en cualquier otra fuente. El neurótico obsesivo, compulsivo, está tratando desesperadamente de establecer un mundo ordenado en el que no exista el temor de cualquier evento que rompa la rutina de la vida.

La teoría de Maslow de una jerarquía de necesidades enumera las necesidades fisiológicas como fundamentales. El individuo que tiene hambre, cree que solamente necesita comida, pero precisamente cuando sus necesidades físicas han sido satisfechas sus necesidades de seguridad requieren atención. Ahora está consciente de la importancia del mundo ordenado en el cual vive.

El salmista empleó dos nombres para Dios: "Jehová de los Ejércitos" y "el Dios de Jacob", la primera refiriéndose al poder soberano de Dios y la segunda llamando la atención a su cuidado del individuo. Los cristianos ven a su Dios como soberano, rigiendo los destinos del hombre. Algunos de los predicadores de antaño tenían títulos para sus sermones como "La Vida de cada Hombre, un Plan de Dios", y demostraron que el Dios Creador estaba interesado en los hombres y mujeres como individuos. Tal fe proporciona una seguridad cósmica.

2. *La religión puede proveer motivaciones para la vida.* El argumento frecuentemente planteado en contra de la religión es, — dando por sentado que el creyente tiene un sentido de seguridad

cósmica—, que el creyente, desafortunadamente, pierde sus motivaciones para vivir, está dispuesto a dejar todo en las manos de Dios, y no se preocupa de sus propias responsabilidades. El asunto ya ha sido discutido en el capítulo cinco, pero nueva luz proviene de una fuente inesperada. DeKoster[1] revela que Trotsky, un marxista, invirtió mucho tiempo durante su vida comparando el calvinismo con el comunismo como fuerzas dinámicas. Tanto los calvinistas como los comunistas tenían una seguridad poderosa en un poder más elevado que cualquier poder humano. El calvinismo ve este poder como residente en un Dios soberano, y los comunistas creen en las fuerzas dialécticas de la historia. Sin embargo, pese a esta creencia en las fuerzas inexorables, tanto el calvinismo como el comunismo, notó Trotsky, proporcionaron a sus adeptos un tremendo ímpetu para la acción.

Hay una línea de distinción tenuamente trazada entre el fatalismo y el calvinismo. Cuando Guillermo Carey abogó por la empresa misionera bautista, el anciano Ryland, demostró ser un fatalista cuando dijo: "Joven, siéntate, cuando a Dios le plazca convertir a los paganos él lo hará sin tu ayuda o la mía." Carey, un calvinista, pasó todos sus días promoviendo y trabajando en favor de la causa misionera y aportó nueva percepción a la iglesia cristiana cuando lanzó una nueva era de actividad misionera. Se ha demostrado que muy frecuentemente los "individuos del otro mundo" trabajarán fervientemente por la propagación de su mensaje en "este" mundo.

3. *La religión ayuda al individuo a aceptarse a sí mismo.* La persona neurótica no puede hacer frente a la realidad e invierte gran parte de su tiempo construyendo defensas. Frecuentemente se ha afirmado que las personas religiosas asumen una actitud de mayor santidad que las demás. Si esto hacen, están directamente en contra de las enseñanzas de la Biblia, la cual tiene mucho que decir en torno a la pecaminosidad del hombre. Jesús constante-

---

[1] Lester DeKoster, *Communism and Christian Faith* (Grand Rapids: William B. Eerdman's Publishing Co., 1962), pág. 120.

mente amonestó contra la cortina de humo religioso que cubre a las personas, y dijo: "No todo el que me dice: Señor, Señor, entrará en el reino de los cielos, sino el que hace la voluntad de mi Padre que está en los cielos" (Mt. 7:21). El punto principal de la historia de Jesús en torno al publicano y el pecador era que el fariseo que se autojustificaba estaba confiando en su demostración exterior y se estaba engañando, mientras que el publicano penitente ni siquiera podía alzar los ojos sino que dijo: "Dios, sé propicio a mí, pecador" (Lucas 18:13). La religión del publicano penitente, por medio de la cual él aceptaba sus propias limitaciones, recibió el elogio de Jesús.

Algunos estudios en psicoterapia han revelado que a medida que los sujetos progresaban en la terapia, asumían una percepción más realista de sí mismos y disminuían algunos de sus objetivos irreales. El realismo se convirtió en la meta de sus vidas; las pretensiones decayeron. La palabra "hipócrita", frecuentemente empleada por Jesús, literalmente significa actor. Posiblemente la actitud que más amenaza a la persona auténticamente religiosa es su propia admisión de indignidad, pero esta admisión debe aceptarse si es que ha de tener una experiencia religiosa satisfactoria.

4. *La religión proporciona experiencias de confesión.* Uno de los resultados de los pecadillos en la vida es la terrible sensación de aislamiento. Tratamos de guardar muy privado el asunto, pero al hacer esto nos exponemos al aislamiento, de modo que ya no sentimos unidad con nuestros semejantes. La iglesia intuitivamente ha sabido esto a lo largo de los años y ha proporcionado la experiencia confesional. La catarsis es una técnica bien conocida en la psicoterapia. Comprende la purificación de las emociones a medida que se vierte la historia y se adquiere el relajamiento. Así como Jung lo reafirmó: "Todavía continúo en mi estado de aislamiento. Sólo con la ayuda de la confesión estoy capacitado para lanzarme en los brazos de la humanidad, liberado al fin de la carga del exilio moral."[1]

---

[1] Jung, *Modern Man in Search of a Soul*, pág. 35.

Esto no constituye el abogar por la práctica confesional de la
Iglesia Católica Romana. Mowrer resume algunas de las objeciones a la confesión desde un punto de vista psicológico: (1) La confesión católica frecuentemente no es más que una formalidad vacía,
rutinaria. Un capellán católico ofreció la información de que las
confesiones duran de cuarenta segundos a tres minutos, mientras
que un observador calculó un promedio confesional de 60 segundos. (2) La penitencia dada no es psicológicamente adecuada. Evidentemente, no sólo el *Mikado** tuvo dificultades al tratar de hacer
que el castigo fuera proporcional al crimen. (3) La absolución y el
perdón son procedimientos que están en tela de juicio.

Cada una de las críticas de Mowrer,[1] se apreciará, están
relacionadas al ambiente eclesiástico y no al acto de confesión.
Bainton,[2] en su biografía de Martín Lutero, hizo resaltar lo
siguiente: "El conceptuó la confesión como útil, siempre y cuando
no estuviera institucionalizada."

La confesión asume otras formas dentro de las iglesias protestantes, y el énfasis actual en el consejo pastoral provee un vehículo
para la experiencia. El movimiento de capacitación en clínica
pastoral ha recibido más influencia del libro titulado *Client
Centered Therapy* ("Psicoterapia Centrada en el Paciente"), de
Carl Rogers que de cualquier otra escuela de pensamiento. Si bien
no siempre de acuerdo con el movimiento, Mowrer admite:[3]

"El consejo pastoral es un eufemismo para una forma no descrita de confesión voluntaria; y esto, si es debidamente empleado,
puede sin lugar a dudas ser benéfico."

---

* *Nota Editorial:* Referencia a la ópera cómica en 2 actos original de W. S. Gilbert en
la cual el principal personaje, que da nombre a la obra: *Mikado,* un gobernante de rígi-
dos principios morales, establece un decreto por el cual todo hombre sorprendido "flir-
teando" con una mujer que no fuese su esposa, sería condenado a muerte.

[1] Mowrer, *op. cit.,* págs. 194-195.
[2] Roland H. Bainton, *Here I Stand,* (New York: The New American Library of
World Literature, 1950), pág. 106. Hay versión castellana: *Lutero.*
[3] Mowrer, *op. cit.,* pág. 137.

Weatherhead[1] sugiere tres beneficios que provienen de la confesión: (1) Limpia la mente. (2) Descarga la conciencia. Las personas dirán: "Si he podido hablar con alguien sobre este asunto, y él me ha mostrado el perdón de Dios, entonces por supuesto puedo acercarme a Dios y puedo confesarme con él." (3) Termina con la soledad del fingimiento. Dentro de la confesión puede quitarse lo exterior de las defensas, y los canales son abiertos, a fin de que el fingimiento aislador sea derrumbado.

Distintivamente una parte de la tradición religiosa, la confesión puede ser de gran valor psicológico para el individuo.

5. *La religión estabiliza en momentos de crisis.* Boisen, en su estudio *Religión en Crisis and Customs* ("La Religión en las Crisis y Costumbres Sociales"), revela que los períodos de crisis son característicos del crecimiento normal. Aun en el desarrollo rutinario de las experiencias de la vida, al llegar a la mayoría de edad, al casarse, el nacimiento de los hijos, la senectud, las aflicciones y la muerte, todas constituyen crisis. De manera significativa, la mayoría de estas experiencias de crisis tienen asociaciones con algunos ceremoniales religiosos, y la religión y la crisis parecen estar de alguna manera relacionadas.

Los períodos de crisis tienen la tendencia de fomentar un despertar religioso. En períodos normales los hombres quizá no se preocupan por pensar seriamente, pero los momentos de crisis traen una nueva intensidad. Los períodos de crisis tienen dos posibilidades, el formar o destruir a un individuo. Las convicciones religiosas ayudan al manejo constructivo de la crisis.

Boisen nota la relación del fervor religioso con las dificultades de la vida. Durante los años de la catástrofe económica subsiguientes al año 1929, se anticipó que habría un aumento en el número de personas que serían admitidas a manicomios, pero el único aumento provino de factores económicos que impedían a las personas mantener a los enfermos mentales y que por lo tanto necesitaron ser internados en el hospital. Por otra parte, las sectas de

---

[1] Leslie D. Weatherhead, *Prescription for Anxiety* (New York: Abingdon Press, 1956), págs. 70-76.

santidad aumentaron con gran rapidez, y el número de personas afiliadas a grupos radicales se triplicó. Las feligresías de estas iglesias generalmente procedían de las clases económicamente poco privilegiadas, y las iglesias no se esforzaron por cambiar el sistema económico al lanzar cruzadas sociales sino que intensificaron su interés en la curación del individuo.

6. *La religión provee un compañerismo terapéutico.* Johnson[1] ha desarrollado su idea de las dimensiones de la personalidad y habla de la relación yo-mi de mente y cuerpo, la relación del yo-cosa del individuo con su ambiente, la relación del yo-nosotros de la vida comunal, y de la relación yo-Tú de un hombre con su Dios. La vida es un haz de relaciones, y en la relación yo-nosotros de la vida comunal se encuentra una manifestación de la necesidad del hombre por la comunidad.

La vida comunal ayuda al individuo. Le proporciona un sentimiento de pertenencia; le ofrece protección de amenazas tanto reales como ficticias; le obliga a reducir sus deseos egoístas mientras que al mismo tiempo aumenta la estimación por sí mismo. En su participación con el grupo el individuo se descubre a sí mismo.

Pero el hombre moderno fácilmente pierde su sentido de relación y puede perderse por calles atestadas de gente y llenas de un terrible sentimiento de soledad. Jung ve la represión como el mecanismo por medio del cual el individuo tiene un secreto psíquico que lo aisla de sus compañeros. La religión viene con un mensaje de comunión y de comunidad. Después del día de Pentecostés, los cristianos: "perseveraban en la doctrina de los apóstoles, en la comunión unos con otros, en el partimiento del pan y en las oraciones" (Hch. 2:42). Y juntamente con estas experiencias religiosas vitales el escritor coloca el compañerismo. La palabra griega *koinonía* literalmente significa, "teniendo en común" o, "compartiendo". La iglesia moderna con su énfasis en los pequeños grupos de su organización educativa, ayuda a juntar y a unir a las perso-

---

[1] Paul E. Johnson, *Personality and Religion* (New York: Abingdon Press, 1957), págs. 232-258.

nas las unas con las otras, proporcionando al individuo tanto un sentido de significado como una oportunidad de servicio.

Comprensión

En muchos sentidos Sigmund Freud fue un espíritu turbulento no solamente crítico de la religión, sino beligerante hacia cualquier colega que no compartiera su ideología, tal y como se revela en sus conflictos con antiguos colegas como Adler y Jung. Sin embargo, existía una amistad de la cual poco se oye hablar, y sobre la cual dice Jones:[1] "Duró sin una nube hasta el fin de su vida." El compañero en esta amistad era un clérigo suizo, Oscar Pfister. Freud se dirigía a él como "amado hombre de Dios" y tuvo con él una correspondencia muy frecuente.

Algunas de estas cartas revelan el otro lado a la actitud de Freud para con la religión, como cuando dice:

> Por sí mismo el psicoanálisis no es ni religioso ni contrario a la religión, sino un instrumento imparcial que puede servir tanto al clérigo como a los laicos cuando es usado para liberar a las personas que sufren. He estado muy sorprendido al darme cuenta cómo nunca había pensado en esta extraordinaria ayuda que el método psicoanalítico puede representar para el trabajo pastoral, probablemente porque herejes perversos como nosotros nos encontramos tan distantes del círculo.[2]

Quizás hay una nota de melancolía en la declaración de Freud: "Desde un punto de vista terapéutico yo sólo puedo envidiar su oportunidad de traer la sublimación a la religión."[3]

La amistad de estos dos hombres puede ser una parábola del acercamiento. El espíritu de comprensión de Pfister atrajo a Freud, y desde sus ambientes tan diferentes se movieron hacia una posición de respeto mutuo y lograron una excelente relación de confraternidad. Los sistemas de la religión y el psicoanálisis son afines. A medida que aprendan a respetarse, podrán unirse para el mejoramiento de la humanidad.

---

[1] Jones, *op. cit.*, II, pág. 46.
[2] *Ibid.*, pág. 440.
[3] *Ibid.*, pág. 458.

10

LA CULPABILIDAD: EL AGUIJON DE LA VIDA

¿Qué es?

Una fuerza amistosa motivadora que emana del sistema más delicado e intrincado que funciona dentro de la personalidad humana, aguijoneando suavemente a un individuo hacia su potencial más elevado.

O:

¿Un irritante que corroe, estropea, y debilita constantemente a su víctima hasta convertirla en un inválido emocional?

La culpabilidad puede ser considerada de cualquiera de estas dos maneras.

Además, éste probablemente es el punto más significativo en el cual concuerdan tanto la religión como la psicología.

Pocos eventos en la peregrinación terrenal del hombre son más misteriosos y perturbadores que sus experiencias de culpabilidad. Freud confrontó la dificultad y habló de la culpabilidad como "el problema más importante en la evolución de la cultura".[1] Según observó Reik, la cosa verdaderamente sorprendente es que se ha hecho tan poco para investigar y entender el problema. El resultado ha sido que muchas ideas antiguas que habían sido transmitidas y perpetuadas necesitan una reevaluación crítica.

---

[1] Sigmund Freud, *Civilization and Its Discontents* (London: Hogarth Press Ltd., 1951), pág. 123. Versión castellana, ver: Freud, *Obras Completas* (Biblioteca Nueva).

SISTEMAS DE PERSONALIDAD

Sistema	Término Freudiano	Cómo se Desarrolla	Principio	Funciones	Origen	Término Escriturario	¿Consciente?
Impulsos no regulados (pasión)	Id	Esfuerzos instintivos	Placer	Búsqueda del placer Amor (Sexo) Odio (Agresión)	Herencia biológica	"Carne" Gá. 5:24 "Viejo hombre" Col. 3:9 "Corazón" Marcos 7:21	Inconsciente
Sistema de Valores Sub-sistemas El Ego Ideal	Superego	Influencia de padres, maestros, etc.	"Debes", "No"	*Moral o Judicial* 1. Inhibe impulsos no regulados 2. Persuade al ego a aceptar metas morales 3. Se esfuerza por la perfección.	Herencia Social	"Conciencia" Hechos 23:1	Parcialmente consciente y parcialmente inconsciente
Ego o Yo	Ego	Contacto con la realidad. Cultivo del habla. Aprender a tolerar la demora.	Realidad	*Ejecutivo* Decidir entre (1) tensiones de impulsos no regulados (2) demandas del sistema de valores (3) realidad de la situación	Amanecer o despertar de la conciencia	"Hombre interior" Ef. 3:16	Consciente

Una de las maneras más convenientes de dar cuenta de las fuerzas que están dentro de la personalidad es ver un sistema de verificaciones y balances que comprenden el id, el ego, y el superego. Las ideas generalmente aceptadas de estos sistemas están marcadas en el esquema o cuadro que acompaña este capítulo.

Enfrentándose con un dilema similar al del teólogo que discute la Trinidad cuando dice que Padre, Hijo, y Espíritu Santo son un solo Dios, el psicólogo ha hecho la misma insistencia en la unidad esencial de los sistemas de personalidad. El concepto está resumido en la declaración: "Donde estuviere el id allí estará el ego."

Entonces, el sistema básico es el id o los impulsos no regulados. Desde hace mucho la psicología bíblica se ha referido a esta parte primitiva de la personalidad como "el viejo hombre" o "carne", y Pablo, perturbado, observó: "En mi carne no mora el bien" (Romanos 7:18). Hasta el antirreligioso Freud se une en esta consideración cuando acuñó el término id, literalmente "ello", y dice: "El psicoanálisis aquí confirma lo que los piadosos titubeaban en decir: que todos nosotros somos pecadores miserables."[1]

Las fuerzas del id son los impulsos instintivos y no regulados que tienen como objetivo el placer y que son herencia biológica de la personalidad. El gobernar estas fuerzas será un problema que perseguirá a los humanos durante toda su vida.

A medida que el niño crece y se desarrolla, los tres aspectos intrapsíquicos —id, ego, y superego— llegan a ser más significativos. En los extremos están el id que busca el placer primitivo y el superego que representa el sistema de valores o la conciencia. Entre estos dos está el sistema ejecutivo del ego o el yo que toma las decisiones.

Como lo sugirió Stein estos son aspectos pasionales, racionales y morales de la personalidad.

Estos aspectos intrapsíquicos de la personalidad están relacio-

---

[1] Sigmund Freud, *Totem and Taboo*, pág. 94. Hay versión castellana: *Totem y Tabú* (Alianza).

nados con las experiencias interpersonales según han sido expuestas por Ackerman en su concepto de homeodinámica. El presenta su posición de la siguiente manera: "El equilibrio intrapsíquico no puede separarse del equilibrio interpersonal; y, en cualquier instante, la personalidad está orientada simultáneamente a una experiencia interior y exterior. Cada dirección de orientación influye continuamente en la otra. La estabilidad y el crecimiento de sí mismo deben ser vistos como fundamentalmente ligados a la estabilidad y al crecimiento de las relaciones interpersonales."[1]

El proceso del crecimiento de las relaciones interpersonales comienza cuando el individuo se concentra en sus experiencias de socialización y está gráficamente ilustrado por los eventos en la vida temprana de Helen Keller.

La palabra "agua" estaría grabada indeleblemente en la mente de Helen Keller. En años posteriores frecuentemente recordaría la escena junto al pozo fragante de madreselva en Tuscumbia, Alabama. A medida que el agua fría fluía por la mano de Helen, que entonces tenía seis años, los dedos ágiles de la maestra marcaban las letras de la palabra "a-g-u-a" y más tarde recordó la manera en que el misterio del lenguaje le fue revelado cuando reconoció que a-g-u-a simbolizaba algo fresco que fluía por su mano.[2] Dijo: "Esa palabra viviente despertó mi alma, le dio luz, esperanza, gozo, la liberó."

Las palabras ahora tenían significado para ella. Anteriormente había luchado por aprender una serie de letras sin sentido; ahora ella las combinaba en palabras que representaban algo. Aprendió más palabras aquel día, tantas que más tarde no podía recordar cuantas: "yo sé que mamá, papá, hermana, maestra estaban entre esas palabras que iban a hacer que el mundo floreciera para mí, como la vara de Aarón floreció."

Estas palabras hicieron que "el mundo floreciera" porque

---

[1] Nathan W. Ackerman, "Family Therapy" Silvano Arieti, Ed., *American Handbook of Psychiatry* (New York: Basic Books, 1966, Vol. III), pág. 203.

[2] Helen Keller, *The Story of My Life* (New York: Doubleday, Doran and Company, Inc., 1933), pág. 23. Hay versión castellana: *El Mundo Donde Vivo* (Piragua).

eran palabras de relación. Es muy significativo que el castigo máximo en una prisión es el aislamiento completo y la más grande agonía del hombre que está confinado allí, no es tanto el pan y el agua, cuanto el aislamiento y la separación de sus semejantes. Las relaciones siempre tendrán que ser un punto principal cuando la personalidad humana está bajo consideración.

Las relaciones han sido destacadas por Harry Stack Sullivan cuando define la personalidad como: " . . . el patrón relativamente permanente de las situaciones interpersonales recurrentes que caracterizan una vida humana." No es de sorprenderse que la teoría de Sullivan haya llegado a ser conocida como una "teoría interpersonal de la personalidad".[1]

Este proceso de socialización puede expresarse gráficamente de la manera siguiente.

	PLACER (Infancia)	Auto-Conciencia	Antagonismo (2-6 años)	Renuente Aceptación (7-11 años)	Interrogante (11-12)
N A C I M I E N T O	ID	ID-Ego	ID-Ego-S	I-E-S	I-E-S
	Sociedad indulgente	Sociedad Amplificante (Padres Familia)	Sociedad Restrictiva (Padres "No")	Sociedad Demandante (Iglesia Escuela Familia "(Debes"))	Sociedad Interiorizada ("Tienes que")

I - ID

E - Ego

SE - superego, conciencia, o sistema de valores

[1] Calvin S. Hall y Gardner Lindzey, *Theories of Personality* (New York: John Wiley and Son, 1957), pág. 34. Hay versión castellana: *Teorías de la Personalidad.*

El papel de la sociedad en el crecimiento y desarrollo de la personalidad se ve a medida que las demandas de la sociedad son finalmente internalizadas en donde funcionan como el superego, el sistema de valores, o conciencia. En términos de una definición, conciencia es "la voz interiorizada de una sociedad idealizada". El superego o conciencia es considerado de diferentes maneras.

(1) El estudiante de psicología de la religión encuentra poca ayuda cuando se vuelve a los teólogos que frecuentemente son escépticos. Dicen que es notoriamente indigna de confianza y que a la conciencia debe suministrársele información correcta de parte de una fuente más elevada. Puede ser cauterizada, mal manejada, o mal informada al grado que como una brújula descompuesta por la proximidad de un imán da una información errónea. Consecuentemente, la conciencia es una interesante pero indefinida y veleidosa función de la personalidad.

(2) Por otra parte muchos psicólogos son igualmente escépticos. Algunos dicen que la conciencia con sus normas arcaicas y perfeccionistas hacen del ego un prisionero dentro de los confines de la propia personalidad del individuo, ejerciendo un dominio tiránico del cual frecuentemente el único escape es la neurosis y la psicosis. Para estos expertos, la conciencia es un accesorio peculiar y primitivo de la personalidad. Es comparable a la relación del apéndice del cuerpo y, como aquel, necesita ser neutralizado para prevenir un desequilibrio psíquico mucho más peligroso que un apéndice roto complicado con peritonitis. Algunas de las sugestiones que usan los freudianos en su obra terapéutica incluyen:

* "Modificar los controles inapropiados del superego de manera que el paciente con menos conflicto y ansiedad . . . pueda perseguir con éxito metas eróticas."[1]

* "Modificar el superego y reducir su severidad."[2]

[1] L. Salzman y J. Masserman, *Modern Concepts of Psychoanalysis* (New York: Citadel Press, 1962), pág. 38.

[2] Percival M. Symonds, *Dynamics of Psychotherapy* (New York: Grume and Stratton, 1954), II, pág. 396.

* "Liberar al individuo, tan completamente como sea posible, de los valores, actitudes, esfuerzos y defensas anacrónicas."

Estos indican claramente el prejuicio freudiano contra la conciencia.

(3) Un tercer punto de vista de la conciencia dice que es el aspecto más sano y creativo de la personalidad y que ayuda a los hombres a lograr sus más altas posibilidades. Esta es la perspectiva de la teorización de O. Hobart Mowrer, la cual considera a la conciencia no sólo como sorprendente por su poder, sino persuasiva en su influencia, que recompensa por la cooperación, y que impone castigos por la indiferencia. La conciencia nos convierte en personas reales, capaces de alcanzar posibilidades elevadas, dice este punto de vista, al demandar una reexaminación del pasado perdido, pensando en esta mal interpretada función de la personalidad.

El dilema de la persona auténticamente religiosa está dramatizado en la experiencia de Anton T. Boisen quien toda su vida trabajó para armonizar los puntos de vista de la religión y de la psicología.

Se enfrentó con este problema en su vida personal. Preocupado con un problema sexual, mientras estaba hospitalizado por causa de su episodio psicótico, trató de hablar con el médico acerca de su caso. Describe su experiencia de la siguiente manera:

> Aquel hospital particular, sostenía el punto de vista organicista. Los médicos no creían en hablar con sus pacientes acerca de sus síntomas, los cuales ellos suponían que estaban arraigados en alguna dificultad orgánica no descubierta todavía. El tiempo más largo que me concedieron fue de 15 minutos durante los cuales el simpatiquísimo joven médico, me *indicó que uno no debe tener demasiado tirantes las riendas al tratarse del instinto sexual. El dijo que debería dársele rienda suelta a la naturaleza.*[1]

En su reticencia para aceptar la teorización organicista o amoral, Boisen fue llevado a una perspectiva completamente diferente. Mirando en forma retrospectiva la experiencia de la

---

[1] Anton T. Boisen, *The Exploration of the Inner World* (New York: Harper and Brothers, 1936), pág. 5.

vida, en su autobiografía dice: "La tendencia en la actualidad de buscar la solución al perturbante impulso sexual rebajando el nivel de la conciencia y considerando el sexó como un deseo natural que ha de ser satisfecho a la ligera, es algo que me parece un error muy grave."

Llegó a la conclusión de que la enfermedad mental era en realidad una desorganización del mundo del paciente. Un credo ético ofrecido por Boisen en el vigésimoquinto aniversario de la conferencia del Concilio de preparación clínica pastoral en 1950, sintetizó sus convicciones.

"Creo que el mal real en las enfermedades funcionales mentales, no se encuentra en el descontento con las imperfecciones de uno, aun cuando ese descontento sea llevado hasta el punto de producir una perturbación severa, sino en el sentido de enajenación y aislamiento debido a la presencia de los instintos, que ni pueden ser controlados ni reconocidos por temor a la condenación."[1]

La representación de la "dinámica" de la neurosis concebida por Freud se describe en términos de un superego o conciencia "hipertrofiados" que supuestamente sitian al ego y lo toman cautivo. Entonces el superego fuerza al ego a rechazar las demandas del id para una expresión o satisfacción de sus demandas instintivas. El resultado es que se construye una especie de "telón de acero" entre el ego y el id y se dice que la disociación o "represión" está en su fuerza. La neurosis propiamente hablando ("ansiedad") consiste en el "peligro inconsciente" con que la fuerza del id tenga éxito en atravesar esta "muralla" para abrumar al ego; y un gasto constante y desvitalizador de energía por el ego es necesario para conservar sus "defensas".

Pero hay otra interpretación modificada de la condición llamada neurosis. En ésta se supone que el ego es tomado cautivo, no por el superego, sino por el id, y que es ahora la "voz de la conciencia", la que es rechazada y desasociada. Así, pues, la "ansie-

---

[1] Anton T. Boisen, *Out of the Depths* (New York: Harper and Bros., 1960), pág. 197.

dad" se origina, no por causa de un amenazado retorno de las energías reprimidas del id, sino por causa de los embates y la ira no atendidos de la conciencia. Aquí se supone que no hay ninguna diferencia en el "tamaño" o fortaleza de estos tres aspectos de la personalidad, a menos que sea el ego el que en alguna forma está debilitado y sugdesarrollado.

El propósito de la psicoterapia no es deshacerse del conflicto rebajando el nivel de la conciencia, sino remover el sentido de alienación restaurando el paciente al compañerismo interiorizado de lo mejor y de esta manera liberándolo para tratar de alcanzar sus verdaderos objetivos en la vida.

Mowrer prestó su apoyo a este concepto en su teoría sobre la ansiedad. Este psicólogo presenta su posición de la siguiente manera: "En esencia, la teoría freudiana sostiene que la ansiedad viene de los malos deseos, de los actos que el individuo cometería si se atreviera. El punto de vista alternativo que aquí se propone es que la ansiedad no viene de hechos que el individuo cometería pero que no se atreve, sino de hechos que él *ha cometido*, pero que desea no haberlos cometido. En otras palabras, es una "teoría de culpabilidad", de ansiedad más bien que una "teoría de impulso".[1]

Una de las áreas inexploradas de la culpabilidad está en sus aspectos inconscientes. La expresión común es "sentimientos de culpabilidad" la que supone que una persona culpable se sentirá culpable. Puede ser que esta sea la clave del problema al evaluar la culpabilidad.

Mientras se dice que Freud generalmente popularizó el concepto del inconsciente, hay un área de funciones inconscientes que lo dejó perplejo. En una comunicación a Reik, Freud observó: "La obscuridad que todavía cubre los sentimientos de culpabilidad inconscientes no parece ser iluminada por ninguna de las discusiones acerca de ellas. La complicación solamente aumenta."

Mediante un examen del concepto: "psicoeconómico" puede haber alguna claridad en el asunto.

---

[1] O. Hobart Mowrer, *The New Group Therapy* (Princeton: D. Van Nostrand Co., Inc., 1964), pág. 184.

224 PSICOLOGIA Y RELIGION

La palabra culpa tiene una raíz significativa. Originalmente era el pago de una multa por una ofensa. En una conferencia de Terapia de Integridad un rabí señaló que en yiddish la palabra "gelt" significa "dinero". De la culpabilidad dice Tournier: "Está escrita en el corazón humano: todas las cosas tienen que pagarse."[1]

Muchos modelos han sido escogidos para representar las operaciones de la mente pero una consideración de la raíz que significa culpa sugiere que cualquier discusión de este factor en la personalidad podría centrarse más lógicamente en una consideración de lo psicoeconómico. El síntoma que se presentó en una mujer fue despilfarrar el dinero, y las personas afectadas frecuentemente dirán: "Cuando me siento mal salgo y compro algo." Pero muchos pagos de culpa son mucho más sutiles que esto y pueden tomar diferentes formas.

Los pagos de la culpa son con frecuencia hechos sin querer. Aunque es ampliamente aceptado que los impulsos no regulados obran en un nivel inconsciente, con frecuencia se pasa por alto el hecho de que el superego o conciencia puede también funcionar bajo el nivel de lo consciente. Sin embargo, algunos psicoanalistas han observado la actividad inconsciente del superego. Generalmente la culpa inconsciente es pasada por alto y en consecuencia sus síntomas son mal interpretados.

Quizás, en parte, porque yo era niño durante el tiempo de la gran depresión, es que soy muy cuidadoso con mi dinero. Algunos de los que me conocen probablemente no vacilan en llamarme "tacaño". Probablemente sorprenderá a mis críticos saber que por un período de años yo regularmente regalé sumas de dinero. El cajero de nuestra empresa me llamó para preguntarme acerca de mi hijo que hacía mucho se había casado y ahora tenía una hija. Bajo nuestro seguro de salud, las deducciones del salario habían sido hechas para cubrir gastos médicos, aunque su matrimonio había nulificado para él estos beneficios. Inmediatamente reclamé un reembolso, pero la compañía declinó devolver el dinero pagado.

---

[1] Paul Tournier, *Guilt and Grace* (London: Hodder and Stoughton, 1962), pág. 176.

Fácilmente puede imaginarse mi consternación interior. Durante años yo había pagado de mi dinero, ignorante de mi generosidad inadvertida. Sencillamente no me daba cuenta de que estaban haciéndose los pagos.

La culpabilidad inconsciente es un proceso constante de pago. Como el hombre de negocios descuidado cuyos bienes son disipados, nosotros podemos estar completamente inconscientes del costo de la culpa no resuelta. Esta es otra razón por la cual los *sentimientos* de culpabilidad no son verdaderamente tan importantes como popularmente se sostiene. Podemos estar sujetos a una culpabilidad inadvertida, la cual como los astutos asaltantes del desierto, vendrá arrastrándose cuando menos se le espera y se mostrará en una multitud de maneras teniendo muy poco parecido a los factores originales causales.

La dinámica de formación del síntoma es compleja, pero hay cierta racionalidad en la mayor parte de los síntomas. Boisen observó esto al quedarse perplejo por las alucinaciones, y dijo: "Las voces y otras alucinaciones indican una agitación en los niveles más profundos de la vida mental, algo que en sí mismo puede ser tanto provechoso como destructivo. Su significado principal está en lo que pueden revelar en cuanto a las tendencias y las actitudes interiores. Lo que dicen las voces es siempre una cuestión importante, no el mero hecho de escuchar las voces."[1]

De manera significativa un escritor se ha referido a los síntomas como "la voz amplificada y desfigurada de la conciencia" con la inferencia obvia de que el síntoma es un mensajero o, en términos psicoeconómicos, un pago por fallar en vivir de acuerdo a los valores personales.

La dinámica de la formación del síntoma puede ser bosquejada de la manera siguiente:

El individuo está en un estado de tensión entre su conciencia y sus impulsos no regulados. Mientras vive de acuerdo con los valores que se ha propuesto, es simbólicamente uno con sus semejantes. Pero una vez

---

[1] Boisen, *Exploration of the Inner World*, págs. 56-7.

que falla en vivir de acuerdo con estos valores, simbólicamente se separa de su sociedad. La acción es interiorizada por la represión y la experiencia indigna en el inconsciente produce los síntomas.

La persona que se siente "demasiado culpable"

En cualquier discusión concerniente al papel de la culpabilidad de la experiencia humana una pregunta se hace con regularidad monótona: "¿Qué pasa con la persona que se siente demasiado culpable y se preocupa por multitud de cosas pequeñas y triviales? ¿Es esta culpabilidad saludable? ¿No debería hacerse algo para reducir esta fuerza destructiva?"

Generalmente se usa la palabra escrupulosidad para describir a una persona que se obsesiona con asuntos de poca importancia y quien frecuentemente se siente anonadada por sentimientos de indignidad. Vistos con frecuencia en los círculos religiosos, los individuos escrupulosos se destacan como ejemplos de uno de los más desafortunados aspectos de la experiencia religiosa y de la falsa culpabilidad que engendra.

La señora Wilson, una viuda que estaba luchando para sostener a sus tres hijos, viene buscando consejo de su pastor. Está preocupada y ansiosa. Tiene una entrada muy insuficiente, y ella cree que su contribución a la iglesia es demasiado pequeña. Pero es imposible para ella dar más y como resultado permanece en un estado de agitación.

El pastor le indica la pequeñez de su entrada de dinero y le muestra sobre la base del porcentaje que su dádiva es más que favorable comparada con la de otros. Finalmente la convence de que en realidad no hay razón para que ella se sienta de esta manera, y evidentemente el problema se resuelve.

A la siguiente semana la señora Wilson vuelve a la oficina de la iglesia nuevamente. Avergonzada y con la apariencia de un criminal sorprendido *in fraganti*, cuenta lo que sucedió el último domingo cuando su hija de diez años cortó algunas flores del jardín que hay frente al templo. El pastor se sonríe bondadosamente, encomia su honestidad, y recuerda el fruto que él robó en su infancia. El indica que esto no lo convirtió en un criminal habitual. Después de una oración a Dios en favor de la señora Wilson, ésta sale con una sonrisa seráfica.

Diez días más tarde vuelve a decir cuán preocupada está porque su trabajo le toma tanto tiempo que ella no puede aceptar la invitación de la comisión de candidaturas para enseñar una clase de la escuela dominical. Desde que rehusó, no ha podido dormir y está en un constante estado de ansiedad. Una vez más el pastor toma el tiempo necesario para ayudarle a ver que no hay una base real para su preocupación y de esta manera le trae alivio a su espíritu afligido.

Pero esto es solamente temporal. La señora Wilson continúa apareciendo periódicamente en la oficina del pastor para confesarle su falta de fe, sus creencias impropias, o su morosidad en el servicio religioso. El ministro finalmente se encuentra evadiendo a esta persona que siempre está preocupada.

En la superficie, la señora Wilson es una alma sensible cuyas normas son tan elevadas que permanecerá sintiéndose siempre culpable. La única evidente solución al dilema es trabajar para reducir el sentido de culpabilidad de la señora Wilson de manera que pueda llevar una vida normal.

Pero observándola más de cerca la señora Wilson puede mostrar otro aspecto de su experiencia. Evidentemente el mismo modelo y el ejemplo de un deseo de hacer lo bueno, puede ser que ella esté valiéndose de una defensa elaborada para cubrir su verdadera culpabilidad. Una mirada crítica a otras áreas de la vida de ella, probablemente mostrará que hay algo verdaderamente grande acerca de lo cual la señora Wilson es culpable, y toda su ansiedad acerca de las minucias de su vida, es realmente un exagerado encubrimiento.

Un estudiante vino a mi oficina para hablar. Lo había encontrado en la biblioteca donde él estaba llamando la atención a uno de los empleados acerca de un libro que había sido dañado y estaba hablando de la irresponsabilidad de los estudiantes quienes mutilan los materiales. Observando que yo había llegado, me preguntó si podría hablar conmigo y concertamos una entrevista. Sentado en mi oficina dijo que quería ser franco conmigo y decirme que durante el último semestre él había informado de la lectura de un libro en el curso que yo estaba dictando, pero que ahora deseaba confesar que en realidad no lo había leído sino simplemente lo había hojeado.

Lo estimulé para que continuara hablando. Luego compartí con él una experiencia de fracaso en mi propia vida. Después de un breve silencio me contó la historia de una seria irresponsabilidad personal. La preocupación acerca de un libro mutilado de la biblioteca y de un informe inexacto de la lectura de un libro, era una evasión elaborada. Detrás de la fachada de su preocupación por otros asuntos estaba su verdadera culpabilidad.

En ambos casos, como un pájaro que finge tener una ala rota para alejar de sus polluelos al intruso, los sujetos están diciendo: "Miren qué buena persona soy, me preocupo por todas estas cosas pequeñas."

Esta piedad y preocupación evidente pueden ser el fingimiento y el subterfugio más molesto de todos.

Cualquier intento de ayudar a la señora Wilson o al estudiante tratando de reducir la evidente culpabilidad, también se dilatará el poner los pies del sufriente en el camino a la franqueza, a la actividad, y a un ajuste adecuado a la vida.

El Secreto Patogénico

El psiquiatra canadiense Ellenberger en su libro *The Pathogenic Secret and Its Therapeutics* ("El Secreto Patogénico y Su Curación"),[1] ha reunido un caudal de evidencia de la literatura, de la religión, de la medicina y de la psicoterapia para mostrar el peligro de los secretos que llegan a ser infecciones putrefactas dentro de la psiqué humana.

En los primeros párrafos de su tema, Ellenberger dice: "El

---

[1] Henri F. Ellenberger, *The Pathogenic Secret and Its Therapeutics, Journal of History of the Behavioral Sciences*, Vol. II, No. 1, Jan. 1966.

efecto patogénico de un secreto que preocupa grandemente al que
lo lleva, ha sido conocido desde tiempos inmemoriales, así como la
acción sanadora de la confesión bajo ciertas circunstancias . . . Las
manifestaciones del secreto patogénico pueden variar mucho de un
individuo a otro. Se han conocido casos en que pueden producir la
muerte en una forma dramática acompañada de síntomas físicos a
menos que a último momento la confesión produzca una curación
inmediata casi milagrosa; Aldenhowen ha publicado recientemente un ejemplo notable de este fenómeno en Alemania. "Mucho más frecuentemente el secreto patogénico toma el aspecto de
una neurosis crónica, la cual según el lugar y el tiempo puede llamarse melancolía, neurastenia, histeria o aun psicosis. Con
frecuencia toma la forma de una conducta irracional o excéntrica."
    Ellenberger sacó mucho de su evidencia de C. G. Jung quien
claramente ha establecido su posición en *Modern Man in Search
of a Soul* ("El Hombre Moderno en Busca del Alma"). "Tan
pronto como el hombre fue capaz de concebir la idea pecado, recu-
rrió al encubrimiento psíquico, o, dicho en lenguaje analítico, se
originaron las represiones. Cualquier cosa que está oculta es un
secreto. El conservar los secretos actúa como un veneno psíquico
que separa al poseedor de la comunidad . . .
    No importa cuán benéfico sea un secreto, tal vez compartido
con algunas personas, un secreto meramente privado tiene un
efecto destructivo. Se asemeja a una carga de culpabilidad que
separa al infortunado poseedor de la comunión con sus semejantes.
Sin embargo, si nosotros estamos conscientes de lo que escondemos,
el mal hecho es decididamente menor que si nosotros no sabemos
que es lo que estamos reprimiendo —o cuando ni siquiera sabemos
que tenemos represiones. En el último caso no sólo se conserva
conscientemente privado el contenido, sino que lo escondemos de
nosotros mismos. Luego se separa de la conciencia como un
complejo independiente que conduce a una existencia separada en
el inconsciente, donde ni puede ser corregido ni se puede hacer
nada con él por medio de la mente consciente. De esta manera el
complejo es una porción autónoma de la psique, la cual, como lo

ha mostrado la experiencia, desarrolla una vida fantástica y peculiar en sí misma."[1]

Aunque un investigador como Jourard ha hecho una buena investigación de la franqueza, ha quedado para Mowrer el presentar el caso probablemente más francamente que cualquiera otra persona. En su tema: "Reconocimiento clínico retardado del secreto patológico", Mowrer ha dado un brillante sumario de los peligros de la decepción, y ha señalado las razones por las cuales tal engaño puede ser defraudante y patogénico. Dice:

"1) Como ya se ha observado, el engaño crea para su perpetrador un peligro objetivo de ser "descubierto" y una aprehensión subjetiva correspondiente.

"2) Confunde y desvitaliza, por cuanto el mentiroso tiene que gastar mucho tiempo recordando lo que le ha dicho a alguien, si no quiere denunciarse solo. Abraham Lincoln dijo que la razón por la cual él no decía mentiras, era que si uno hablaba la verdad no tenía que gastar tanto tiempo recordando lo que había dicho.

"3) El engaño lo saca a uno de la comunidad, por cuanto uno no puede tener intimidad ni acercamiento ni franqueza con los demás. Los seres humanos necesitan esta clase de intimidad y sin ella tienen miedo y se sienten solitarios. En otras palabras el engaño fomenta la *alienación*.

"4) El sentido de identidad de uno está relacionado a cómo nos presentamos o nos representamos. Si por medio de la mentira, nos identificamos mal con otros, nosotros mismos podemos llegar a ser confundidos en cuanto a "quienes somos". Aunque puede haber otras razones para una *crisis de identidad* (la cual Erikson ha sugerido que sustituyamos por el ambiguo término "neurosis") el engaño es con frecuencia un factor principal en tal condición.

"5) Puesto que la motivación primaria del engaño es el deseo de obtener recompensas no merecidas y evitar castigos merecidos, este tipo de conducta evita que uno dialogue realística y

---

[1] C. G. Jung, *Modern Man in Search of a Soul* (New York: Harcourt Brace and Co., 1933), págs. 31, 32.

apropiadamente acerca de sus acciones. En otras palabras, según se indicó anteriormente en este estudio, el engaño comprende *aprender cómo no aprender*— o por lo menos, cómo no aprender un comportamiento socialmente aprobado, lo que a la larga se traduce en una conducta autodestructiva. En la práctica del engaño uno está, en un sentido muy real, *destruyendo* su "mente"; y puede ser que no pase mucho tiempo sin que el "mentiroso habitual" comience a sentir (y otros se sientan inclinados a estar de acuerdo), que la está *perdiendo*. Expresando el asunto epigramáticamente, uno tiene que "abrirse" para *crecer*.

"6) El engaño no solamente produce temor de ser "descubierto"; sino que también en la persona bien socializada, produce *culpabilidad,* es decir, una persona así, si miente y no se "corrige", llega a sentir remordimiento de conciencia. Es decir, la conciencia llega a ser un constante "tormento"; y para disminuir este dolor, la persona puede hacerse alcohólica o drogadicta o puede conscientemente repudiar a la conciencia, dando por resultado entonces que la represión automática de esta parte de la personalidad total se haga permanente. Bajo estas condiciones los secretos no descubiertos llegan a ser vivamente "patogénicos" con síntomas de formación, desplazamiento, etcétera, (pero en el sentido indicado previamente en este estudio, más bien que en la manera presentada por la teoría clásica psicoanalítica).

"7) Finalmente y de manera menos espectacular, pero no por eso menos importante, el engaño de un individuo hace que otros pierdan la confianza en él. El tener la confianza de otros es un privilegio precioso, y la tentación de practicar una conducta engañosa debe ser pesada cuidadosamente antes de ceder a ella."

Aunque puede ser involuntariamente hecho, la mayor parte de las formas de la psicoterapia confirman la idea del secreto patogénico, y hacen un intento de proveer experiencias de revelación de sí mismo para los clientes perturbados. Estas formas difieren radicalmente en cuanto a lo que debe ser revelado, a quien, y la razón fundamental que subraya la revelación de las propias experiencias.

Esta puede ser una de las pocas áreas en las cuales hay un terreno común entre la psicoterapia y la religión.

La religión, en casi todas sus formas, en el período de su expresión más vibrante, ha recalcado la importancia de uno y de varios tipos de confesión.

El Antiguo Testamento contiene muchas advertencias acerca de los peligros del engaño y del encubrimiento. Una palabra hebrea generalmente empleada para describir la experiencia y traducida como "esconder" o "cubrir" se usa en otros contextos. Por ejemplo: un velo que cubre el rostro, el agua que cubre la tierra, y las nubes que cubren el sol. Así como las nubes que cubren el sol cambian la apariencia del paisaje, o el velo esconde los rasgos fisonómicos sencillos, o las ropas dan una apariencia completamente sin relación a la verdadera persona, la gente puede ser engañosa en cuanto a cómo es verdaderamente. La palabra de admonición del Antiguo Testamento es: "El que encubre su pecado no prosperará."

El Escenario para la Experiencia Confesional

Todos los tipos de psicoterapia tienen alguna forma de confesión y la confesión ha sido una técnica favorita de la religión, pero el punto principal de la discusión es el escenario dentro del cual la experiencia de la propia revelación se verifica.

Históricamente en la revelación bíblica la experiencia de franqueza se verificó en algún tipo de escenario de grupo. El incidente relatado en el Antiguo Testamento del pecado de Acán es una buena ilustración de los efectos sociales de la conducta. El incidente llegó a ser una parábola de la experiencia humana. Todo el pueblo fue afectado por su transgresión y la confesión tenía que ser hecha delante de ellos.

El ministerio de Juan el Bautista en el Nuevo Testamento está caracterizado por la venida de la gente "confesando sus pecados". La predicación de Pablo en Efeso estuvo caracterizada por un poder inusitado, dando por resultado que mucha gente "vino, confesando y divulgando sus prácticas . . . algunos . . . que practicaban la magia . . . trajeron sus libros . . . y los quemaron.

Entre los primitivos cristianos la exhortación fue: "confesad vuestras faltas los unos con los otros, . . . para que podáis ser sanados".

La Iglesia Católica ha recalcado la confesión más que cualquier otro grupo eclesiástico, pero ha habido una lenta evolución de todo el concepto. Como sucede frecuentemente con las ideas dinámicas, ha ido cambiando gradualmente, dando por resultado la pérdida de mucha de su eficacia. Lindsay observa: "En la iglesia antigua, las caídas en pecados serios comprendían separación de la comunión cristiana y la readmisión se tenía solamente mediante una confesión pública hecha en presencia de toda la congregación."   McNeil nos da una de las mejores exposiciones de la práctica de la iglesia primitiva llamando la atención a la exomologesis o confesión completa.

Dice: "Otra característica en la cual ocurrió un cambio fundamental fue la exposición pública de lo que estaba envuelto en la exomologesis. Tertuliano, Orígenes y Ambrosio parecen considerar la humillación pública como su rasgo más temible. La confesión secreta en privado de los días posteriores, es una cosa completamente diferente. Es posible que en un período primitivo normalmente una entrevista privada haya precedido al acto público; pero esto no puede ser probado adecuadamente. Lo que es explícitamente un requisito es la sumisión del penitente a la vergüenza pública y su apelación pública a los oficiales de la iglesia. Entre los primeros en sugerir la confesión privada está Orígenes, quien en sus "homilías sobre Levítico", describiendo la manera laboriosa de la remisión por medio de la penitencia tiene la frase: "Cuando no se sonroja para declarar su pecado a un sacerdote del Señor y para pedir el remedio." Cita el pasaje: "Llame a los ancianos de la iglesia . . . si hubiere cometido pecados, le serán perdonados" (Santiago 5:14, 15). Pero mientras evidentemente aquí el proceso es iniciado en privado, se continúa en público. Orígenes de acuerdo con otros de los padres, definitivamente demanda una confesión pública aun de los pecados secretos:

"Porque los pecados de cualquier clase han de ser confesados y todo lo que hacemos debe hacerse en público. Si hacemos algo en secreto, si cometemos cualquier pecado solamente de palabra o en el secreto de nuestros pensamientos, todo debe ser publicado y sacado a la luz.

"De otra manera el diablo los revelará: Pero si en esta vida nos anticipamos a él y nos convertimos en nuestros propios acusadores, escaparemos de sus malvadas triquiñuelas. El publicar nuestro pecado, amerita la remisión del pecado."[1]

De esta manera se hace obvio que en la iglesia primitiva la confesión era una declaración abierta hecha por el penitente a toda la iglesia. Luego en el desarrollo de la historia de la iglesia vino el "secreto confesional" puesto que la confesión ya no se hacía al grupo sino al sacerdote. Esto estableció el patrón de la confesión sacramental la cual es una parte integral del sistema religioso católico.

Cuando Martín Lutero levantó la voz contra la Iglesia Católica Romana no rechazó la confesión. Como dice Bainton: "Consideró la confesión como útil; siempre que no fuera institucionalizada".[2] En el desarrollo posterior del protestantismo vino una reacción fuerte contra la confesión católica. Rechazando el papel de cualquier intermediario humano y recalcando el sacerdocio de todos los creyentes, la confesión fue vista como hecha solamente a Dios.

Aun cuando la iglesia reformada estaba dando la espalda a la confesión, se levantó una nueva forma secular lista para "desmitologizar" completamente el procedimiento y ponerlo en un escenario enteramente nuevo y diferente. Las nuevas técnicas "científicas" de la psicoterapia tomaron la práctica tradicional y

---

[1] John T. McNeill, *A History of the Cure of Souls* (New York: Harper and Bros., 1951), pág. 94.

[2] Roland H. Bainton, *Here I Stand* (New York: The New American Library of World Literature, 1950), pág. 106. Hay versión castellana: *Lutero* (E. Sudamericana).

con la acomodación apropiada la colocaron en su colección de técnicas terapéuticas. Jung reconoció abiertamente esto cuando dijo: "los primeros conceptos de todo el tratamiento analítico se encuentran en este prototipo, el confesionario".

Al trabajar con Breuer, Freud había presenciado un incidente extraño en la terapia de su maestro. Una mujer joven que estaba siendo tratada bajo hipnosis, dijo: "Doctor Breuer, si me permitiera solamente hablar con usted y decirle cómo comenzaron mis síntomas, yo creo que esto ayudaría."[1] Breuer estuvo de acuerdo en permitirle hablar. La mujer se expresó y se sintió aliviada. Le llamaron a esto la "curación hablada". En el desarrollo posterior de su propia técnica, Freud inició su "asociación libre", en la cual el paciente reclinado en un canapé expresaba cualquier pensamiento que se le venía a la mente, en una especie de verbalización y confesión libres.

La libre asociación continuó manteniendo la relación católica de "uno a uno" con el terapista sentado significativamente a la cabecera de su "paciente" y como el confesor, fuera del alcance de la vista. Ahora el analista llegó a ser una figura de autoridad de más poder que el sacerdote, al investigar en lo recóndito de la mente del paciente para encontrar las represiones escondidas que causaban sus molestias. Con una autoridad ex cátedra él señalaba la razón de todo y el paciente estaba agradecido de descubrir el "porqué" de su dilema, aunque a veces continuaba en su aflicción.

Probablemente la teoría más poderosa de todas en días recientes, y una que ha ejercido una grande y persistente influencia en el movimiento de consejo pastoral, ha sido la terapia de Carl Rogers centrada en el paciente. De muchas maneras esta teoría anunciaba un nuevo día en la ciencia de aconsejar y era un antídoto saludable a la tendencia de los ministros de fascinar con palabrería a sus aconsejados. Una de sus principales virtudes era que enseñaba al pastor la necesidad y el valor de escuchar.

---

[1] A. A. Brill, *Basic Principles of Psychoanalysis* (New York: Washington Square Press, 1960), pág. 7.

Un examen crítico de esta teoría puede dar la impresión de que es una "curación verbal" estando el paciente sentado, en lugar de reclinado, como en el psicoanálisis. Pero hay algunas características importantes, siendo una de ellas el que no hay interpretación. La habilidad del consejero está en su capacidad para no estorbar la libre expresión de palabra y emoción.

Escribiendo acerca de los medios por los cuales los varios sistemas de psicoterapia alcanzan sus objetivos terapéuticos, Harper dice:

"Otro componente que se halla frecuentemente en el proceso psicoterapéutico es lo que generalmente se llama catarsis. La liberación de los sentimientos reprimidos, la revelación de los secretos emocionales, en la presencia amable y comprensiva del terapista, son generalmente útiles para el paciente... La expresión verbal de estos sentimientos a veces ayuda a disiparlos."[1]

"Otro componente que se halla frecuentemente en el proceso psicoterapéutico es lo que generalmente se llama catarsis. La liberación de los sentimientos reprimidos, la revelación de los secretos emocionales, en la presencia amable y comprensiva del terapista, son generalmente útiles para el paciente... La expresión verbal de estos sentimientos a veces ayuda a disiparlos."[1]

La ingeniosidad del terapista ha sido extendida por medio del cultivo de la libre asociación, del estímulo de verbalizar en la terapia centrada en el cliente, el trance hipnótico en el cual el dominio consciente se reduce, o la narcoterapia donde se utilizan las sustancias químicas para ayudar al secreto a salir de su escondite. Todas éstas conducen al mismo resultado de franqueza o de revelación de sí mismo con expresión de las emociones.

Las ideas de la iglesia primitiva han reaparecido en una forma inesperada. Los nuevos y florecientes grupos de camaradería

[1] Robert A. Harper, *Psychoanalysis and Psychotherapy* (Englewood Cliffs, N. J.; Prentice Hall, 1959), pág. 6. Versión castellana: *Sistemas de Psicoanálisis y Psicoterapia* (Herrera).

de Psicoterapia de ayuda propia han dado a toda la idea de la confesión un énfasis similar al del Nuevo Testamento.

Hurvitz observa: "El análisis de los grupos de camaradería Psicoterapia de ayuda propia está basado en el tipo sociológico ' construido ' o ' ideal '. Los constituidos grupos de camaradería de Psicoterapia de ayuda propia consisten en el intercambio de ideas que intenta fomentar interacción máxima y asistencia mutua entre compañeros, *lo cual requiere* completa revelación de sí mismo, la que proporciona a los miembros la oportunidad de movilidad dentro de su compañerismo de movimiento al vencer sus problemas comunes o su conducta inapropiada.

Un estado de camaradería existe en la comunión y los líderes son aquellos que ayudan a otros a alcanzar sus metas terapéuticas. Los compañeros son terapistas por causa de su habilidad para revelarse a sí mismos, crear empatía, y estimular y sostener los esfuerzos de otros para cambiar según las metas propuestas y los medios determinados por su compañerismo . . . Puesto que los compañeros se revelan a sí mismos y han tenido experiencias similares de la vida, son modelos los unos con los otros, y no ponen en tela de juicio la habilidad de otros para comprender, enfatizar, etcétera. Por causa de sus actitudes de los unos para con los otros, la interacción alcanza el nivel de la 'vida interior' ".[1]

Una buena ilustración de la premisa de Hurvitz se ve en Alcohólicos Anónimos. Su quinto paso es: "Reconocer delante de Dios, delante de nosotros mismos, y delante de otro ser humano la naturaleza exacta de nuestros males." La importancia de este paso es recalcada por la organización. "Si esquivamos el paso vital, no venceremos el vicio de la bebida. Una y otra vez los recién llegados, han tratado de ocultar ciertos hechos referentes a sus propias vidas. Tratando de evitar esta experiencia de humillación se han ido a los métodos más fáciles. Casi invariablemente se emborrachan." Según lo expresa un escritos de Alcohólicos Anónimos: "La confesión . . . es medicina para el alma."

---

[1] Nathan Hurvitz, "The Characteristics of Peer Self Help Psychotherapy Groups and Their Implications for the Theory and Practice of Psychotherapy", Inédita.

La cuestión más importante es: "¿con quién debe confesarse la persona alienada?" Como puede verse en el siguiente gráfico, en la mayor parte de los sistemas religiosos y de psicoterapia, el recipiente de la confesión es una persona en particular, el sacerdote, el terapistá, el analista, o el consejero. Bien preparado y muy consciente de su papel, dirá al "aconsejado" o "paciente" que no confíe en nadie más sino en él. En esta forma él pasa por alto el tradicional papel terapéutico del grupo.

La teoría que está tras los grupos de camaradería de Psicoterapia, de ayuda propia, la Terapia de Integridad, es que el individuo está violando su conciencia, o su sistema de valores, el cual es la voz interiorizada de una sociedad idealizada. Un grupo de "otros significantes" constituye un microcosmos o "pequeño mundo" ante el cual él puede verbalizar su fracaso y por lo menos simbólicamente ponerse a tono con la sociedad.

GRUPO	ACTIVIDAD	RECIPIENTE
Protestantes	Confesión	Dios
Católicos	Confesión	Sacerdote
Psicoterapia	Catarsis	Terapista
Psicoanálisis	Abreacción	Analista
Consejo Matrimonial	Ventilación	Consejero
Cristianos del Nuevo Testamento	Confesión de faltas	Otros Miembros de la iglesia
Camaradería de Psicoterapia de Ayuda Propia	Franqueza	"Otros significantes"

Confesión Positiva

Puede pensarse en la confesión como positiva o negativa. La confesión negativa es la admisión del fracaso y de las faltas mientras que la confesión positiva es la acción que sigue a la experiencia. Este es un tipo de comunicación no verbal que se verifica por medio del nuevo tipo de actividad redentora mediante la cual el aconsejado relata su historia de una nueva actitud hacia la vida. La confesión no se hace únicamente con la boca, sino que se completa y se complementa con cierta actividad apropiada. Si la confesión es como sostiene Reik: "El reconocimiento de la culpabilidad", y la culpabilidad significa "pagar", entonces hay otro paso que debe darse de manera que pueda hacerse el pago. La observación de la conducta extraña en algunas personas mal ajustadas ha conducido a algunos psicoterapistas a referirse a la "necesidad de castigo".

Un escritor reciente ha visto la evidencia de esta necesidad de castigo en personas que son "propensas a accidentes". Un estudio de los accidentes automovilísticos ha mostrado que cuatro por ciento de los conductores estaban involucrados en el 26 por ciento de los accidentes. Una situación similar se ha mostrado en la industria. Una compañía adoptó la práctica de transferir a otra clase de trabajo a los conductores de camiones que habían tenido la mayor parte de los accidentes. Entonces descubrieron que estos mismos individuos tenían un índice muy elevado de accidentes en sus nuevos trabajos. Una investigación posterior reveló que ellos también tenían accidentes frecuentes en su casa o en su camino al trabajo. Algunos investigadores han sacado por conclusión que las personas "propensas a accidentes" pueden realmente estar de manera inconsciente infligiéndose lesiones a sí mismas.

Al relatar la historia de su estadía en un hospital mental, Anton T. Boisen cuenta una experiencia extraordinaria:

"Una de las cosas que más me excitaban era el tratamiento dado en los baños hidroterapéuticos. Yo consideraba esto como una especie de castigo o persecución. Repetidamente iba a la puerta del cuarto de baño y pedía me permitieran tomar el lugar de uno de los hombres a quienes yo consideraba como amigos. Un día, creo que fue el 27 de octubre, cuando fui allí con esta petición se me ordenó que la suspendiera. Cuando no obedecí inmediatamente, tres jóvenes ayudantes me arrojaron al piso y comenzaron a golpearme comenzando en la parte inferior de la espalda y siguiendo hacia arriba. Luego me llevaron a la cama. Después de permanecer allí por un rato, reconocí que había hecho mal en retractarme con tanta facilidad, que yo debía haberlos hecho que acabaran conmigo y que solamente así yo podría libertar al espíritu que yo creía que estaba aprisionado dentro de mí. Volví y se me administró otra paliza severa. Todavía puedo sentir los efectos de ella después de cinco semanas. Uno de los ayudantes de más edad les dijo más tarde que yo había recibido lo que se conocía como el *knock-out* de la 'casa de locos'. Al ser conducido de nuevo, puesto que no podía caminar, tuve conciencia momentánea de ser una vez más yo mismo. Durante uno o dos días no pude levantarme. Luego, el 29 de octubre, que era mi cumpleaños me pareció despertar. En ese día me llevaron delante del personal y mi médico dijo, en el momento en que yo me retiraba, que yo había salido bastante bien."[1]

En cada uno de estos ejemplos el método de expiación no es saludable y sí perjudicial tanto al individuo como a su sociedad. Si en realidad hay alguna "necesidad de castigo", debe proporcionarse un sistema de psicoterapia o un esquema viable para capacitar al sujeto a dominar el asunto de una manera creativa antes que por la destrucción propia.

Nuestra perplejidad moderna es tan antigua como los procesos judiciales. El código del rey Hamurabi decretaba: "Si un hombre ha golpeado a su padre, debe cortársele la mano. Si un hombre ha hecho que un patricio pierda uno de sus miembros, debe quitársele ese miembro. Si un hombre le ha roto un diente a otro hombre que es igual, se le quitará a él también ese diente." La *Ley del Talión* se encuentra entre muchos de los pueblos primitivos: El ladrón pierde una mano, el adúltero puede ser castrado, al perjuro se le cortará la lengua. Una autoridad menciona el ejemplo de un hombre que mató a otro cayendo sobre él desde un árbol. El castigo fue que un pariente del muerto subiera a un árbol y cayera sobre el asesino y así se hiciera justicia.

El Antiguo Testamento tiene una regla similar: "El que derramare sangre de hombre, por el hombre su sangre será derramada." O "vida por vida, ojo por ojo, diente por diente, mano por mano, pie por pie, quemadura por quemadura, herida por herida, golpe por golpe". Más tarde vino el principio de la restitución. En

---

[1] Boisen, *Out of the Depths*, pág. 100.

el caso del robo de un buey la restitución debía ser quíntupla, de una oveja, cuádrupla; y en los daños a la propiedad, el simple equivalente era todo lo necesario. Otros ejemplos que estaban comprendidos en este mandamiento:

> Cuando un hombre o una mujer comete cualquiera de los pecados que el hombre comete quebrantando su fe con el Señor, y que la persona es culpable, confesará su pecado el cual ha cometido, hará restitución completa del mal, añadiendo un quinto a ello, y dándolo a aquel a quien ofendió.[1]

John R. Scott señala la diferencia entre la ofrenda de pecado y la ofrenda de transgresión, la que en algunas versiones se llama "ofrenda de culpabilidad"; esta última era provista para pecados especiales y estos también tenían que ir acompañados de restitución.

En actos de irresponsabilidad donde otros miembros de la familia humana hubieran sido lastimados, había un proceso de "restitución".

Mucha de la discusión en círculos evangélicos se ha enfocado en si Dios verdaderamente requiere actividad penitencial antes de que el individuo pueda ser perdonado. Puede ser que hayamos perdido tiempo pensando en Dios cuando debíamos haber estado concentrándonos en el hombre. Las demandas de Dios no son tanto para satisfacción de él, sino la naturaleza del hombre es la que demanda cierta restitución.

Hay un sentido en el cual todo pecado es contra Dios y solamente él puede perdonar los pecados de los hombres y de las mujeres. Pero una cosa es que Dios perdone, y otra que el pecador sepa que está perdonado. Así que Emerson habla de "perdón reconocido" lo cual él dice que es "la libertad de ser una nueva criatura y un nuevo creador".[2] Esto requiere frecuentemente algún plan

---

[1] Números 5:6-7.

[2] James G. Emerson, Jr., *The Dynamics of Forgiveness* (Philadelphia: The Westminster Press, 1964), pág. 76.

242 PSICOLOGIA Y RELIGION

para "restituir" antes de que podamos experimentar "el perdón reconocido".

Uno de los mejores ejemplos de restitución se encuentra en el ministerio de Jesús y la manera en que él trató el caso de Zaqueo. Scott comenta:

En el Nuevo Testamento, Zaqueo, el fraudulento recaudador de impuestos de Jericó, se destaca como uno de los ejemplos más notables de restitución. Cuando Jesús trajo la salvación a su casa, Zaqueo no estuvo contento con añadir el dinero robado (el cual había resuelto retornar) la quinta parte que la ley requería. Prometió al Señor que restauraría los cuatro tantos del dinero que había defraudado a la gente. Dijo que iría aún más allá de esto. Indudablemente había muchos de sus desafortunados clientes a quienes nunca podría encontrar ni devolverles el dinero robado, y se propuso un equivalente: "He aquí, Señor, la mitad de mis bienes, la doy a los pobres." De esta manera él estaba dispuesto a "dar satisfacción a todos por el daño que les había hecho". Este hombre estaba dispuesto a actuar activamente en sus tratos con Dios. Estaba comenzando una nueva vida a través de Jesús. Sabía perfectamente bien que su falta de honradez de toda la vida, nunca podría ser perdonada si continuaba viviendo de aquellas ganancias.[1]

Esto es "perdón reconocido", y la mayor parte de las personas necesitan tener una evidencia visible o participar en un acto que les dé un sentido interior de que en realidad han sido perdonados.

---

[1] John R. Scott, *Confess Your Sins* (Philadelphia: The Westminster Press, 1964), pág. 32.

Tercera Parte

LA SUGESTION Y EL ALMA

La sugestión en su aspecto más desarrollado, la hipnosis, tiene asociaciones de misterio y de fetichismo. Generalmente es considerada más allá del límite de la discusión en círculos religiosos. Pero la asociación de la religión y la sugestión es tan obvia que debe ser considerada.

En los primeros escritos sobre psicología de la religión, se mencionaba frecuentemente la sugestión. En la obra de George Albert Coe sobre la conversión, por ejemplo, él utilizó la hipnosis como un procedimiento experimental. Sin embargo, más recientemente el tema ha sido ignorado. La atención se enfoca sobre la sugestión en el capítulo XI donde se verá que hay vestigios del fenómeno en todas las áreas de la experiencia religiosa. Además las técnicas de trabajo y método en la religión ya utilizan la sugestión y probablemente podría llegar a ser más efectiva con un mayor conocimiento del fenómeno.

Posiblemente la más dramática de todas las áreas de la psicología de la religión se encuentra en la curación por fe. Aquí, la sugestión y la autosugestión encuentran un campo fértil. Históricamente, "la curación por fe" se ha verificado bajo muchas circunstancias diferentes. Con frecuencia parece que depende, no tanto de la naturaleza del objeto de fe, como de la actitud subjetiva del individuo que tiene fe.

Los factores comprendidos en la curación de fe se tratan bajo dos aspectos en el capítulo XII. Estos pueden verse en prácticas religiosas desde la campaña de curación hasta la dignificada "imposición de manos" de los episcopales o el peregrinaje de la Iglesia Católica Romana.

11

SUGESTION Y RELIGION

Un aborigen nativo de Australia oye decir que un enemigo ha cantado parado sobre un hueso y lo ha apuntado hacia él. A pesar de todos los esfuerzos de los médicos con sus conocimientos científicos, este aborigen languidece y muere. La esposa del Presidente de la Nación aparece en público con un nuevo peinado, y en las semanas subsiguientes los salones de belleza se ven inundadas de damas que quieren que se les haga el "mismo peinado que a la primera dama". Un voluntario muy digno de entre los presentes, sube a gatas hasta la plataforma y ladra como perro, con gran delicia de los espectadores y con la consiguiente vergüenza de su esposa y de su familia.

Un "demagogo" habla a un grupo y fácilmente lo conduce a una acción falsa. Un chofer manejando en la autopista se da cuenta de que se va apoderando de él la somnolencia, y un momento de inconsciencia le advierte que está en peligro de caer en un estado de "hipnosis de carretera". En una reunión religiosa de un entusiasta grupo montañés, una mujer que por lo general es tímida, toma una serpiente venenosa y la manipula sin el menor vestigio de temor. El psiquiatra pone a su paciente en un trance y revive un incidente olvidado de su niñez y lo liberta de una fobia que lo atormenta.

Aunque estas son actividades muy diferentes, un psicólogo

vería una similaridad común. Todos son ejemplos del mecanismo psicológico de la sugestión.

La sugestión ha estado desde hace mucho asociada con la religión. No sólo la religión primitiva proporciona amplia evidencia de conexión entre los dos, sino aun en los desarrollos más sofisticados de la religión, hay una notable, aunque no intencional y con frecuencia no reconocida conexión. No obstante, tan fácil como es para el investigador hacer a un lado los fenómenos religiosos con las palabras: "Es sólo una sugestión", es un asunto muy diferente definir la naturaleza de la sugestión y su relación específica con la religión.

Mesmer fue el pionero en la era moderna de las técnicas sugestivas, pero Bryan dice que Mesmer[1] aprendió sus técnicas de un sacerdote católico romano, el padre Gassner. Gassner gozaba de una amplia reputación como sanador de enfermos mentales. Su técnica era entrar en el templo vestido con túnicas muy impresionantes y llevando una gran cruz. Los pacientes habían sido preparados por sus ayudantes, quienes indicaban que los demonios serían arrojados tan pronto como ellos fueran tocados por la cruz de metal del padre Gassner. Gassner tuvo notable éxito con su técnica y atrajo la atención, no sólo de los oficiales de la iglesia, sino también de las autoridades médicas.

Entre aquellos que venían a ver la demostración de Gassner estaba Mesmer, un hombre con preparación tanto teológica como médica. Por sus observaciones primero dedujo que la habilidad de Gassner para sanar estaba en la cruz de metal, pero su mente inquisidora le condujo más tarde a declarar que la sanidad se verificaba por medio del "magnetismo animal". Este magnetismo podía ser transmitido por medio de "pases" o movimientos circulares de la mano a personas mientras estaban sentadas alrededor de tinas cubiertas de plomo y sosteniendo barras de hierro, a través de las cuales, según él alegaba, se transmitía el fluido

---

[1] William J. Bryan, Jr., *Religious Aspects of Hypnosis* (Springfield, Ill.: Charles C. Thomas, 1962), pág. 23.

magnético. El agua se "magnetizaba". La gente usaba ropa mag-
netizada y comía de platos magnetizados.

Una comisión de la Academia Francesa de Medicina y de la
Academia de Ciencias investigó los procedimientos de Mesmer.
Incidentalmente, la Comisión incluyó un norteamericano, Benjamín Franklin. Aunque esta Comisión denunció a Mesmer como
charlatán, aun en su condenación los investigadores declararon:
"Es imposible no reconocer que una gran fuerza actúa y domina a
los pacientes y que esta fuerza parece residir en el magnetizador."[1]

Inglaterra fue el lugar del siguiente desarrollo. James Braid,
un médico de Manchester, descubrió que él podía inducir un
estado de trance en sus pacientes. Fue él quien designó el fenómeno
como "hipnotismo", de la raíz griega *hipnos* que significa sueño.
Después de una amplia experiencia, Braid trató de cambiar el término a "monodeismo", una palabra mucho más acertada. Sin
embargo, como una indiscreción de la juventud recordada constantemente para perseguir al modelo de respetabilidad de la madurez,
la designación original de Braid, aunque inadecuada, continuó.
Braid fue un investigador cuidadoso y su interés significó que por
lo menos un hombre con una mente científica fuera capaz de
derrocar el concepto de Mesmer del magnetismo animal. Así
comenzó una nueva era en la investigación de la naturaleza de la
sugestión.

En los primeros libros de psicología era casi inevitable un
capítulo acerca de la sugestión, pero la discusión generalmente sus-
citaba más preguntas que las que podía contestar. Los textos
modernos hacen muy poca mención del tema. Marcuse comenta:[2]
"La omisión de este tema de los textos actuales no es una señal de
que los problemas han sido resueltos sino de que fueron, y todavía
son, embarazosos."

Uno de los problemas fundamentales es la dificultad en la

---

[1] Weatherhead, *Psychology, Religion, and Healing*, pág. 108.
[2] F. L. Marcuse, *Hypnosis: Fact and Fiction* (Baltimore: Penguin Books, 1951),
pág. 85.

definición. Un punto de vista sencillo y popular dice que la sugestión es "la aceptación sin crítica de una idea". La definición más complicada de Weatherhead[1] dice: "Si la mente en realidad acepta una idea como verdadera, y si la idea es razonable, tiende por medio de procesos inconscientes a actualizarse o a realizarse." English y English[2] define la sugestión como "el proceso por medio del cual una persona, sin argumento, mandato, o coerción, directamente induce a otra a actuar de una manera vaga o aceptar cierta creencia, opinión o plan de acción. Desafortunadamente, esta última no deja lugar para la autosugestión. Como una madre de corazón generoso, cuya casa está llena de hijos, nietos, y sus amigos, la sugestión es un término flexible que incluye sugestión, heterosugestión, autosugestión y todos los múltiples aspectos de la hipnosis y las profundidades del trance hipnótico.

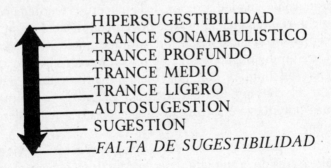

HIPERSUGESTIBILIDAD
TRANCE SONAMBULISTICO
TRANCE PROFUNDO
TRANCE MEDIO
TRANCE LIGERO
AUTOSUGESTION
SUGESTION
FALTA DE SUGESTIBILIDAD

Si los procesos de la sugestión fueran bosquejados en secuencia ordenada los niveles de sugestibilidad podrían presentarse en cierta manera con la figura anterior. Aunque no se puede ser dogmático en cuanto al orden, los procesos de sugestión varían desde la sugestión simple hasta el estado sonambulístico hipnótico. Esta amplia variedad de experiencias a veces confunde la comprensión de la sugestión del observador.

Weatherhead, *op. cit.*, pág. 111.
[2] English y English, *op. cit.*, pág. 535.

En un esfuerzo para medir el caracter evasivo de la sugestión se han ideado pruebas y el péndulo de Chevreul ilustra la manera en que éstas trabajan. Un individuo toma un anillo que cuelga de un hilo de algodón sobre una hoja de papel, sobre la cual se han dibujado dos líneas para hacer una cruz. La mano se sostiene firmemente pero sin descansar el codo en ninguna parte, de manera que el anillo está suspendido encima del lugar donde está la intersección de las líneas. El individuo ahora piensa en cómo quisiera que el anillo se moviera, ya fuera hacia atrás o hacia adelante, o de izquierda a derecha a lo largo de las líneas. Tan pronto como el individuo logra conservar su mente en la dirección en que desea que el anillo se mueva, el anillo comienza a responder. Se mueve aparte de la acción voluntaria y de la oscilación hacia adelante y hacia atrás; él puede hacer que se mueva en círculos. Puede haber una escala en el papel, y de esta escala es posible medir la cantidad de oscilación.

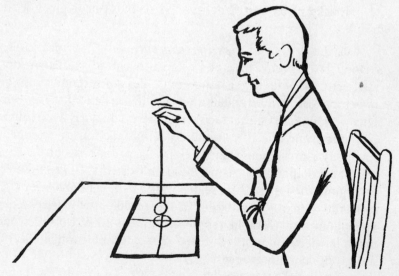

La demostración del péndulo de Chevreul

Se han ideado otras pruebas para medir la sugestibilidad. En la prueba de *oscilación del cuerpo* el individuo está en pie con los ojos cerrados. Se le dice que se está cayendo hacia adelante o hacia atrás, y su registro es medido por el grado de su oscilación. *Las pruebas de presión y relajamiento* abarcan al sujeto teniendo una pelota de goma mientras se le dan algunas indicaciones de que oprima o suelte, midiéndose su respuesta. La *prueba de elevación* es del mismo orden que las dos anteriores y la respuesta del brazo extendido se mide después de que se han dado algunas sugestiones. Otra prueba es la *profundidad del trance hipnótico*, con una escala establecida usada para medir la profundidad de la respuesta del sujeto a las sugestiones hipnóticas. Las pruebas de sugestibilidad generalmente caen en dos amplias categorías, o bien con una idea traducida en acción sin ninguna actividad voluntaria de parte del sujeto, o el sujeto aceptando un juicio con un mínimo de actividad crítica mental.

Erickson[1] ha postulado tres "principios psicológicos de sugestión":

1. *La ley de la atención concentrada.* El principio es que cuando los procesos mentales están concentrados en una idea, la idea tiende a actualizarse. Cuando la idea comprende el uso de los músculos o de otra actividad motriz se llama *actividad ideo-motor.* Una persona que está sentada en el asiento de atrás de un automóvil y que siente que va caminando demasiado aprisa descubre que su pie está moviéndose para relajar la presión de un acelerador imaginario o para aplicar un freno no existente. Si la idea afecta a los órganos de los sentidos, se denomina *actividad ideosensoria.* Un elemento caliente se aplica a la frente del sujeto, y reacciona a medida que se eleva la temperatura. Un interruptor escondido corta la electricidad y el sujeto manipula el control hasta que indica el calor no existente.

2. *La ley del esfuerzo invertido.* Coué formuló este concepto

---

[1] Milton Erickson, *et al*, *The Practical Application of Medical and Dental Hypnosis* (New York: The Julian Press, 1961), págs. 24-26.

hace muchos años cuando dijo que en cualquier conflicto entre la voluntad y la imaginación, siempre emerge victoriosamente la imaginación. Coué[1] además asertó la fórmula: "En el conflicto de la voluntad y la imaginación la fuerza de la imaginación está en razón directa al cuadrado de la voluntad." La ilustración frecuentemente usada es de un hombre que camina sobre un tablón de 18 centímetros de ancho que está puesto en el suelo y no experimenta ninguna dificultad. Más tarde el tablón se suspende a cincuenta pies sobre el suelo, y el mismo hombre no puede caminar por él por causa del temor de caerse. Su imaginación le ha sugerido la posibilidad de caer y así derrota sus intenciones.

3. *La ley del esfuerzo dominante.* Una emoción unida a una sugestión la hace más eficaz. Además, una emoción fuerte tiende a reprimir o a eliminar una emoción débil.

Como con cualquier otro mecanismo mental, hay dificultades en describir la naturaleza de la sugestión. Los primeros investigadores pensaron que había una sola característica unitaria de la personalidad llamada sugestión, y una persona fácil de sugestionar ha sido definida como "un individuo en quien las ideas, acciones, creencias, decisiones, etcétera, pueden ser inducidas por otro por medio del estímulo, ya sea verbal o de otra clase, pero independientemente del argumento del mandato."[2] A medida que mejoraron las técnicas de investigación, los resultados de las pruebas de sugestión dieron evidencia de la existencia de varios tipos específicos de sugestión, más bien que sólo una entidad generalizada. Por conveniencia pensaremos en la sugestión como algo que comprende la aptitud, la actitud, el prestigio, la autosugestión, y los aspectos directos e indirectos del proceso.

Aptitud para la sugestión. La mayor parte de las personas tiene capacidad para ser hipnotizada, con un pequeño por ciento

---

[1] Emile Coué y C. Harry Brooks, *Better and Better Every Day* (London: Unwin Books, sin fecha), pág. 16.

[2] Leslie M. Le Cron (ed.) *Experimental Hypnosis* (New York: The Macmillan Co., 1952), pág. 116.

de la población que no tiene esta capacidad. La idea general que el ciudadano común tiene en la mente es de que el individuo hipnotizable es deficiente en alguna forma, ya sea mental o emocionalmente, pero la evidencia no confirma esta evaluación. Algún trabajo experimental ha indicado que la gente que puede ser hipnotizada posiblemente tenga en realidad una inteligencia superior. Erickson lo explica de la siguiente manera:

> Cuando las personas dicen: "no puedo ser hipnotizada", una respuesta razonable a esta declaración es: "bien, es muy interesante esto, pero ciertamente yo no me jactaría de ello". ¿Por qué no jactarse? Porque aquellos que son los sujetos más deficientes, generalmente hablando, son niños menores de seis años, psicóticos, retardados, y otros de baja inteligencia. ¿Por qué es así? Estas personas tienen dificultad con el monoideismo que se concentra en una idea. La mente del niño vaga, lo mismo que la mente del retardado o del psicótico. No pueden concentrarse en una sola idea. De esta manera les es difícil cooperar. Esto no es para sugerir que si una persona no es capaz de ser hipnotizada no hay otra razón para este fracaso. Tales razones se discutirán más tarde. No obstante, ciertamente la capacidad para entrar en hipnosis no es algo en lo cual se pueda tener especial satisfacción.[1]

La capacidad de convertir una idea en acción en el proceso muscular o sensorio, es, evidentemente, parte de la habilidad innata del individuo particular. Comentando sobre el amplio uso que los dentistas hacen del hipnotismo, Marcuse[2] dice: "En la actualidad la mayoría de los dentistas están comenzando a reconocer que además de ver dentro de la boca, ellos también tienen que considerar la personalidad." Evidentemente algunas personas son mucho más abiertas que otras a los diferentes tipos de sugestión.

Actitud en la sugestión. La actitud del sujeto hacia el "sugestionador" es un factor determinante en el proceso. Mucho debate se ha concentrado en el asunto de si una persona puede o no puede ser hipnotizada contra su voluntad. El consenso de los resul-

---

[1] Erickson, *op. cit.*, pág. 27.
[2] Marcuse, *op. cit.*, pág. 147.

tados es que sin recurrir a alguna forma de subterfugio es casi imposible que un individuo sea hipnotizado involuntariamente.

En la práctica de la hipnoterapia se encuentran diferentes actitudes. Frecuentemente las mejores personas son aquellas que vienen con la recomendación de otros pacientes. Algunas veces tienen tal espíritu de anticipación que fácilmente son inducidos, y quedan en un profundo trance hipnótico con una rapidez asombrosa. Por otra parte, un investigador ha descubierto que los clientes que tienen una elevada calificación en la escala paranoide del Inventario de Minnessota de la personalidad multifasética, no son buenos sujetos para la hipnoterapia. Sus actitudes desconfiadas interrumpen el proceso.

La actitud del sujeto hacia la experiencia generalmente lo convierte en un "buen" o "mal" sujeto para los procesos de sugestión. El término "bueno" y "malo" según se ha usado en este caso no tiene ninguna implicación ética sino que se refiere a la posibilidad de sugestión.

Prestigio en la sugestión. Precisamente la investigación singular más intensa que se ha desarrollado sobre la sugestión fue la de Hull,[1] de la cual se habla en su libro *Hypnosis and Suggestibility* ("Hipnosis y Sugestibilidad") De sus investigaciones concluyó que había dos diferentes tipos de sugestión: Prestigio y no prestigio. Después de examinar los resultados de una variedad de pruebas de sugestión, observó que había una correlación entre la respuesta a la elevación del brazo, las pruebas de sugestión de postura para caminar y la susceptibilidad para la hipnosis. Hull dijo que cada una de estas pruebas incorporaba lo que él llamaba "prestigio directo de heterosugestión".

Este fenómeno ha sido demostrado en formas de sugestión más sencillas. Se verificó un experimento en tres cruces de calles donde se observó a los peatones. Una persona escogida hacía el papel tanto de un individuo bien vestido como de uno mal vestido.

---

[1] Clark L. Hull, *Hypnosis and Suggestibility* (New York: Appleton-Century-Crofts, 1933).

Antes de que éste comenzara a actuar, noventa y nueve por ciento de las personas obedecían las luces del tráfico. Cuando el experimentador, vestido en un traje recién planchado, con camisa blanca y corbata, se bajó de la acera y caminó en contra de la luz, el catorce por ciento de las personas lo siguieron. Después de cambiarse la ropa y ponerse zapatos gastados, pantalones remendados y sucios, y una camisa sin planchar, el experimentador volvió a violar las señales de tránsito, sólo cuatro por ciento de las personas lo siguieron. Mientras más elevada la apariencia física del "sugestionador", con más facilidad seguía el grupo las sugestiones de él.[1]

En la celebrada obra de Mesner, él trabajó en una sala con muchos espejos, cortinajes muy hermosos, y con el fondo de una música suave. En el momento apropiado entró Mesmer, vestido con una túnica lila de la más fina seda. Todo fue hecho para darle prestigio. Weitzenhoffer[2] observa: "Si una persona tiene una sugestibilidad del grado más alto y siente que usted es un 'hipnotista poderoso', una mirada repentina de usted con un mandato firme de 'dormir' será suficiente para producir la hipnosis." Así la actitud de los sujetos interactúa con el prestigio del operador en la sugestión.

Autosugestión. Una de las clasificaciones más antiguas de la sugestión es la que la divide en heterosugestión y autosugestión. Como lo indica su nombre la autosugestión es la sugestión que una persona, a sabiendas o no, se hace a sí misma. La mayor parte de las personas son capaces de hacerse a sí mismas sugestiones elementales pero generalmente necesitan cierta preparación para poder llegar a un completo estado de autohipnosis. La autosugestión se ve en todas las esferas de la vida. Históricamente, está íntimamente relacionada con la obra de Coué, quien la popularizó

---

[1] Calvin S. Hall, *Psychology* (Cleveland: Howard Allen, 1960), pág. 90.
[2] Andre M. Weitzenhoffer, *General Techniques of Hypnotism* (New York: Grune and Stratton, 1957), pág. 300. Hay versión castellana: *Técnicas Generales de Hipnotismo* (Buenos Aires: Paidós).

con su celebrada fórmula: "Cada día, en todas las cosas, estoy cada vez mejor."

Un programa de televisión sobre Knute Rockne, el celebrado entrenador del equipo de Notre Dame, relató la historia de la habilidad de Rockne, no sólo para afectar a su equipo con sugestión directa, sino también para afectarse a sí mismo. Su equipo estaba perdiendo un juego, y cuando ya sólo quedaba la mitad del tiempo él hurgó en su mente para dar un mensaje dinámico a los jugadores al reunirse en los vestuarios. Comunicó su problema a un amigo, y el amigo sugirió que podría ser una buena idea decirle al equipo que un grupo de egresados estaban contra él y que si el equipo perdía el juego ese día, significaría que él perdería su trabajo. Rockne inmediatamente tomó la idea, fue a los vestuarios, exhortó a sus hombres con tal fervor, y les presentó el caso de manera tan convincente, que hubo el resurgimiento de un nuevo espíritu, y el equipo salió y ganó el partido. Viajando de regreso con su amigo y discutiendo el juego, Rockne repentinamente dijo: "Lo que es más, voy a escribir a esos egresados y a demandar una excusa de parte de ellos." Se había convencido a sí mismo tan efectivamente como había convencido al equipo. Esto ilustra el poder de la autosugestión.

Sugestión directa e indirecta. Las investigaciones de correlación de las pruebas de sugestión han mostrado que la *sugestión directa* que está incorporada en las pruebas como la oscilación del cuerpo y la elevación de la mano, tiene una correlación con la susceptibilidad de un individuo para la hipnosis. La sugestión se da directamente y es aceptada. *Sugestión indirecta* es lo que generalmente consideramos como sugestión. Abarca cierta forma de engaño o de claves equivocadas. Un profesor puede entrar al salón de clase y decir a sus estudiantes que va a mostrarles cuán rápidamente un olor puede esparcirse por el salón. Destapa una botella de agua inodora, y luego pide que indiquen cuando pueden percibir el olor. Generalmente las manos comienzan a levantarse como una indicación de la efectividad de la sugestión del maestro. Es interesante que este tipo de sugestión evidentemente no tiene correlación con la hipnosis. Si un individuo ha visto previamente un experimento de sugestión indirecta no se afecta por él. Mientras que en la hipnosis, la susceptibilidad se aumenta presenciando la hipnotización de otra persona.

Esta presentación en cierta forma parcial de los elementos incorporados en la sugestión puede servir para destacar la complejidad de la situación. Sin embargo, recordando estos conceptos se prepara el camino para una consideración de las formas en las cuales puede verse la sugestión en muchas facetas de las creencias y la práctica religiosa.

Aspectos Religiosos de la Sugestión

La palabra hipnosis conjura en muchas mentes visiones extrañas. Tiene elementos de misterio y de fetichismo, de presentaciones extrañas en las cuales el sujeto traga fuego o está rígidamente suspendido entre dos sillas, mientras seis hombres se sientan sobre su cuerpo. O peor aún, tiene connotaciones siniestras de dominio extraño que un individuo no escrupuloso puede tener sobre otra personalidad más débil, usándola como un muñeco o como un rehén en un complot.

Todos los investigadores serios están de acuerdo en que la hipnosis no debe ser usada para diversión y que puede resultar un grave perjuicio de esta práctica. En Inglaterra, en una decisión del Parlamento que se aprobó en 1952, dice: "Ninguna persona presentará una exhibición, ni una función de demostración de hipnosis sobre ninguna persona viviente en ni en conexión con ninguna diversión a la cual el público es admitido."[1] El mismo hecho de la existencia de tal legislación y la agitación periódica por una ley similar en los Estados Unidos de Norte América, indica algo de los temores y las aprehensiones de la gente competente profesional acerca del uso descuidado de la hipnosis.

---

[1] Eric Cuddon, *Hypnosis, Its Meaning and Practice* (London: C. Bell and Sons, 1957), pág. 168.

Las discusiones de este orden pueden ser las responsables de la sospecha con la cual los líderes religiosos consideran la sugestión y su relación a la religión. También hay la idea falsa en algunas mentes de que una persona sugestionable puede ser de mente débil o anormal, y si los individuos religiosos son sugestionables, la implicación es que ellos son de una clase inferior.

Los investigadores más serios están de acuerdo en que la sugestión juega un amplio papel en la religión, pero cuando se llega a señalar lo específico, hay múltiples dificultades. El rabí Glasner sugiere áreas de contacto entre la religión y la hipnosis. (1) Hay una conexión natural entre los dos fenómenos. (2) Algunas investigaciones de la naturaleza de la religión han sido facilitadas por el uso de la hipnosis. En el trabajo inicial de Coe, en la relación de la conversión y la sugestibilidad, usó la hipnosis como un instrumento de investigación. (3) La curación religiosa tiene mucho en común con las técnicas hipnóticas. Una lectura del capítulo sobre las curaciones religiosas revelará algunas de estas cosas. (4) Algunos clérigos utilizan la hipnosis en su consejo pastoral. Un libro recientemente publicado fue titulado The Pastoral Use of Hypnotic Technique ("Uso Pastoral de la Técnica de Hipnotismo").[1] Sin embargo, la recepción de este libro de ninguna manera fue positiva, y muchos críticos levantaron sus voces en protesta.

Uno de los pioneros en el uso médico de la hipnosis fue James Esdaile, un cirujano quien trabajó en la India en la última parte del siglo XIX. Realizó centenares de operaciones menores y unas trescientas operaciones mayores con el paciente anestesiado hipnóticamente. Esdaile llegó a ser un defensor de la hipnosis y sostenía tres proposiciones: (1) La hipnosis es un método natural dado por Dios para la curación. (2) El poder producido por la mente inconsciente mientras un individuo está en un trance hipnótico es similar al poder del Creador. (3) Todos los hombres tienen dentro de sí mismos un poder especial dado por Dios, y el poder de la hip-

---

[1] Joseph Wittkofski, The Pastoral Use of Hypnotic Technique (New York: The Macmillan Co., 1961).

notizabilidad es un don especial de Dios. Bryan[1] dice que la premisa de Esdaile es que la hipnosis es natural, poderosa, y universal.

Aspectos tanto de religión como de hipnosis en los cuales hay paralelos ofrecen un campo fértil para la investigación. Examinaremos la anticipación, la concentración, la dependencia, la autonomía, el prestigio, la confianza, la repetición, la imaginación, grupos de influencias, autosugestión, habilidad para soportar dolor físico, euforia, y una respuesta retardada a la sugestión. En cada caso los aspectos hipnóticos se examinarán primero y luego se considerarán los paralelos religiosos.

Anticipación. Los individuos que responden más a la sugestión generalmente tienen una actitud optimista acerca del resultado. Una persona que es crítica, escéptica, o censuradora, generalmente es un sujeto muy deficiente. Escribiendo sobre las técnicas de inducción en la hipnosis, Christenson[2] dice que el sujeto apropiado debe tener tanto un interés en el proceso como una disposición para cooperar. Si le falta confianza en el operador, o siente antagonismo hacia él, la inducción hipnótica será muy improbable.

La expectación probablemente opaca cualquiera otra consideración en la sugestión. El amplio uso que hacen los dentistas de la hipnosis fue probablemente precipitado por la anticipación de los pacientes. Un informe dental cuenta de un dentista quien colocó una máscara de anestesia en el rostro de su paciente. El paciente relajó sus nervios y se le desarrolló una analgesia. El trabajo dental se hizo sin haber usado el gas. En esta experiencia la anticipación fue el factor primordial. Solamente el ver la exhibición de instrumentos del dentista produce temor, así obviamente es posible ofrecer otros tipos de sugestión a los pacientes.

Sin anticipación no hay experiencia religiosa. Tiene su génesis en la fe. "Porque es necesario que el que se acerca a Dios crea que le hay, y que es galardonador de los que le buscan" (Hebreos 11:6). Con frecuencia se menciona en son de broma la historia de

---

[1] Bryan, *op. cit.*, pág. 21.
[2] Le Cron, *op. cit.* pág. 33.

un individuo de una área rural quien solamente podía gozar de la
religión en un avivamiento que se tenía durante el verano bajo una
parralera. Con frecuencia esta historia está más cerca de los hechos
que lo que nosotros imaginamos. El tipo de experiencia religiosa,
sea gradual o repentino, calmado o emocional, durante los
primeros años de la vida, o en los últimos, generalmente sigue el
patrón anticipado por el sujeto, para el cual está consecuentemente
preparado.

Concentración. ¿Qué sucede en los procesos mentales del
individuo que responde a la sugestión? Antes se hizo mención de la
insistencia de Erickson de que una persona sugestionable debe ser
capaz de enfocar su atención en un pensamiento, y luego continuar
concentrándose en él. Van Pelt[1] ve el proceso de sugestión como se
expresa en la figura siguiente.

Aunque la idea de Van Pelt acerca de las "unidades de poder
mental" es algo dudosa, y el esquema no presta mucha atención a
los factores inconscientes, sí señala la concentración como una
parte vital del proceso. Esta teoría va en contra de aquellos que ven
la hipnosis como una forma de sueño. Braid, quien acuñó el término "hipnosis", que literalmente significa sueño, más tarde
prefirió el término "monoideismo", recalcando el punto principal
de una sola idea.

A medida que el sujeto cae más profundamente en la hipnosis, todos los otros estímulos menos la voz del operador son
gradualmente rechazados. Un individuo estaba siendo hipnotizado
y de un cuarto cercano vino un ruido de una máquina de escribir y
el sonido de conversación. Más tarde el sujeto recordó que los ruidos le molestaron y le hicieron sentir que sería imposible entrar en
un trance hipnótico bajo estas condiciones, pero los sonidos fueron
gradualmente excluidos de su conciencia. A medida que progre-
saba la sesión, un carpintero comenzó a martillar en la pared pero
el sujeto estaba completamente ajeno a todo. Más tarde reveló que
no se había dado cuenta del ruido del carpintero.

---

[1] Bryan, *op. cit.*, pág. 8.

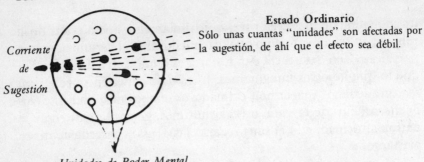

Estado Ordinario
Sólo unas cuantas "unidades" son afectadas por la sugestión, de ahí que el efecto sea débil.

Corriente de Sugestión

Unidades de Poder Mental
Unidades dispersas de poder mental no alcanzadas por la sugestión.

Hipnosis
Unidades de poder mental concentradas y todas afectadas por la sugestión, por lo tanto con fuerte impacto. No queda poder mental para percatarse de nada salvo la sugestión hipnótica, por lo tanto aun el dolor es ignorado.

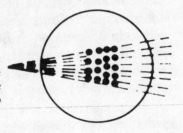

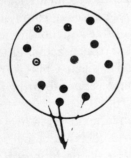

Después de la Hipnosis
Unidades de poder mental difundidas nuevamente pero ahora cada una carga una dosis de sugestión.

Unidades de Poder Mental con Dosis de Sugestión

LA NATURALEZA DE LA HIPNOSIS

La religión es, en un sentido, la concentración de los poderes de un individuo en un solo objeto. La declaración de Pablo: "Una cosa hago", puede muy bien ser el lema de una persona sinceramente religiosa. Wittkofski[1] sostiene que los cristianos creen que el hombre ha sido creado para la eterna contemplación de la deidad y

---

[1] Wittkofski, *op. cit.*, pág. 35.

que "desde un punto de vista ventajoso, la contemplación puede ser requerida como una forma de meditación que emplea un alto grado de concentración".

El mismo autor piensa que la preparación en hipnosis puede ser vista como "una forma espléndida de preparación en la prosecusión del destino eterno del hombre". El mandato bíblico es: "amarás a Jehová tu Dios, de todo tu corazón, y de toda tu alma" (Deuteronomio 6:5). Jeremías expresó una idea similar: "Me buscaréis y me hallaréis, porque me buscaréis de todo vuestro corazón" (29:13). La respuesta del salmista a Dios: "Bendice, alma mía, a Jehová, y bendiga todo mi ser su santo nombre" (Salmo 103:1).

El término judío "kavanah" significa "concentración", según está usado en el Talmud y tiene un significado peculiar para el acto de la oración. Bowers y Glasner[1] comentan: "Bachya negó todo valor a los hechos externos de la religión si están desprovistos de kavanah. Y Maimonides declaró que una oración sin kavanah no es oración." En la práctica del kavanah hay dos objetivos principales: (1) El producir un estado de éxtasis religioso e (2) inducir un reconocimiento mayor de Dios. Para hacer que estos estados lleguen a producirse, el adorador enfoca toda su atención en las combinaciones de las letras hebreas, desenvolviendo técnicas de respiración, y utilizando ciertas posturas y movimientos del cuerpo. Bowers y Glasner creen que esto ayudaba a producir un estado semejante a la autohipnosis dirigiendo el objetivo de kavanah, o "concentración".

Los primeros investigadores de las experiencias religiosas hablaron acerca de la persona antes de la conversión como alguien que tenía un yo dividido. La conversión produjo la unificación de los poderes de la personalidad enfocándolos en un objeto. El fracaso en este punto ha atormentado constantemente a los creyentes.

---

[1] Margaretta K. Bowers, y Samuel Glasner, "Auto-Hypnotic Aspects of the Jewish Cabbalistic Concept of Kavanah", *International Journal of Clinical and Experimental Hypnosis* (Jan. 1958), pág. 4.

El problema de Cristóbal Robin al decir sus oraciones mientras recordaba las aventuras del día eran paralelas en la vida posterior del soldado de Studdert-Kennedy, cuya vida fantástica es tan rica que no puede concentrar sus pensamientos y orar a Dios por causa "del color de los cabellos de ella".

Dependencia. La persona que hipnotiza se convierte en una figura autoritaria en la mente del sujeto, quien con frecuencia parece volver a la relación de dependencia. Los tipos de relación entre el operador y el sujeto en la hipnosis han sido colocados en dos categorías: El "tipo madre" y el "tipo padre". El "tipo padre" tiene mayor relación autoritativa en la cual el sugestionador ordena al sujeto que siga las sugestiones de él. Los hipnotistas del escenario con frecuencia son de este tipo.

Una relación del "tipo madre" en la hipnosis es de un orden más permisivo y característico del uso clínico de la hipnosis. En la hipnoterapia se hace más hincapié en la cooperación del sujeto. La técnica de inducción de Erickson en la elevación de la mano se desarrolla sobre la idea básica de que el sujeto es capaz de determinar la velocidad de la inducción, midiendo su progreso o deteniéndolo si es necesario. No obstante, en cualquier caso hay un cierto elemento de dependencia. Así es especialmente con el "tipo padre".

Un escritor antiguo declaró que nadie podría tener a Dios como Padre si no hubiera tenido a la iglesia como madre. Sin llegar tan lejos como se hace en esta declaración, el creyente está todavía consciente de la dependencia en la deidad a quien él adora. El convertido después de una experiencia de gracia, con frecuencia relata la historia de sus días anteriores de suficiencia propia, que terminaron cuando él vino y se entregó a la gracia de Dios. La crisis evangélica demanda que un individuo reconozca que es pecador y que se encuentra completamente dependiente de los méritos del Hijo de Dios en la cruz. La literatura devocional recalca la dependencia del creyente, como lo hacen muchos de los himnos más amados.

Autonomía. El recalcar demasiado el aspecto de la dependencia en la sugestión, es pasar por alto el aspecto evidentemente contradictorio de la autonomía del individuo. Aun en el trance hipnótico, una persona generalmente no transgrede sus normas aceptadas de moral. Los hipnotistas del teatro han hecho este descubrimiento, y Polgar[1] dice de su experiencia:

Cuando hice una demostración en la Universidad de Columbia hipnoticé a un grupo como de quince personas. "Aquí tengo champaña", anuncié al verter en los vasos agua de una jarra. Bajo el influjo hipnótico el grupo se puso a reír al tomar agua pura.

Pero cuando traté de hacer el mismo experimento con los profundamente religiosos menonitas en Freeman, Dakota del Sur, fracasé completamente. Aun bajo el profundo trance de la hipnosis, los miembros de este grupo religioso rehusaron aceptar lo que se les ofrecía a guisa de licor. Tampoco fumaron cuando les mandé que lo hicieran, demostrando así otra vez, que aun bajo la hipnosis, ninguno hará algo que crea que es inmoral, deshonesto, o contrario a sus más profundas convicciones. Los menonitas se quedaron muy complacidos con la fuerza moral de su grupo. Esto no era de sorprender. Pero para completar mi experimento yo pedí a otra persona, no a un menonita, que pasara adelante. Era joven y un buen tipo hipnótico. Le dí un vaso de vino y le dije que era agua. Me creyó y lo bebió diciendo: "tenemos buena agua aquí en Dakota del Sur". Fácilmente puede usted desviar a las personas si es un hipnotizador falto de escrúpulos.

Tres de los menonitas se sorprendieron tanto con la orden de beber el licor que no existía, que despertaron y no pude volver a dormirlos. La relación de fe-prestigio entre el hipnotista y el medium se había terminado. Nada podía tocar su fe religiosa. Era más fuerte que mi sugestión.

Yo podría relatar centenares de ejemplos similares. Por ejemplo, ningún judío ortodoxo bajo hipnosis, comerá jamón, pero un hipnotista que no tenga buena ética puede engañarlo como yo pude haber engañado a los menonitas de Dakota del Sur.

La mención que hace Polgar de la necesidad de emplear un subterfugio, señala la autonomía del sujeto en la sugestión, particularmente con relación a sus normas morales.

Prestigio. Los hipnotizadores del tablado reconocen el lugar

---

[1] Franz J. Polgar, *The Study of a Hypnotist* (New York: Hermitage House, 1951), págs. 145-146.

del prestigio en la sugestión. Un buen hipnotista debe tener una
confianza ilimitada en su habilidad. Así, dice Polgar:[1]

> Lo más importante al principio de cualquier experimento hipnó-
> tico, es la apariencia exterior de confianza absoluta y autoridad de
> parte del hipnotista. Se ha mencionado previamente la relación de fe-
> prestigio. Cualquier indicación de debilidad o de incertidumbre, de
> timidez, o de falta de confianza de mi parte destruirá esta relación de
> fe-prestigio y dará por resultado resistencia contra la hipnosis y contra
> mí mismo.

Las túnicas de Gassner y la cruz de metal, la túnica de color lila de
Mesmer, las túnicas blancas de los médicos, y la publicidad cuidadosamente plantada por la prensa acerca del hipnotista del tablado
todo se dirige hacia algo del mismo factor prestigio.

La radiodifusión de Orson Welles: *Guerra de los Mundos*,
fue responsable de uno de los peores pánicos provocados en los
Estados Unidos de Norte América. Considerando nuevamente el
evento, los investigadores observaron el elemento de prestigio.
Aunque eran ficticios, títulos tales como el profesor Farrell del
Observatorio del Monte Jennings, Chicago, evidentemente
afectaron la percepción que la gente tenía de la situación. Una persona dijo: "Yo creí en la radiodifusión tan pronto como oí acerca
del profesor de Princeton y los oficiales de Washington."

En los círculos religiosos el prestigio juega un papel ele-
mental. La revista *Time* recientemente informó que los ministros
eran el único grupo profesional que usaba títulos honorarios. Un
predicador que nunca ha estado en una universidad pero tiene un
grado conferido por una universidad que no tiene programa
doctoral, con mucho orgullo exhibirá su diploma, dejando saber
que él espera que de ahí en adelante se le hable como "doctor". La
pompa eclesiástica y la ceremonia utilizan el elemento de prestigio
para impresionar a sus seguidores y aumentar la facilidad para
sugestionarlos.

Confianza. Cualquier falta de confianza en el operador rápi-

---

[1] *Ibid.*, pág. 160.

damente se revela en los experimentos de sugestión y en los procedimientos hipnóticos. La falta de seguridad se transmite al sujeto
sin que se hable una sola palabra, y la comunicación negativa no
verbal es suficiente para estorbar el proceso. Erickson[1] lo ilustra de
la manera siguiente:

> Hace poco se le pidió a un médico que hipnotizara a un sujeto.
> Todo salió bien hasta que el operador pidió al sujeto que diera un
> resumen de un libro de química. El operador no creía que esto fuera
> posible para el sujeto, quien estaba en un trance muy profundo. El
> operador manifestó la falta de confianza en él inmediatamente y el
> sujeto despertó del profundo trance y preguntó: "¿Qué le pasa?"

El líder religioso intuitivamente sabe que debe declarar: "Así
ha dicho el Señor." Pablo dice: "Y si la trompeta diere sonido
incierto, ¿quién se preparará para la batalla?" (1 Corintios 14:8).
Banks aconseja a los predicadores que sigan la misma línea:[2]

> Para que la predicación de un avivamiento sea eficaz debe ser
> positiva. El que duda nunca tiene avivamientos... Un avivamiento es
> una revolución en muchos aspectos importante, y las revoluciones
> nunca se realizan por los discursos tímidos, temerosos, o despreciativos.
> Son despertadas por hombres que están seguros del terreno que pisan,
> y quienes hablan con autoridad... la predicación del avivamiento
> debe ser dirigida hacia el corazón, no hacia la cabeza... apodérese del
> corazón y la cabeza se rinde fácilmente.

El pensamiento no es nuevo, porque fue dicho de Jesús que él
hablaba como quien tiene autoridad (Mateo 7:29).

Repetición. Erickson[3] considera la repetición como una consideración fundamental en la hipnosis y dice: "Si se pide una definición breve de la hipnosis, uno puede decir: "sugestión y repetición". La sugestión se refiere más específicamente a la naturaleza

---

[1] Erickson, *op. cit.*, pág. 53.

[2] Louis A. Banks, "The Preaching Needed in Revivals", *How to Promote and
Conduct a Succesful Revival*, ed. R. A. Torrey (New York: Fleming H. Revell Co.,
1901), págs. 32-34.

[3] Erickson, *op. cit.*, pág. 20.

del sujeto, y la repetición a la técnica utilizada, implicando así que en la sugestión la repetición es la primera y principal técnica.

Una autoridad da una muestra del lenguaje usado en el procedimiento de inducción de la hipnosis. Un examen revela que en el espacio de una página la palabra "relajar" o un sinónimo de ella se usa ciento una veces. Hace mucho que se ha reconocido que "la repetición engendra retención". Pero con frecuencia se sostiene que la monotonía causa la pérdida de atención. Sin embargo, ahora se reconoce que la constante repetición de una idea, aun hasta el punto de la monotonía, ayuda en el proceso de la sugestión.

La obra célebre de Le Bon[1] sobre las multitudes revela su familiaridad con un factor similar operativo en los grupos.

> Creo que fue Napoleón el que dijo que hay solamente una figura de retórica que es de seria importancia, es decir, la repetición. La cosa afirmada viene por medio de la repetición a fijarse en la mente de tal manera que es aceptada al fin como una verdad demostrada.

Los hipnotistas han observado el mismo elemento de repetición en los procesos religiosos.

> Mucho de lo que conduce a la autohipnosis en la práctica religiosa, similarmente pasará inadvertido. Consideremos el interior obscuro del templo, el silencio, el altar iluminado brillantemente como un punto de fijación, la naturaleza de la música y los cantos con frecuencia monótonos del sacerdote o del ministro, juntamente con otros factores, proporcionan una condición ideal para el trance. Aun puede ser revelador el recordar la tendencia de muchos de "dormir" durante las observancias religiosas.[2]

El sermón de Spurgeon a los predicadores de la calle ofrece un ejemplo al uso de la repetición de la oratoria religiosa.

---

[1] Gustave LeBon, *Crowd: A Study of the Popular Mind* (London: T. Fisher Unwin, 1897), pág. 121.

[2] Leslie M. LeCron, (edit.) *Experimental Hypnosis*, (New York: The Macmillan Co., 1952), pág. 5.

Continúen su predicación. Zapatero a tus zapatos, predicador a tu predicación. En el gran día cuando llegue a pasarse lista todos aquellos que fueron convertidos por medio de la buena música, la decoración del templo, las exhibiciones y diversiones religiosas, todos ellos sumarán la décima parte de nada; pero siempre se alegrará Dios por la locura de la predicación para salvar a los que creen. Continúa predicando; y si haces algo además, no dejes que relegue tu predicación al fondo. En primer lugar predica, y en segundo lugar predica, y en tercer lugar predica.

Cree en la predicación del amor de Cristo, cree en la predicación del sacrificio expiatorio, cree en la predicación del nuevo nacimiento, cree en la predicación del completo sano consejo de Dios. El antiguo martillo del evangelio todavía romperá en pedazos la roca; el antiguo fuego del Pentecostés todavía arderá entre la multitud. No intentes nada nuevo, pero continúa predicando y si todos predicamos con el Espíritu Santo enviado del cielo, los resultados de la predicación nos asombrarán. Porque no hay fin, después de todo, al poder de la lengua. Mira el poder de la mala lengua, cuán grande maldad puede hacer; y ¿no pondrá Dios más poder en una buena lengua si nosotros la usamos bien? Mira el poder del fuego, una sola chispa puede incendiar una ciudad, aun así el Espíritu Santo estando en nosotros, no necesitamos calcular cuánto, o qué podemos hacer; no hay cálculo a las potencialidades de una llama y no hay fin a las posibilidades de la verdad divina hablada con entusiasmo que es nacido del Espíritu de Dios . . . adelante, adelante, adelante. En el nombre de Dios, adelante. Porque si la predicación del evangelio no salva a los hombres, nada los salvará.[1]

Ya sea directamente o por alguna alusión, la misma sugestión ha sido repetida treinta y una veces en el curso de trece frases. Spurgeon está buscando una respuesta, y usa la repetición. El adagio de "la repetición engendra retención" puede ser extendido hasta decir que también prepara el camino para la acción.

Imaginación. El inconsciente primitivo es adepto a funcionar en un nivel simbólico, y sus procesos son evidentemente agradables a la imaginación. La mayor parte de los procesos de sugestión hacen uso frecuente de la imaginación. Algunas veces tales proce-

---

[1] Robert H. Thouless, *The Psychology of Religion* (New York: Cambridge University Press, 1961), pág. 150.

dimientos de sugestión emplean un sorprendente conjunto de figuras de lenguaje.

Aunque la hipnosis no es realmente sueño, se dice frecuentemente que el sujeto está cayendo en un sueño muy profundo. Puede pedírsele que imagine que está acostado debajo de un pino en un hermoso día de verano. El hermoso cielo azul está lleno de pequeñas nubes blancas, el zumbido de las abejas llega a sus oídos, y un sentimiento de paz inunda su cuerpo al sumirse gradualmente en un sueño reparador.

O puede decírsele que se está deslizando en la corriente en una canoa, oyendo el murmullo del agua, consciente del movimiento lento y rítmico de la canoa con el tibio sol haciéndolo sentirse agradablemente cansado. La inducción rítmica generalmente se especializa en el descenso y la relajación, a medida que el sujeto es proyectado a una situación simbólica.

Recalcando los valores de los símbolos o de las ilustraciones, Erickson dice:[1]

> Frases vívidas con imaginación sencilla tales como: "tu brazo está tan derecho y tan inmóvil como una barra de hierro", "tu brazo está flotando en el aire como una pluma", "suelto como un pedazo de lechuga marchita", son de gran valor en la inducción del trance.

El descenso en el trance es estimulado por el uso de las respuestas que comprenden el pedir al sujeto que siente como si globos estuvieran levantando su brazo, o algunas pesas le impidieran el movimiento. Puede decírsele que un tornillo está apresando sus manos de manera que no pueden ser libertadas. Un operador descubrió que la prueba no tenía éxito, pero más tarde la investigación reveló que el sujeto no sabía lo que era un tornillo y por lo mismo no pudo visualizar lo que se le pedía. A medida que el estado se profundiza, el sujeto visualiza una tina de agua hirviendo en la cual mete la mano y la hace sensible, o crea una

---

[1] Erickson, *op. cit.*, 369.

imagen mental de que el médico le ha puesto la jeringa hipodérmica en su muñeca y ha hecho que su mano se duerma. Puede pedírsele que vea cómo se encoge su cuerpo, o cómo lo que le rodea llega a ser aquello de otro día, a medida que él regresa a un nivel más temprano de edad.

Un operador habilidoso emplea imágenes familiares para el sujeto. Si el cliente ha dicho que tiene interés en la agricultura, las metáforas agrícolas dominan las sugestiones ofrecidas. Este es el proceso de "reacción crítica", utilizando asociaciones familiares en los cuadros descritos por el operador. Algunos operadores usan tiempo con el sujeto, no solamente ganando confianza, sino también descubriendo los intereses del sujeto y las ideas de manera que la reacción crítica sea más eficiente.

El *Marco Antonio* de Shakespeare demuestra el reconocimiento intuitivo de un orador de los valores de la imaginación.

> Si tienes lágrimas, prepárate para derramarlas ahora.
>
> Todos ustedes conocen este manto: Yo recuerdo la primera vez que César se lo puso; era en una tarde de verano, en su tienda el día que venció a Nervii: Mira en este lugar la daga de Cassio que atravesó su cuerpo: Ve el rasgón que hizo el envidioso Casca:

La referencia de Antonio a las lágrimas, la noche de verano, la tienda, la capa de César, y el rasgón de la daga, todas hacen un impacto sugestivo.

En un ambiente más moderno el gobernador Orval Faubus, durante la crisis de la integración en Little Rock, demostró el uso de la imaginación.

> En la actualidad encontramos a los miembros de la famosa división, la cual yo ayudé a rescatar, en Little Rock, Arkansas, golpeando a los inocentes espectadores, poniendo las bayonetas en la espalda de las niñas que van a la escuela, y la sangre roja de los patriotas norteamericanos manchando las hojas desenvainadas de los cuchillos. En el nombre de Dios a quien todos nosotros respetamos, en el nombre de la libertad que tanto amamos, y que tanto consideramos de valor, ¿qué está sucediendo en América?

Con un delicado giro de frase, Clement de Tennessee, reveló

sus temores: "¿Va la bayoneta a llegar a ser el símbolo de la educación del sur?"

El simbolismo impregna las formas y prácticas religiosas. La literatura apocalíptica de la Biblia es una amplia pantalla de una infinita variedad de proyecciones descriptivas. La predicación profética es un panorama de vívidos colores y de extrañas imágenes de un Ezequiel, o del débil mortal descrito por Jonatán Edwards colgando como una araña sobre el abismo del fuego, o las metáforas más sencillas de los predicadores rurales.

El líder religioso más educado repele el uso de imágenes usada por sus compañeros menos educados que él, y aboga por la dignidad y el decoro. No obstante, es muy probable que él dirija sus propios cultos de adoración en un edificio en el cual cada perilla, arco, y detalle tenga algún significado simbólico. Sus altos ventanales con emplomados en los cuales se refleja una tenue luz religiosa están probablemente adornados con un gran número de formas místicas, tan incomprensibles para el sencillo adorador como los jeroglíficos de la tumba de un Faraón. Cambiándose periódicamente sus vestiduras para esparcir su mensaje sin palabras, escucha reverentemente al himno del coro que está cargado de símiles y metáforas.

Todas las formas y prácticas religiosas utilizan las imágenes y el simbolismo. Si estos van a tener una influencia efectiva, deben tenerse presentes los procedimientos de reacción crítica. Sin embargo, los símbolos serán más efectivos cuando toquen una nota familiar en el proceso imaginativo del individuo.

Emoción. El inconsciente no funciona al nivel intelectual racional, sino que responde más fácilmente a un acercamiento emocional. Los sujetos que hasta ahora no han podido expresar sus sentimientos, a menudo podrán reaccionar y volcar sus emociones reprimidas cuando están en un trance hipnótico. A la emoción reprimida del inconsciente se le proporcionó una avenida de escape; similarmente, la emoción puede proporcionar acceso al inconsciente.

La *ley del efecto dominante* de Erickson es una declaración de la manera en que la emoción fortalece la sugestión.

La influencia de grupo. La sugestión comprende más típicamente la influencia de por lo menos una persona sobre otra, en la cual el operador ofrece la sugestión y el sujeto responde. Los procesos hipnóticos a veces son ayudados al hacer que el sujeto vea a otra persona ser puesta en trance. Un investigador relata que una estudiante de enfermería que estaba muy deprimida, necesitaba el tratamiento hipnoanalítico pero rehusaba siquiera ir a ver al médico. Se consiguió su cooperación so pretexto de que su amiga necesitaba a alguien que la acompañara mientras estaba recibiendo la terapia. Al ver a su amiga ser puesta en trance, ella entró también y se procedió con la terapia con ella.

La religión es esencialmente un fenómeno de grupo y la influencia de una persona sobre los demás es un factor importante en las reuniones religiosas. Los grupos más extáticos recalcan las respuestas de los adoradores, las cuales inspiran al predicador, quien a su vez incita a los adoradores y fomenta el estímulo circular. Yo fui presentado en una iglesia de gente de color, donde el anciano ministro notó las quejas de que no había suficiente fuego en el púlpito y afirmó que la principal dificultad era que en los bancos no había suficiente leña. Luego exhortó a la congregación: "Dénle a él algo de leña, hermanos." En medio de las respuestas entusiastas de la congregación el predicador tendría que tener un corazón de piedra si no fuera movido para hacer una presentación más ferviente.

Algunos evangelistas apelan a la sugestión al hacer la invitación. Aun antes de que cualquier individuo pase al frente, anuncian: "Ya vienen, ya vienen ahora." La gente entonces se siente estimulada para unirse a los demás.

Las respuestas del grupo son utilizadas también en los grupos eclesiásticos más dignificados y litúrgicos. "Actos de fe" que incluyen movimientos corporales, respuestas al ministro o sacerdote que se unen a la congregación, el canto del grupo, los movimientos congregacionales, como ponerse en pie, sentarse, y arrodillarse al unísono, todas éstas desempeñan una parte en despertar la sugestibilidad.

Autosugestión. A pesar de la influencia de otros en el individuo, la sugestibilidad en último análisis es una cualidad interna de la personalidad del individuo. La autosugestión fue discutida antes en el capítulo, donde se vio que un individuo puede ofrecer a su propio inconsciente una idea potente que puede ser una poderosa influencia sobre sus actitudes o su conducta. De muchas maneras la forma más sencilla de sugestión, es la más eficaz cuando se prepara con entrenamiento y sugestión posthipnótica. Cuando se ha alcanzado esta condición, es usual referirse a ella como autohipnosis.

Los religiosos hindúes usan la autohipnosis en sus prácticas religiosas. En la investigación que hizo Van Pelt del dominio de la palpitación del corazón por medio de la hipnosis, se refiere a los hombres religiosos quienes por medio de la autohipnosis hacen más lenta su circulación y parece que están muertos. Mientras están en este estado pueden ser sepultados y más tarde tienen una completa recuperación.[1]

Karl Menninger ha sugerido posibles aspectos científicos de la oración, diciendo: "El efecto de la oración a Dios es escasamente un objeto de investigación, pero el efecto de la oración sobre aquellos que la ofrecen podría muy bien constituir un asunto de investigación científica."[2] En cualquier investigación de esta naturaleza, la oración y las actividades de adoración probablemente proporcionarían los mejores ejemplos de autosugestión en la religión. Bryan observa que la oración generalmente comprende alguna preparación en la cual el individuo toma una postura especial de arrodillarse, sentarse, o acostarse, generalmente con la cabeza inclinada. Las palmas de las manos pueden colocarse juntas, o a los lados, o en el suelo. Bryan nota además que ningún

[1] Wayland F. Vaughan, *Social Psychology* (New York: Odyssey Press, 1948), pág. 268.
[2] Bowers y Glasner, *op. cit.*, pág. 3.

grupo religioso ora con los puños cerrados. La postura típica es una posición de relajamiento por lo menos temporalmente de todas las tensiones conscientes, y las personas más religiosas cierran sus ojos en oración y así excluyen todo otro estímulo mientras están enfocando sus pensamientos en Dios.

La mayor parte de los investigadores han visto a la sugestión activa en los milagros de curación del Nuevo Testamento. Bryan nota también la autosugestión y se refiere a la mujer sanada del flujo de sangre. Aunque la fe era una parte vital del proceso, Bryan llama la atención a la frase "se decía dentro de sí". Concluye que la autosugestión había por lo menos tenido un papel preparatorio en la curación.

Ciertos actos de fe, tales como el arrodillarse, persignarse, tomar diferentes posiciones, repetir oraciones, credos o declaraciones de fe, tienen poderes autosugestivos. Las técnicas que empleó Coué en la autosugestión incluyen el hacer que sus pacientes contaran nudos en un pedazo de cordón. El evidentemente había observado la eficacia de pasar las cuentas del rosario como un medio de autosugestión.

El constante y repetido culto al "poder del pensamiento positivo" en el protestantismo parece ser una leve y disfrazada reafirmación del poder de la autosugestión.

Euforia. Para la mayor parte de las personas la hipnosis clínica es una experiencia relajante. Hadfield[1] cita a uno de sus sujetos según informó después de la hipnosis:

> Cuando vine, pensé que iba a ser aletargado; que usted iba a poner en mí algo, que quizás a mí no me gustaría. Ahora sé que he vivido por años en un subterráneo y que usted me ha sacado de allí y ha liberado lo que había en mí.

Una gran proporción de personas al salir del trance, dicen: "Nunca me sentí tan descansado en toda mi vida" o algo semejante. Un sentimiento de bienestar es una reacción típica.

---

[1] J. A. Hadfield, "The Psychology of Power", *The Spirit*, ed. B. H. Streeter (New York: The Macmillan Co., 1919), pág. 75.

También se ha notado que las personas en un trance hipnótico se caracterizan por una actividad sensorial aumentada, por mejor memoria o aumento de fuerza muscular. Los investigadores primitivos a veces llegaban a la conclusión demasiado pronto de que desde entonces los poderes no poseídos podían estar al alcance en la hipnosis. Pero aunque Marcuse[1] seriamente pone en tela de juicio muchas de estas conclusiones, sin embargo, reconoce que las inhibiciones emocionales se pueden quitar permitiendo al individuo utilizar sus poderes y sus fuerzas que ya tenía pero que normalmente no podía movilizar.

La experiencia vital religiosa de manera muy característica tiene asociada una euforia. Al informar de sus conversiones, la descripción más frecuentemente usada por las personas en cuanto a la reacción de la postconversión era "un sentimiento de liberación y felicidad". El culto de la "paz mental" tiene un énfasis eufórico. Desafortunadamente, en la hipnosis como en la religión, la euforia tiene tendencia a desvanecerse, y los ministros sabios advierten contra la "depresión" que puede venir más tarde. La experiencia religiosa debe incorporar más que resultados emocionales.

Habilidad para soportar el dolor físico. Los médicos y dentistas modernos han podido utilizar los aspectos anestésicos de la hipnosis en sus procedimientos. Esdaile llama la atención al uso de la hipnosis en la India en el siglo XIX, y algunas autoridades creen que sus técnicas habrían sido de más amplio uso si no hubiera sido por la introducción de las sustancias químicas y los anestésicos modernos. Por una extraña coincidencia, los médicos y los dentistas están volviendo a esta técnica primitiva. La inducción de la anestesia es un procedimiento relativamente simple en una persona. La anestesia de guante, en la cual toda la mano se queda insensible, con frecuencia se usa como prueba en la profundidad del trance hipnótico el cual es inducido. Puede ser que haya una relación

---

[1] James Boswell, *Life of Dr. Johnson* (New York: E. P. Dutton and Co., sin fecha), págs. 96-100. Versión castellana: *La Vida del doctor Johnson* (Buenos Aires: Espasa Calpe.)

entre la anestesia producida por la sugestión y la capacidad de sufrir de los mártires religiosos.

La práctica de Thai Pusam que se lleva a cabo entre los devotos en Malaya, está basada en la mitología hindú. Los adoradores se entierran dagas en los brazos, se perforan las mejillas con varillas metálicas, y se cuelgan anzuelos en su cuerpo, caminan por sobre carbones encendidos y tiran de carruajes por ganchos que se ponen en la espalda, o usan el "kavida". Un folleto publicado por un templo en Malaya describe este evento:

> Los devotos para probar su sinceridad y hacer algún sacrificio por la causa de Dios, llevan el "kavida" (un objeto semicircular que tiene barras adheridas en el fondo para sostenerlas sobre los hombros, y la misma está decorada con flores y plumas de pavo real, el vehículo del dios Subramania). Algunos devotos caminan con sandalias que tienen clavos y se perforan las mejillas con alfileres de plata, también se perforan la lengua y cualquier parte del cuerpo. Durante el proceso de perforación con los alfileres de plata, los devotos *no sienten ningún dolor* ni dificultad puesto que sus mentes están concentradas y exaltadas en el pensamiento de Dios. Solamente Dios y nada más ocupa su mente.

Se ha notado un fenómeno similar entre los judíos medievales al prepararse para el martirio. Bower and Glasner[1] cita a Scholem:

> En un poderoso discurso del gran místico Abraham ben Eliezer Halevi de Jerusalén (murió más o menos en el año 1530), encontramos una recomendación para aquellos que se enfrentan con el martirio. Les aconseja que se concentren, en la hora de su última ordalía en el Gran Nombre de Dios; que imaginen sus letras radiantes ante sus ojos y que fijen toda su atención en ellas. Cualquiera que haga esto, no sentirá el calor de las llamas ni las torturas a las cuales será sujetado: "Y aunque esto parezca improbable a la razón humana, así ha sido experimentado y transmitido por los grandes mártires."

En la tradición cristiana podríamos encontrar muchos más ejemplos similares. La enfermiza búsqueda del martirio, la cual ha aparecido periódicamente en la historia cristiana, ha sido con-

---

[1] Bowers y Glasner, *op. cit.*, p. 19.

siderada con sospecha por los eruditos que se han preguntado si éste verdaderamente representa el sufrimiento y el sacrificio como se alega o si ha sido realizado por una especie de gozo extático para el "sufriente".

Respuesta retardada a la sugestión. La sugestión poshipnótica es uno de los aspectos más dramáticos de la hipnosis. Se da una sugestión a una persona de que después de que salga del trance realizará un acto tal como quitarse sus zapatos o abrir un paraguas cuando el operador golpee el escritorio. Después del trance el sujeto escucha al operador golpear sobre el escritorio, y siente un impulso irresistible de quitarse los zapatos o de abrir un paraguas, aunque no tenga ningún recuerdo consciente de que se le ha dicho que ejecute tal acto. A veces hay un lapso como en la situación cuando al sujeto se le da la sugestión de que diez días después realizará tal acto. Si es un buen sujeto, hay una excelente posibilidad de que siga las instrucciones en el día designado. Un registro muestra que un hombre siguió una sugestión exactamente en la manera en que se le había dado en el tiempo designado, un año después de que se le dieron las instrucciones.

En los círculos religiosos hay una preocupación por la falta de relación entre la teología y la ética, y porque la vida cristiana no es de la calidad que podría esperarse. Los educadores religiosos hace mucho que se han quedado perplejos por la baja calidad de la vida cristiana, y han buscado la razón para ello. Una de las respuestas ha sido que las enseñanzas religiosas son demasiado "centradas en lo material", y que se ha pedido más "actividad" en los programas de enseñanza de la iglesia.

Los que planean los programas de actividad religiosa han tenido su apogeo y los niños ciertamente han disfrutado más de la educación religiosa, pero ¿ha habido un mejor desarrollo de carácter? Hasta que se hayan desarrollado mejores técnicas religiosas de evaluación, es difícil hacerla, pero será muy valiente quien diga que el carácter de los procesos educativos religiosos es mucho más alto que lo que era antes.

Si la sugestión tiene algo que enseñarnos, posiblemente tendremos que considerar el rechazamiento de nuestro concepto "centrado en lo material" en la educación. El proceso de comunicación puede llegar a ser nuestro punto principal al intentar descubrir dónde puede mejorarse. Un notable clérigo norteamericano tiene un sermón muy poderoso sobre el asunto: "Ideas Que Nos Usan." La sugestión nos enseña la potencia de una idea plantada en el proceso de pensamiento de un individuo.

Puede ser que tengamos que dar atención al maestro como comunicador y al estudiante como reactor. El comunicador debe estar consciente del valor del prestigio y la confianza en el reactor, y el uso de las imágenes, la repetición, y la emoción en las técnicas de comunicación. Esto no quiere decir eliminar la actividad, sino más bien hacerla con propósito y convertirla en el vehículo para trasmitir una idea que llegará a ser dinámica en la vida del estudiante.

Frecuentemente Jesús aludió a aquella parte del hombre que es llamada corazón. Por ejemplo: "amarás al Señor tu Dios con todo tu corazón" (Mateo 22:37). "Porque del corazón salen los malos pensamientos, los homicidios, los adulterios, las fornicaciones, los hurtos, los falsos testimonios, las blasfemias" (Mateo 15:19). Si, como algunos escritores sostienen, Jesús usó la palabra "corazón" en más o menos la misma manera en la que nosotros nos referimos a los aspectos inconscientes de la personalidad, las técnicas de la sugestión las cuales nos dan el mayor acceso al consciente, pueden haber sido usadas más frecuentemente de lo que lo han sido últimamente.

Desafortunadamente, el uso del amplio término "sugestión" o, peor aún el de la más limitada palabra, "hipnosis" es para hacer reaccionar a los líderes religiosos. La preocupación es comprensible, con las aguas enlodadas por los hipnotizadores populares y otras gentes faltas de escrúpulos que usan las capacidades innatas del individuo para "ganar dinero".

Si las palabras tienen asociaciones malas, la situación puede demandar una nueva terminología para describir el antiguo fenómeno. Porque nos guste o no, estamos constantemente usando las técnicas de la sugestión en nuestro trabajo. En el amplio alcance de las actividades religiosas, desde la oración sencilla al lado de la cama hasta la invitación evangelística en la cual la congregación canta monótonamente: "Haz lo que quieras de mí, Señor", durante veinticinco minutos, las actividades eclesiásticas utilizan la sugestión.

Wittkofski[1] comenta sobre un extraño aspecto de la oposición al hipnotismo:

> El uso clerical de las técnicas hipnóticas, difícilmente puede escapar a la oposición abierta al hipnotismo por algunos grupos religiosos que están al margen. En realidad, muchas de estas variantes religiosas renuncian al hipnotismo porque no quieren que se les copien sus propias técnicas o que sus logros sean imitados. El conferencista de la ciencia cristiana ampliamente emplea una espléndida técnica para la inducción de la hipnosis y con frecuencia el estado hipnótico. Se le dice a la persona enferma que niegue su enfermedad, que crea que está completamente bien, y luego el lector comienza a leer con voz monótona de los escritos pesados de Mary Baker Eddy. Entre los que practican esto, aquellos que pueden más fácilmente leer en una forma monótona son los mejores lectores. La técnica fácil de la ciencia cristiana puede ser empleada casi en cualquier parte por el ministro ortodoxo. El clérigo que entra en un hospital llevando consigo materiales obviamente hipnóticos puede meterse en seria dificultad, pero ninguno osará interferir con el clérigo que simpatiza y que procura consolar al enfermo y toma tiempo para leer a aquel una parte del Sagrado Libro, pero tal libro nunca debe ser demasiado interesante.

Puede ser importante recordar que la señora Eddy aprendió sus técnicas de Quimby que fue un bien conocido hipnotista.

La sugestión es un mecanismo normal de la personalidad tanto como lo es la sublimación. Puede ser usada por el que anuncia para vender sus productos. Gill y Brenman,[2] en un análi-

---

[1] Wittkofski, *op. cit.* pág. 17.

[2] Merton M. Gill y Margaret Brenman, *Hypnosis and Related States* (New York: International Universities Press, 1959), págs. 281-293.

sis provocativo del lavado cerebral, muestra los notables paralelos entre el lavado del cerebro y la hipnosis. La interferencia con las avenidas de entrada, los procesos de rendimiento, la absorción de la atención, la automatización, y la provechosa transferencia de potenciales son todos elementos que se encuentran tanto en el lavado del cerebro como en la hipnosis.

¿No tiene la religión, con su respeto por el individuo y sus fuerzas motivadoras, un sentido de responsabilidad para comprender la sugestión más claramente y usarla para bendición del hombre y la gloria de Dios? Si todo este tiempo gastado estudiando principios educativos y de organización está justificado sobre la base de mayor eficiencia al propagar el evangelio, no se necesita más grande motivación para el estudio de la sugestibilidad, porque este concepto encierra todas las técnicas de nuestro trabajo.

12

LA SANIDAD RELIGIOSA

Por muchos años los capellanes del ejército australiano lucían una Cruz de Malta como insignia en su uniforme. Databa de los días de las cruzadas, cuando los caballeros templarios establecieron hospitales en la isla de Malta para ministrar a los peregrinos que caían enfermos o heridos al ir en peregrinaje a Palestina. Las convicciones religiosas de estos soldados monjes se manifestaban en su cuidado de los enfermos. La religión siempre ha tenido una íntima asociación con los enfermos, tal y como se ve en la fundación de hospitales por parte de la iglesia, una costumbre que perdura hasta el día de hoy.

Es imposible leer la Biblia sin percatarse de los procesos de curación asociados con la enseñanza de la religión. En el Antiguo Testamento la curación era practicada de manera limitada. Sin embargo, en sus páginas se encuentran algunos de los milagros de curación más dramáticos. Con el advenimiento de la época neotestamentaria y el ministerio de Jesús, se incrementó la actividad de curación.

Psicosomático es una palabra de origen bastante reciente. Literalmente significa "alma y cuerpo", refiriéndose a la íntima relación del cuerpo y del espíritu. El alma afecta el cuerpo, y la salud del alma puede ser un índice de la salud del cuerpo. Ya en los tiempos bíblicos, Juan deseaba para su amigo Gayo: "Amado, yo deseo que tú seas prosperado en todas las cosas, y que tengas salud, así como prospera tu alma" (3 Juan 2). Este fue un anticipo del énfasis en la medicina psicosomática. El hombre es una unidad; el cuerpo y el alma no pueden ser separados. La religión y la salud están inexorablemente entrelazadas.

También es posible apreciar las leyes psicológicas en la actividad de curación de Jesús. Weatherhead ha clasificado los milagros de Jesús en las siguientes categorías: (1) Aquellos milagros en los cuales la sugestión parece ser el principal mecanismo; (2) los milagros en los cuales Cristo usó una técnica más complicada; (3) las curaciones en las cuales la actitud mental de los amigos o de los curiosos producía un ambiente psíquico en el cual Cristo podía trabajar más poderosamente. Weatherhead no trata de explicar los milagros de curación de Cristo sino sólo mostrar que pueden ser ilustraciones de las leyes psicológicas. La propia existencia de tal enumeración y su aceptación generalizada es una indicación del acercamiento o *aggiornamento* de la psicología y de la religión sobre tema tan delicado.

Sugestión

Confrontada con las afirmaciones de los que curan por medio de la fe que informan verdaderos milagros, la Asociación Médica Norteamericana sugiere que pueden atribuirse a la sugestión, a la mejoría temporaria espontánea, o a un diagnóstico incorrecto. Si bien el término sugestión es empleado frecuentemente en la discusión de todos los campos que caben dentro de la experiencia religiosa, en ningún lado adquiere mayor importancia que en la curación religiosa. A veces la sugestión es clasificada en (1) heterosugestión, sugestión impartida por otro, (2) contrasugestión, una respuesta contraria a la que fue sugerida, y (3) autosugestión. La autosugestión es asociada frecuentemente con los procesos de curación.

La autosugestión ha sido definida como "sugestión que proviene de uno mismo". Coué (1857-1926) fue un destacado defensor de la autosugestión. El instruía a sus pacientes: "Dí cada mañana y cada noche: 'cada mañana, en todo estoy cada vez mejor' ", agregando con humor inconsciente: "No piense en lo que está diciendo. Dígalo como si fuera una letanía de la iglesia." La frase podía ser modificada a fin de ser adaptada a los individuos, pero había algunas estipulaciones. No podía haber negativos; la enfermedad no podía ser mencionada, puesto que el inconsciente se apegaría al nombre; ningún tiempo futuro podía ser empleado puesto que tenía que suceder inmediatamente. La voluntad no era desafiada a actuar. Tras veinte años de trabajo, Coué[1] resumió las cuatro leyes:

1. Cuando la voluntad y la imaginación son antagónicas la que gana *sin excepción* es la imaginación.

2. En el conflicto existente entre la voluntad y la imaginación, la fuerza de la imaginación está en proporción directa al *cuádruple de la voluntad.*

3. Cuando la voluntad y la imaginación están en armonía, una no añade a la otra, sino que la una es multiplicada por la otra.

4. La imaginación puede ser dirigida.

Coué[2] proporciona ideas adicionales:

> Antes de despedir a su paciente, usted debe decirle que él lleva dentro de sí mismo el instrumento por medio del cual puede curarse, y que usted, si se quiere, sólo es un guía que le enseña a emplear este instrumento y que él debe ayudarle en esta tarea. Por lo tanto cada mañana antes de levantarse, y cada noche antes de acostarse, debe cerrar sus ojos y en pensamiento transportarse a la presencia de usted y repetir veinte veces consecutivas, en tono monótono, contando por medio de un hilo que tenga veinte nudos, esta sencilla frase: 'Cada día, en todo, estoy mejor.' En su mente debe recalcar las palabras, "en todo", las cuales se aplican a cada necesidad, "mental o física".

No se hizo un esfuerzo consciente por emplear la religión, pero los veinte nudos en el hilo que tenían que ser contados tenían una evidente asociación religiosa. El discípulo de Coué, Brooks,

---

[1] Coué y Brooks, *op. cit.*, pág. 16.

[2] *Ibid.*, págs. 22, 23.

discute las variaciones en la fórmula de Coué.[1] Evidentemente, una traducción literal de la fórmula rezaría así: "Cada día en todo estoy cada vez mejor." Brooks dijo que Coué consideraba que la mejor traducción era: "Día por día, en todo, cada vez estoy mejor." Brooks siguió adelante agregando una adaptación para aquellos clientes con convicciones religiosas y sugirió: "Día por día en todo, con la ayuda de Dios, estoy cada vez mejor." El dice: "Es posible que la atención así se torne a más apreciables mejoras morales y espirituales que por la fórmula ordinaria."[1] Notamos en esta filosofía de Coué varios factores. (1) El reconocimiento, de hecho casi la deificación, del inconsciente. (2) El énfasis en el "poder del pensamiento positivo" que periódicamente ha hecho su aparición tanto en los círculos religiosos como en los psicológicos. (3) La íntima asociación con los procedimientos hipnóticos. En el proceso de enseñar a sus pacientes la autosugestión, Coué usó exactamente la misma serie de pruebas como la que usa el hipnotista. (4) Todo el proceso bien pudiera adaptarse fácilmente a un énfasis religioso. (5) La similitud sorprendente entre los métodos de Coué y aquellos empleados en la misión de curación moderna.

En sus aplicaciones terapéuticas modernas, el uso de la sugestión es llamado hipnoterapia. Puede ser utilizada para tratar conflictos que provocan síntomas, para explorar el inconsciente por tales métodos como el escribir automáticamente, para la regresión del sujeto a etapas anteriores en su desarrollo, y para permitir la expresión de la emoción. Algunos terapeutas han combinado la técnica con las percepciones del psicoanálisis y con los procedimientos hipnoanalíticos han acortado el proceso de tratamiento.

Desgraciadamente, la sugestión frecuentemente ha sido empleada para tratar síntomas que pueden ser quitados dramáticamente sin remediar la fuente subyacente.

Algunas personalidades son más sugestionables que otras. Un médico dijo en una ocasión: "A veces es más importante conocer qué tipo de hombre tiene el virus, de qué tipo de virus tiene el

---

[1] *Ibid.*, págs. 90-91.

hombre." Los niños son más sugestionables que los adultos, y las formulaciones de Lederer en torno a los cambios de personalidad en la enfermedad llegan a adquirir importancia. En el capítulo ocho se consideró que toda la vida es un proceso de maduración y de crecimiento y que la fijación y la regresión eran obstáculos que constantemente tenían que ser confrontados en el proceso de crecimiento.[1]

Una experiencia de la vida puede ser ilustrada con un diagrama tal como se muestra en la figura que aparece con el efecto de la enfermedad sobre el proceso del desarrollo. La persona que está madurando continúa creciendo pero la crisis de la enfermedad puede ocasionar el que el individuo sufra una regresión y funcione a nivel infantil. Un cierto número de factores intervienen en esta situación. La persona enferma pierde su independencia. Ya no se espera que tenga sus propias opiniones sobre su propio tratamiento y medicina, sino que debe obedecer las órdenes de los médicos "expertos" que la rodean. Toda su atención está concentrada en su cuerpo, y la constante preocupación con el pulso, la temperatura, las evacuaciones, etcétera, contribuyen a transportarlo a una etapa más temprana y más infantil de desarrollo. Separado por lo menos temporariamente de su empleo, puede perder sus ingresos y su sentido de jefe de familia. Una sencilla experiencia de dolor fácilmente puede introducir una ruptura con el mundo y ocasionar un distanciamiento de la realidad como tal. La regresión ofrece el camino más evidente para salir de todo esto.

La situación se complica aún más en el proceso de la restauración, generalmente llamado de convalecencia. Si se acepta que la enfermedad frecuentemente da por resultado la regresión a una perspectiva pueril, el proceso de convalecencia puede ser conceptuado como proceso de crecimiento. La convalecencia ha sido comparada a la adolescencia, y de manera comparada todas las dificultades confrontadas por el adolescente, pueden ser confronta-

---

[1] Henry D. Lederer, "How the Sick View Their World", *Pastoral Psychology*, VIII (Mayo, 1957), págs. 41-49.

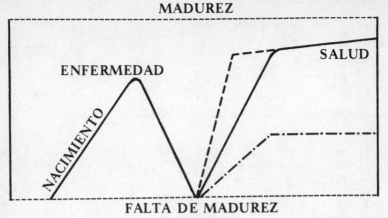

das por el convaleciente. Así como el adolescente, el convaleciente puede tratar de mejorar demasiado rápidamente y en esta "zambullida de salud" se puede lastimar.

Por otra parte el convaleciente, así como se indica en el cuadro anterior, puede "gozar de su mala salud", y tener algunas buenas razones, si bien quizá inconscientes, para no recobrar su salud. William P. Williamson,[1] profesor de cirugía en la Facultad de Medicina de la Universidad de Kansas, dice que el porcentaje de recuperación de la cirugía de discos dislocados es del 85 por ciento. Sin embargo, en casos de compensación donde el paciente puede recibir pago por la atención médica, sueldo por tiempo perdido del trabajo, y por imposibilidad físicas, los mismos neurocirujanos usando la misma técnica sólo obtienen un porcentaje de recuperación de 35 por ciento. Como neurocirujano, Williamson también atiende a los lastimados del cuello por accidentes sufridos cuando un automóvil es golpeado por detrás y la cabeza se sacude violentamente dando por resultado un espasmo muscular, dolor en el cuello, y dolor de cabeza. Williamson dice que todavía no ha visto

---

[1] William P. Williamson, "Relationship of Christian Faith to Health", *The Journal of the Omaha Midwest Clinical Society.* Vol. 22 (Marzo, 1961), págs. 13-21.

un paciente con una dificultad de esta naturaleza que no haya con-
tratado un abogado para que demande al hombre que lo chocó.

Los estudios realizados sobre la base de medicinas ineficaces
han revelado cómo la efectividad de la medicina puede ser alterada
por la fe del paciente en el médico o en la medicina. El doctor Bee-
cher,[1] en sus estudios cuidadosamente controlados, demostró que
de cien personas que sufrían dolores después de una cirugía, de
estos cien, treinta y cinco obtendrán alivio rápido tras una simple
inyección de substancia salina. Con pacientes neuróticos, la efectividad asciende al 60 por ciento de aquellos que son inyectados.
Tomando una perspectiva diametralmente opuesta, se observó que
si una inyección era administrada con la creencia de que no
aliviaría mucho, 25 por ciento de los pacientes no recibieron
ningún alivio de la morfina.

La sugestión es evidentemente un factor importante en
cualquier tipo de curación y frecuentemente ejerce mayor
influencia que los aspectos médicos. Es completamente lógico pensar que un examen de la religión y de la curación tendrá que
efectuarse con una mente abierta y disposición de ver el papel de la
sugestión en el proceso.

Métodos de Curación Religiosa

El pastor de una iglesia está en un dilema. Jesucristo realizó
un ministerio de curación, como así también los cristianos de la
iglesia primitiva. En muchas ocasiones, Cristo exhortó a sus
discípulos a "sanar a los enfermos". El problema radica en tratar
de decidir cómo llevar a cabo los procesos de curación.

Desde el año 1938 el Concilio Nacional de Iglesias de los
Estados Unidos ha tenido una comisión sobre Religión y Salud.
Los miembros son representantes de las profesiones médicas, quienes se unen con los líderes religiosos para considerar la interrela-
ción de la salud y de los recursos espirituales. En 1948 se estableció
una comisión sobre Curación Espiritual. Esta, a su vez, comisionó

---

[1] Williamson, *op. cit.*, págs. 13-21.

PSICOLOGIA Y RELIGION

a Charles S. Braden,[1] de la universidad Northwestern, la investigación de las prácticas de curación de los pastores de iglesias protestantes. De las 460 encuestas recibidas en contestación directa a la pregunta: "Como ministro, ¿ha tratado usted de llevar a cabo la curación espiritual?", ciento sesenta, o sea 34.5 por ciento, respondió que habían tenido tal experiencia en una oportunidad por lo menos. Si las explicaciones negativas fueran tomadas en consideración, unas doscientas seis, o aproximadamente 45 por ciento de los pastores, informaron en cuanto a algún tipo de curación espiritual.

De los 123 pastores que informaron tanto de las curaciones así como también de su afiliación denominacional, había 46 metodistas, 19 anglicanos, 18 presbiterianos, 14 luteranos, 7 bautistas, 5 discípulos, 2 congregacionalistas, 2 reformados evangélicos, y 2 nazarenos. Otras cinco denominaciones informaron un caso cada una. Sobre la base del porcentaje, los anglicanos tuvieron el más alto porcentaje en el número de curaciones en proporción al número de los que informaron, con 65 por ciento de ellos participando en la curación por métodos espirituales. Es interesante notar que el estudio de Braden revela que ninguna de las iglesias informó estar compuesta por gente de la alta sociedad.

Un examen de esta lista también indica que todos eran protestantes y que ningún católico romano informó. Dos grupos que representan los polos opuestos de la estructura social y ambos haciendo hincapié en la curación, brillaron por su ausencia. En el grupo de la alta sociedad se encuentran los de la Ciencia Cristiana y en el grupo de la clase social bajo las sectas pentecostales que hacen hincapié en la curación. Uno de los descubrimientos más significativos bien pudiera ser que dentro del grupo de la clase media baja haya muchas iglesias cuyos pastores creen en la curación religiosa.

Los métodos de curación informados por ministros protestantes en 25 ciudades (160 casos) y empleados en el estudio de Bra-

---

[1] Charles S. Braden, "Study of Spiritual Healing in the Churches", *Pastoral Psychology*, V. (Mayo, 1954), págs. 9-15.

den, se mencionan posteriormente.[1] El definir los métodos a emplearse constituye el corazón del problema.

	Enfermedad Orgánica Total	Por ciento Empleando Cada Uno	Enfermedad Mental Total	Por ciento Empleando Cada Uno	Total de Casos
Oración	98	70	19	95	117
Perdón	44	31.4	13	65	57
Afirmación	35	25	14	70	49
Imposición de manos	33	23.6	4	20	37
Ungimiento	24	17.1	2	10	26
Rituales	14	10	4	20	18
Otros	18	12.8	6	31.6	24

La mayoría de los cristianos creen en la curación por la fe, pero hay cierta confusión en el creyente el tratar de decidir cuáles técnicas son escriturarias, decorosas, y psicológicamente provechosas. Además, las diferentes técnicas empleadas por diversos grupos revela aspectos psicológicos fascinantes del proceso de curación. Un examen de los puntos fuertes y de los puntos débiles de los distintos métodos debiera producir alguna comprensión del asunto.

Objetos de Curación

Se relata la historia de una experiencia en el comienzo del uso del termómetro clínico con un paciente quien nunca antes había visto tal objeto. El médico sentó al paciente y colocó el termómetro en su boca. Cuando regresó más tarde para quitarle el instrumento, el paciente le dijo al doctor cuánto le había ayudado el nuevo tratamiento y que ya se sentía muy mejorado.

Una exposición moderna en una convención médica de los extraños objetos vendidos por los charlatanes para uso de sus pacientes es solamente la extensión de la ya antigua práctica de hacer uso de la fe en los poderes terapéuticos de artículos tan distantes los unos de los otros como la franela roja y las máquinas eléctricas. Los veterinarios de hoy día cuentan de la creencia bas-

[1] Paul E. Johnson, *Psychology of Religion*, rev. ed. (Nashville: Abingdon Press, 1959). pág. 240.

tante generalizada en la virtud de curación de los perros chihuahueños. La versión generalmente aceptada es que si un chihuahueño es obsequiado a una criatura que sufre de asma, el asma será transferida al perro y la criatura sanará, luego el pobre perro es abandonado a sufrir sus molestias asmáticas. No es sorprendente, por lo tanto, que, con el correr de los años, la religión llegara a estar vinculada con objetos.

La Iglesia Católica Romana ha bendecido muchos lugares sagrados de curación en distintas partes del mundo. Probablemente el recinto más distinguido y más conocido es el de Lourdes, en Francia. Fue fundado cuando una niña francesa, Bernadette Soubirous, de catorce años, afirmó, en 1858, haber visto a la virgen María en dieciocho ocasiones diferentes. La visitante celestial le instruyó que dijera a los sacerdotes que construyeran una capilla y que fomentaran peregrinaciones que llegaran a bañarse en la fuente que brotó cuando Bernadette hizo una perforación en el suelo. Lourdes llegó a ser un lugar conocido por todo el mundo cristiano y millones de personas han viajado allí para orar, bañarse y beber las aguas. Se ejerce sumo cuidado para reconocer las "curaciones", y se hacen minuciosas investigaciones antes de anunciar una "curación". Un total de cincuenta y cuatro milagros han sido reconocidos como curaciones divinas en Lourdes y han sido aceptadas por una comisión médica.

Sin embargo, después de un examen muy cuidadoso y objetivo de Lourdes y de participar en una peregrinación, Leslie D. Weatherhead llega a la siguiente conclusión:[1]

> "Probablemente no exista manantial en la Gran Bretaña que no pudiera hacer alarde de una proporción tan alta de curaciones como el manantial de Lourdes si los pacientes llegaran en grandes números y en el mismo estado psicológico de anticipación."

Otros tipos de recintos y reliquias frecuentemente han sido usados por la Iglesia Católica Romana. Las reliquias incluyen "dedos de San Pedro, uñas de las manos, uñas de los pies, los clavos de

---

[1] Weatherhead, *Psychology, Religion, and Healing,* pág. 153.

la cruz, pedazos de madera que se suponía provenían de la cruz, sangre, lágrimas, leche de la virgen María." Ubicados en Palermo están los huesos de Santa Rosalía , "a quien se le atribuyen curaciones eficaces y prevenciones de epidemias por muchos años", y aun cuando un eminente osteólogo, el profesor Buckland, reveló el hecho de que aquéllos eran los huesos de una cabra, evidentemente esto surtió poco efecto en el poder curativo.[1]

Los objetos de curación empleados por los "curanderos" entre los grupos de santidad caen en la misma clasificación. Un bien conocido curandero levanta en alto su mano ante la cámara de televisión y pide que los televidentes coloquen sus manos sobre su aparato de televisión y "establezcan contacto" con el poder curativo. Cuando está transmitiendo por radio él pide que aquellos que han sido sanados toquen el aparato de radio. Evidentemente, tanto el aparato de radio como el aparato de televisión tienen poder como objetos de curación. Bastante predicadores que transmiten radialmente piden que sus oyentes les envíen una solicitud a fin de recibir "lienzos de curación", además de enviar una pequeña donación juntamente con la solicitud. Ellos afirman que el lienzo curará al oyente.

Debe tomarse en cuenta que el valor intrínseco del objeto en el cual el individuo tiene cifrada su fe no es tan importante como la actitud del que busca la curación.

La intensidad de su anticipación es frecuentemente el factor determinativo en la experiencia.

La Imposición de las Manos

La imposición de las manos es uno de los métodos más antiguos de curación. Empleado por Cristo en su ministerio, la práctica ha llegado a constituir parte de las ceremonias de la iglesia cristiana. Los católicos romanos y los anglicanos ven en esto el símbolo de la sucesión apostólica. Algunas iglesias no litúrgicas usan la

---

[1] Charles F. Kemp, *Physicians of the Soul* (New York: The Macmillan Co., 1947), pág. 158.

imposición de manos al ordenar a sus pastores y a sus diáconos.

La creencia en el poder curativo del toque se remonta a los albores de la historia. Un antiguo papiro egipcio que data de antes de 1500 a. de J.C., narra la ceremonia de curación donde se usaba la imposición de manos. En Inglaterra el toque dado por el rey se constituyó en práctica, que comenzó con Eduardo el Confesor. Los enfermos se arrodillaban frente al rey, quien los tocaba mientras el capellán repetía: "El puso sus manos sobre ellos y los curó." La costumbre fue transmitida a través de la línea real. Se dice que el rey Carlos II tocó aproximadamente a cien mil personas. La reina Ana fue la última gobernante inglesa que practicó el "toque real". Una de las personas más destacadas a quien ella tocó fue el infante Samuel Johnson en 1712. Boswell nos dice que la madre de Johnson por consejo del médico de la familia lo llevó para "ser tocado", pero de nada valió puesto que no fue curado.

La costumbre se difundió al continente europeo y fue practicada por muchos reyes franceses. Sin embargo, no todos los gobernantes estaban convencidos. Se registra el hecho de que William de Orange consideró la práctica una mera superstición por lo que él sólo tocó a una persona. Durante el acto murmuró: "Quiera Dios darte mejor salud y más sentido común."

En fechas más recientes, la imposición de las manos generalmente ocurre en un ambiente litúrgico, y grupos anglicanos han usado este método.

Una organización floreciente entre los tipos más litúrgicos de iglesias protestantes es la orden predominantemente anglicana de San Lucas el Médico, organismo que publica la revista intitulada *Sharing* ("Compartir"). A través de un informe reciente, el número de iglesias que participa en la orden y que lleva a cabo servicios especiales de curación ha aumentado de 14 en 1947 a 460, aproximadamente 95 por ciento de ellas siendo anglicanos. La orden afirma contar con 4200 miembros en ochenta y cinco países. Al comparar sus métodos con aquellos de otros practicantes en el campo religioso, la revista *Time* los llama "los sanadores silencio-sos".[1]

La imposición de manos también es usada en ambientes no religiosos. Un laico, Ambrose Worrall, ingeniero aeronáutico, ha llamado la atención a su trabajo, por el cual no pide ninguna remuneración. El impone las manos sobre las personas y dice, al describir su experiencia: "De ese momento en adelante, cuando sentía este extraño peso en los brazos, descubrí que yo podía sanar a las personas, o por lo menos ayudarlas a sentirse mejor."[2]

Los sanadores de fe, quienes se especializan en campañas de sanidad, generalmente imponen las manos a los fieles. Frecuente-mente hacen alarde de su "brazo derecho de curación" y de la sen-sación, como una descarga eléctrica, que proviene de él.

En una oportunidad colaboré como capellán en un hospital militar donde contábamos con un excelente dermatólogo de origen y preparación polaco. Mientras hacía las visitas con él, un día nos detuvimos ante un caso de dermatitis. La enfermera quitó las ven-das del enfermo y quedó al descubierto una piel muy infectada. Sin un momento de dilación, el médico se inclinó y comenzó a pasar sus dedos sobre los lugares infectados. Los que contemplaban se sorprendieron, lo mismo que el paciente. Sonriendo y mirando al paciente, el dermatólogo le aseguró que todo saldría perfectamente bien. Más tarde, en su despacho, le pregunté al doctor si ésta era su práctica regular de tocar los lugares infectados. El me contestó que en su preparación médica le habían enseñado a nunca manifestar temor ante la presencia de una infección. Se afirmaba que una actitud de confianza ayudaba a mitigar las aprehensiones del paciente. Bien pudiera ser que con el contacto de la imposición de las manos tenga el valor de romper el aislamiento que frecuente-mente acompaña a la enfermedad.

---

[1] "Quiet Healers", *Time*, LXXX (Septiembre 28, 1962), pág. 53.
[2] Jhan Robbins y June Robbins, "The Strange Facts About Faith Healing", *Redbook* (Julio, 1960), pág. 82.

Weatherhead[1] sanciona con ciertas reservas la práctica de la imposición de manos pero sugiere precauciones que debieran ser observadas. (1) La imposición de las manos debe efectuarse en privado. (2) No debe insinuarse que esta práctica reemplace el diagnóstico y tratamiento médicos adecuados. (3) El ministro debe ser una persona dedicada que se vea a sí misma como representante de la iglesia en su totalidad.

La Campaña de Sanidad

Un recinto grande está atestado de personas y el director de canto dirige unos himnos con bastante ritmo y de vez en cuando se refiere al hermano Pérez quien posteriormente traerá el mensaje.

En un momento dado, el hermano Pérez aparece en la plataforma. Su apariencia más se asemeja a un luchador que a la de un predicador. Está vestido de manera llamativa y comienza a predicar muy rápidamente. Cuenta cómo se le apareció un ángel en un sueño con la noticia de que recibiría el don de curar y desde ese momento Dios había realizado curaciones milagrosas a través de él. Explica lo que interiormente le aconteció. Una sensación le comienza en la boca del estómago y de allí atraviesa todo su cuerpo llegando hasta los brazos. Así se siente en estos precisos momentos. Es algo así como una corriente eléctrica que se descarga en su brazo derecho. Cuando usted pasa al frente y él le impone las manos, usted sentirá la sensación como de una descarga eléctrica. Por supuesto, quizás no lo sienta pero ocurrirá de todos modos.

El orador toma un poco de tiempo para explicar cuidadosamente que dos cosas tienen que ocurrir. Será o bien una curación o bien un milagro. Si es un milagro, ocurrirá inmediatamente, pero si es curación quizás demore más tiempo, algo así como un proceso paulatino. También tiene cuidado de señalar el hecho de que la fe es la que realiza esto. Solamente la falta de fe puede estorbar la curación. Se forma una fila de aquellos que buscan ser sanados. Solamente se permite que entren en esta fila aquellos que han sido

---

[1] Weatherhead, *Psychology, Religion, and Healing,* págs. 134, 35.

previamente entrevistados y a quienes se les han proporcionado tarjetas. Los críticos dicen que este proceso de eliminación es para asegurarse que pasen adelante sólo aquellos con enfermedades funcionales. Un hombre encabeza al grupo a la plataforma. El hermano Pérez le pregunta si cree que Jesús puede sanarlo y cuando responde afirmativamente, el predicador le pone en la frente un poco de aceite, oprime con sus manos la cabeza, y ora en voz alta: "Señor quita el demonio de este hombre, sana, sana, en el nombre de Jesús de Nazaret, sal de ahí demonio sordo, sal de él." Pérez hace un ruido como de silbido. Luego exclama: "Ya salió, ya salió." Girando para ver al sorprendido sujeto, le dice: "Usted ahora ya está bien, ¿verdad?" El hombre indeciso mueve afirmativamente la cabeza.

"Déle gracias a Jesús."

El sujeto tartamudea: "Gracias Jesús."

El sanador se vuelve hacia la multitud y dice: "Aplaudan a Jesús." Y el auditorio se une en un aplauso estruendoso.

Después de unas cuantas curaciones dramáticas, el sanador siente cansancio. Anuncia que está sintiendo en su cuerpo todas las enfermedades de aquellos que han venido a él y que no le será posible continuar por más tiempo. Un rumor de desilusión se oye a lo largo de la fila de quienes esperan ser sanados a medida que el hermano Pérez desaparece de la plataforma y es sacado rápidamente con el fin de que nadie pueda hablar con él.

Hemos sido testigos oculares de reuniones con relación a campañas de curación, campañas que son eventos comunes en muchos países. Frecuentemente, con enormes carpas y una extraña variedad de instrumentos eléctricos, los sanadores van de pueblo en pueblo y se convierten en el foco de la atención. Las afirmaciones de ellos llegan a extremos ridículos. Un folleto distribuido por uno de estos sanadores muestra a un muchacho con un ojo de plástico en la mano. El muchacho había perdido su ojo y usaba uno artificial. Tras haber asistido a un servicio de curación, pudo ver a través del ojo de plástico. Tales afirmaciones atraen una multitud y se dice que un sanador transmite programas por doscientas treinta y tres radiodifusoras y por noventa y cinco canales de televisión en Estados Unidos.

Los sanadores afirman estar cumpliendo el mandato de Jesús de sanar y muchas personas dan testimonio de la veracidad de sus afirmaciones. ¿Será esta la auténtica actividad de curación de la cual habla el Nuevo Testamento? Un examen del caso lleva al observador imparcial a rechazar, por muchas razones, tales afirmaciones.[1]

Si bien frecuentemente se oyen testimonios de curación, existe escasa evidencia para verificar el hecho. Los casos declarados no van acompañados de una historia clínica como lo requeriría un examinador médico. En el santuario católicorromano de Lourdes se requiere un examen médico antes de que la persona enferma visite el recinto, otro examen después de haberse realizado la supuesta curación, y doce meses después un examen médico posterior por el médico de familia, y después al regresar al santuario otro examen por tres médicos. Aun con todo este cuidado, se han perpetrado algunos fraudes. Muchos líderes de campañas de curación no están dispuestos a someter a investigación sus casos y frecuentemente se vuelven muy hostiles si se insinúa dicha investigación. Por consiguiente, la posibilidad de engaño es grande.

La sugestión puede producir resultados dramáticos, especialmente cuando el sujeto es colocado en un trance hipnótico, pero generalmente sólo trata los síntomas, separado de la raíz del problema. La remoción del síntoma es relativamente fácil por medio de la sugestión. Se cuenta la historia un tanto humorística del doctor cuyo paciente tenía la ilusión de ser perro. El médico empleó la sugestión y curó al paciente de su dificultad, pero significativamente agregó: "Desgraciadamente, ahora cree que es una rata." El síntoma puede ser quitado, pero la verdadera enfermedad continúa sin obstáculo.

En la campaña de curación todo está dirigido a aumentar

---

[1] Wade H. Boggs, *Faith Healing and the Christian Faith* (Richmond: John Knox Press, 1956), págs. 20-35.

la sugestionabilidad. El cuidadoso encomio de la reputación del sanador, las actitudes altamente emotivas de la concurrencia, el énfasis en que el sujeto debe tener fe, los evidentes "milagros" que ocurren, todo esto crea el ambiente de anticipación. Un psiquiatra observó que los ojos de los sujetos estaban vidriosos y vio evidencia de un trance hipnótico. En tal ambiente sugestionable, el síntoma es quitado y a la concurrencia se le informa que el sujeto ha sido curado. Uno bien puede imaginarse la tremenda desilusión cuando posteriormente el síntoma reaparece o es substituido por otro. Un observador notó que se podía encontrar un buen número de "reincidentes" en la fila. Evidentemente eran adictos a esta fila y tenían que venir regularmente a fin de que les quitaran los síntomas.

Hay una confusión tanto religiosa como psicológica en la campaña de sanidad. Los sanadores afirman que están llevando adelante la actividad de curación como Jesús, pero no hay confirmación bíblica para la campaña de curación en la cual todo se hace con miras publicitarias. Un sanador declaró: "No hay tal cosa como mala publicidad; aun cuando sea mala es buena." Contrasta esto con Jesús quien instó a aquellos que eran sanados a no contarlo a ningún hombre.

La naturaleza de la fe es desfigurada. Se afirma que si el sujeto tiene fe, será curado, y que si no es curado es porque carece de fe. Frecuentemente, personas bien equilibradas, no son sanadas, mientras que individuos neuróticos de poca profundidad con una fe muy poco madura gozan de experiencias milagrosas. Posiblemente el peor aspecto de todo esto es la impresión de que Dios es un medio o un instrumento para la realización de la meta del hombre. Bosworth dice: "Nuestra fe hace que Dios actúe." Esta declaración revela su creencia en lo mágico en lugar de una fe madura. Ningún cristiano bien informado se atrevería a convertir a Dios en instrumento para la realización de los fines del hombre. El hombre siempre debe ser un medio para la realización del plan de Dios.

El Consejo Pastoral

El ministerio a los enfermos no ha sido pasado por alto por la iglesia. Originalmente los hospitales fueron administrados casi exclusivamente por iglesias. Dondequiera hayan ido los misioneros cristianos, han llevado a cabo un ministerio de curación. La iglesia se ha movido de un plano en que perseguía a los científicos a un punto de vista en que se afirma que Dios ha estado dirigiendo los descubrimientos de los científicos acerca de la naturaleza del cuerpo humano y de las enfermedades. De los descubrimientos científicos ha resultado una mejoría en la salud.

Sin embargo, en fechas recientes, el ministerio cristiano a los enfermos ha adquirido mayor significado. Los ministerios de la iglesia son llevados a cabo y se elevan oraciones en favor de los enfermos. Pero desgraciadamente, la manera un tanto superficial en la cual se intercede proporciona escasa prueba de una creencia vital en la eficacia para la curación.

En algunas iglesias se da un énfasis especial silencioso a la curación. Un miembro de iglesia con un tumor diagnosticado como maligno fue a entrevistar a su pastor, Juntos hicieron un pacto de que ella buscaría al mejor cirujano y haría los arreglos necesarios para una necesaria intervención quirúrgica recomendada por su médico. Un grupo de cristianos de la iglesia se reunió en su hogar y oró sinceramente a fin de que ese miembro fuese sanado, pero siempre con el inciso: "si es tu voluntad". La cirugía fue todo un éxito y la señora está todavía muy bien de salud. ¿Cirugía? ¿Oración? ¿Ambas? Nadie sabrá nunca debido a la imposibilidad de separar lo psíquico y lo somático.

El nuevo movimiento de consejo pastoral está recalcando la unificación de las perspectivas psicológicas y religiosas. Con este sistema se coloca al pastor en un ambiente clínico donde aprende a trabajar con un equpo de médicos, enfermeras, trabajadoras sociales, dietistas y otros. Aprende a respetar el trabajo de ellos y tiene oportunidad para demostrar el suyo propio.

El adiestramiento en la educación clínica pastoral tiene en cuenta un número de factores: (1) el trabajo de la profesión médica es reconocido y respetado al par que se hace un esfuerzo por interpretar la religión a estos profesionales. (2) El valor de las relaciones personales es recalcado a medida que el pastor aprende a relacionarse con las personas en este ministerio de crisis. (3) Se han hecho aportaciones religiosas especiales con respecto al papel del pastor, la oración, y la Biblia, los cuales ejercen influencia en el individuo.

La iglesia es responsable de ministrar al hombre integral y no puede pasar por alto las debilidades del cuerpo del individuo. Los cristianos deben descubrir formas por medio de las cuales introducir los recursos religiosos en la situación a la par que cooperar con la profesión médica. La situación se presenta en una conversación imaginaria de un pastor con un médico, así como la presenta Kelley Barnett:

> Nos miramos de uno y otro lado de la cama del paciente; usted en su uniforme blanco con un estetoscopio en sus manos; yo con mi saco negro y con mi libro de oraciones en una mano. Al comienzo éramos uno, puesto que desde el principio hemos estado juntos, relacionados forzosamente y cuando usted es fiel al juramento hipocrático, y yo fiel a mis votos de ordenación, el centro de interés ha sido, es, y debe ser siempre el hombre sobre el lecho, su paciente, mi feligrés, la creación de Dios. Si nosotros colaboramos juntos, el paciente llegará a ver, a saber, a conocer, a amar al Padre Dios quien a través de nosotros, en nosotros, junto a nosotros, y pese a nosotros, permanece siendo él quien sana toda dolencia y perdona todas nuestras iniquidades."[1]

---

[1] Richard Young y Albert Meiburg, *Spiritual Therapy* (New York: Harper and Bros., 1960), pág. 163.

CUARTA PARTE

EL INDIVIDUO DESCUBRIENDO SU PROPIA ALMA

Realidad del alma es el título del bien conocido libro de Carl Jung. Cada individuo realiza un peregrinaje en la vida, buscando el significado de su existencia y luchando por comprender las relaciones personales con sus prójimos y con su Dios. Pero por sobre todo el hombre trata de descubrirse a sí mismo. El lugar de la sugestionabilidad en la experiencia religiosa y de la curación por medio de la fe fueron presentados en la tercera parte. Ahora se observará al hombre en su búsqueda por descubrirse a sí mismo.

Se considerarán tres etapas. La búsqueda tras la fe lleva al peregrino por una carretera que está anegada de dudas. Las capacidades intelectuales del hombre son desafiadas a veces antes de que pueda llegar a una búsqueda de la fe, pero quizás no sea tanto un proceso intelectual como generalmente se cree. En lugar de una lucha con los procesos racionales, quizás represente una entrega fácil a las reacciones automáticas de una actitud o de un patrón mental. A su vez, la duda puede ser el resultado emocional de una experiencia de la vida que es la propia antítesis de los procesos intelectuales.

La entrega del hombre a Dios se encuentra en el corazón de esta búsqueda de su propia alma. La conversión es posiblemente el campo más antiguo de estudio en la psicología de la religión. La psicología lo clasifica como un campo fructífero. De manera sorprendente, aun la fisiología entra en el drama cuando el ataque fulminante de Sargant es lanzado contra la conversión.

La vocación sigue como resultado natural del descubrimiento del alma. El investigador atraviesa aguas profundas al tratar de distinguir las complejidades del llamamiento y las respuestas del individuo. El sentido de llamamiento del laico constituye un campo fértil de discusión.

13

EL DILEMA DE LA DUDA

El proceso de un individuo para encontrar su alma es la búsqueda de una fe, la cual dé al individuo un sentimiento de seguridad y de unidad con Dios. No es más que natural que en esta búsqueda de la fe, la duda, su antítesis, también demande atención.

Han existido por lo menos dos formas de considerar la duda. Una de ellas es condenarla y descartarla como perversa. En algunos casos esto es cierto, y gran parte de la incredulidad en el mundo es satánica. La otra forma de encarar la duda es considerándola como un ingrediente necesario para el desarrollo de la fe.

La mayoría de los cristianos que reflexionan estarían de acuerdo que la duda tiene un papel que desempeñar en la religión. Así como un barco que otrora navegó señorialmente por los mares pero que ahora avanza lentamente debido a la inmundicia costera, así también nuestra fe es más clara, es más fuerte, y está más depurada de algunas de las excrecencias por causa de la experiencia de la duda. Bainton[1] cuenta acerca de Martín Lutero, de su experiencia cuando el joven monje estaba ascendiendo los veintiocho peldaños sobre los cuales se suponía que Cristo había estado parado fuera del palacio de Pilato, repitiendo un Padre Nuestro por cada escalón y luego besando el escalón como expresión adicional de devoción. Cuando al fin llegó al último escalón,

---

[1] Bainton, *op. cit.*, pág. 38.

Lutero exclamó: "¿Quién sabe si esto es cierto?" Así llegó el rayo iluminador sobre los asuntos en la Reforma. Clark discurre sobre una religión madura y uno de los criterios es: "¿Es autocrítica?" ¿Puede el individuo ver las debilidades en su posición religiosa a la vez que se mantiene leal a ella? Los procesos interrogativos tienen su lugar en una fe en desarrollo.

Se debe nuevamente recalcar que pocos de los asuntos de la vida son decididos sobre una base intelectual. Uno de los libros de mayor influencia en la última generación fue aquel escrito por Henry C. Link quien era un agnóstico pero tras haberse graduado de la universidad y haber estudiado psicología, emprendió su peregrinaje de retorno a la iglesia. El resultado fue su libro, *The Return to Religion* ("El Retorno a la Religión"). Link[1] dice que el Occidente ha deificado la mente y la razón como fines en sí mismos, pero que la razón no puede resolver los problemas del nacimiento, de la vida, o de la muerte. Sus escritos son un llamado, un despertar a lo que él llama "esta gran falacia" por los "necios de la razón". En cualquier consideración de la duda será necesario estar alerta a los aspectos emocionales así como también a los intelectuales de la experiencia.

La Formación de Actitudes

Desde el punto de vista psicológico, la duda puede ser conceptuada como una actitud. Bonner sugiere que una actitud es una tendencia determinativa, una respuesta anticipada, una postura de estar listo. English y English[2] muestran que la palabra "actitud" provino originalmente de "aptitud" y que fundamentalmente significó una "postura del cuerpo" de acuerdo con cierta acción. Por extensión llegó a significar "postura de la mente". La mente está en un estado alerta para la acción, de una manera predeterminada.

---

[1] Henry C. Link, *The Return to Religion* (New York: The Macmillan Co., 1936),

[2] English y English, *op. cit.*, pág. 50.

O para cambiar la metáfora, hay un sentido en el cual una actitud puede ser conceptuada como una máquina mental trituradora. No importa qué se coloque dentro de esta máquina, el resultado siempre es el mismo. Todas las experiencias de la vida transitan por la máquina mental según la actitud del individuo. Allport[1] define una actitud al decir: "Una actitud es un estado neutral y mental de alerta, organizado a través de la experiencia, ejerciendo una influencia directiva o dinámica sobre la respuesta del individuo a los objetos y situaciones con los cuales se relaciona."

Se ha revelado que hay un buen número de elementos que constituyen una actitud. (1) La integración de numerosas respuestas específicas de un tipo similar. (2) La individualización, diferenciación y segregación, experiencias adicionales que hacen que la actitud sea más específica y que la distinguen de actitudes afines. (3) Trauma o una experiencia dramática. Una sola experiencia emocional puede dar cabida a una actitud aun cuando los orígenes traumáticos se hayan olvidado. (4) Las actitudes pueden ser adoptadas ya hechas por imitación a los padres, maestros, etcétera. (5) Otra fuente de formación de actitudes podría ser vista por el psicoanalista como un reflejo indirecto o directo de las relaciones familiares.

Todo el proceso se complica por las emociones envueltas. Las actitudes a menudo son asociadas con experiencias emocionales, las cuales causan que las actitudes persistan hasta mucho después de que las causas originales han sido olvidadas o intelectualmente rechazadas. Esta influencia dinámica frecuentemente está fuera de proporción a las circunstancias precipitadoras originales. El paso del tiempo continúa y el proceso de solidificación y la economía del tiempo y del esfuerzo aparejados por ciertas actitudes fomentan la rigidez de reacción y respuesta.

Si la duda religiosa es vista como una actitud, esto complicará y no simplificará una comprensión de la experiencia. Tratando de

---

[1] Gordon W. Allport, "Attitudes", *Handbook of Social Psychology*, ed. C. A. Murchison (Worcester, Mass.: Clark University Press, 1935), pág. 810.

sondear la hondura de la vida, trazaremos una división arbitraria pero no obligadamente lógica de los campos de pensamiento. Consideraremos los aspectos fisiológicos, sociológicos, psicológicos, y seudoreligiosos de la duda.

Aspectos Fisiológicos de la Duda

La edad y la duda. A medida que el individuo crece, el desarrollo trae aparejado algunos cambios en la actitud personal hacia la religión. En la infancia temprana la religión no es crítica. La criatura acepta los aspectos y hechos literales de la religión y absorbe las ideas que le son presentadas por las figuras autoritativas. Gran parte de la curiosidad de la criatura se concentra en los misterios de la vida concernientes al nacimiento, a la muerte, y al crecimiento. Las explicaciones provistas por los adultos generalmente son hechas en base a términos religiosos. Las interpretaciones sencillas le dan un marco de referencia para su perspectiva del mundo.

La infancia más tardía trae aparejada un cambio en la perspectiva religiosa. Las relaciones frecuentemente son fomentadas en un marco religioso donde el niño en desarrollo entabla amistad con otros amigos. Puede tener un interés en las lecciones de la escuela dominical, pero el marco de organización de la escuela le provee amistades que le son más importantes. Hurlock sostiene que el escepticismo levanta su cabeza primeramente en esta etapa de desarrollo. La criatura frecuentemente está orgullosa de su capacidad de formular a sus padres y a sus maestros en la escuela dominical preguntas comprometedoras en torno de la religión. A esta altura la criatura no teme el discutir algunos de los puntos más evidentes y revelar que las ideas religiosas generalmente aceptadas son incorrectas.

La adolescencia es el período del despertar religioso y el individuo pasa por un proceso de revisión y evaluación religiosas. A la altura del año décimo tercero comienza sometiendo sus creencias a un proceso de crítica sistemática. Hurlock[1] afirma que "cuanto más dogmáticamente les fue enseñada la religión cuando eran niños, tanto más escépticos tenderán a ser cuando sean adolescentes". La duda religiosa parece seguir un patrón predecible en la adolescencia. Los deberes y las formas religiosas son los primeros objetos de crítica. Posteriormente, el espíritu crítico se traslada a los hechos de la religión. La naturaleza de Dios y del hombre, la fe, el pecado, y el problema de la vida eterna se convierten en el punto central para el proceso de la duda.

En la adolescencia posterior la duda no es tan intensa como lo fue en la primera etapa. En la universidad, lejos del hogar con un círculo más amplio de amistades, las creencias se afirman si bien periódicamente habrá asaltos contra la ciudadela de la fe. El contacto con ideas inusitadas y nuevas en la universidad frecuentemente ofrece una experiencia que desequilibra. Hurlock afirma que la ausencia de la duda en la adolescencia o es una señal de un coeficiente intelectual bajo o de una mente lógica que rehusa reconsiderar ideas largamente aceptadas. Starbuck[2] llega a la conclusión de que: "La duda parece pertenecer a la juventud como patrimonio natural." Concluye que la edad de la duda comienza entre los once y los veinte años, y que a lo largo de la segunda década todavía se presentarán algunas dudas, y casi ningunas después de iniciada la tercera década.

Allport[3] considera que los primeros años de la segunda década son los períodos menos religiosos de la vida. Sugiere varias razones para esto. El joven ha roto con las normas de sus padres. También se siente seguro en sus ambiciones de la vida, no habiendo experimentado hasta entonces los golpes rudos que vienen con la realidad de que no podrán alcanzar todas las primeras

[1] Elizabeth B. Hurlock, *Developmental Psychology* (New York: McGraw-Hill Book Co., 1959), pág. 305.
[2] Edwin Diller Starbuck, *The Psychology of Religion* (London: Walter Scott, 1901), pág. 232.
[3] Gordon W. Allport, *The Individual and His Religion* (New York: The Macmillan Co., 1950), pág. 37.

metas. En los primeros años de la segunda década todavía no ha contraído matrimonio y la esposa con quien se casará posiblemente será más religiosa que él, ni tampoco siente la responsabilidad por los hijos y la trasmisión de la herencia religiosa. Además, no ha cultivado suficiente perspectiva para apreciar la sinceridad y la piedad de las actitudes de sus padres y de aceptarlas como modelo. Cuando contrae matrimonio, el advenimiento de los hijos y las responsabilidades de padre pueden reavivar el interés en el proceso religioso. Sin embargo, los matrimonios mixtos quizás contribuyen más que cualquier otro factor para desarraigar las convicciones religiosas en este período de la vida.

El llegar a adulto trae una tregua en la lucha, puesto que se rechaza la religión o se resuelven las dudas, y se formula una filosofía de la vida. Con los años adultos frecuentemente llega un fortalecimiento de la religión, pero la asistencia al templo y la participación en las actividades de la iglesia pueden menguar. La fe religiosa no se caracteriza por dificultades intelectuales; las personas adultas son menos dogmáticas en sus convicciones personales religiosas y más tolerantes hacia las de otras personas.

Una idea generalmente aceptada es que las personas ya ancianas se vuelven hacia la religión, pero los estudios no lo constatan. "No hay ninguna evidencia de que haya un gran retorno a la religión por parte de personas a medida que se acercan a la senectud."[1] Se perpetúan los patrones establecidos en los días primitivos. Si bien las personas de la clase social media inferior y alta inferior encuentran contactos sociales posiblemente más significativos en la afiliación religiosa, las creencias religiosas general y frecuentemente se presentan como una realidad completa. Al ver cercano el fin de la vida, muchos ancianos afirman sus creencias.

La duda y la edad tienen una correlación. Paradójicamente, la criatura que comienza su búsqueda religiosa, en un sentido, ha llegado a su destino antes de haber comenzado. La credulidad primitiva es la característica de una religión infantil, que no es crítica,

---

[1] Hurlock, *op. cit.*, pág. 573.

que acepta conceptos ya formulados por sus padres. Las experiencias cada vez más grandes de la vida lo conducen a dudar de esta credulidad primitiva. Así como las ropas que cambian de estilo a fin de adaptarse al crecimiento de uno, así también los conceptos religiosos del individuo son desafiados y revisados. Las dudas comienzan a asediar en la segunda infancia, adquieren mayor incremento en la adolescencia, paulatinamente se retiran en los años adultos, y en la ancianidad lo dejan a uno con un sentimiento similar pero no igual a la calma de la fe que experimentó en su temprana infancia en torno a la religión.

El sexo. La investigación pionera de Starbuck reveló que mientras cincuenta y tres por ciento de las mujeres en su grupo informaron que tenían dudas, setenta y nueve por ciento de los hombres también expresaron este sentimiento. Además, las dudas masculinas y femeninas eran de diferente clase. De los hombres, 73 por ciento informaron que sus dudas llegaron mediante influencias educativas, mientras que solamente 23 por ciento de las mujeres informaron en torno de este aspecto en cuanto a sus dudas. Starbuck[1] concluye que "la adolescencia es para las mujeres principalmente un período de tensión y tormenta, mientras que para los hombres es en el sentido más elevado un período de duda."

Las investigaciones de Allport fueron similares. El 82 por ciento de las estudiantes informaron un sentimiento de necesidad de orientación religiosa, el número correspondiente entre los hombres fue de 76 por ciento y 64 por ciento entre aquellos que eran veteranos de la guerra. Allport[2] llega a la conclusión:

> Es común en todos estos estudios hallar que las mujeres están más interesadas en la religión, defínase como se defina. Frecuentemente son las que más asisten al templo, son más devotas en su vida personal, y más frecuentemente las mentoras de la familia en torno al asunto religioso.

Hurlock informa de manera similar que las señoritas parecen

---

[1] Starbuck, *op. cit.*, pág. 241.
[2] Allport, *The Individual and His Religion*, pág. 37.

tener menos duda en la adolescencia que los jóvenes, que la adolescencia posterior trae aparejada un mayor decaimiento de las condiciones religiosas entre los muchachos que entre las señoritas, y que en el período temprano del adulto las mujeres están más interesadas en la religión que los hombres.

Moberg[1] discute el hecho de que la proporción en cuanto al sexo, que representa el número de hombres por cien mujeres, fue de 102.5 en 1930 y fue de 100.7 en 1940. Sin embargo, la proporción por sexo de miembros de iglesia tal y como se informó en el censo de 1936 fue de 78.5. Tratando de buscar una explicación, Moberg ve un número de crisis en la vida y necesitan del apoyo que da la religión.

Un aspecto moral del asunto es que los factores biológicos de la masculinidad y de la femineidad significan que en las experiencias sexuales la mujer tiene mucho más que perder que el hombre. Puede ser abandonada, literalmente así como metafóricamente, a "cargar con la criatura". Si bien las mujeres han alcanzado un nivel nuevo en la lucha por el reconocimiento, desgraciadamente existe una doble norma en torno a la moralidad. Frecuentemente hay un reconocimiento tácito de que los muchachos pueden divertirse mientras que las mujeres deben "guardar su virginidad". Frecuentemente, los hombres de una moral dudosa esperarán normas morales elevadas de sus futuras esposas. Muchas mujeres encuentran estímulo en su fe religiosa para mantener sus normas de moralidad. Por otra parte, un joven puede expresar una lealtad endeble a su religión debido a las restricciones que la misma le impone. Este concepto es malo ética y religiosamente, pero debe ser considerado al valorar el lugar de la duda en cuanto al sexo.

Un aspecto social del asunto es la afirmación por parte de algunos de que las actividades de la iglesia se prestan más para las mujeres que para los hombres. Los hombres tienen mayor número

---

[1] David O. Moberg, *The Church As a Social Institution* (Englewood Cliffs, N. J.,: Prentice-Hall, 1962), pág. 396.

de oportunidades para hacer contactos sociales mediante su trabajo
o mientras viajan, en tanto que las mujeres están más restringidas
al hogar y tienen pocas esferas de escape para sus energías.
Además, la iglesia tradicionalmente ha provisto un canal para las
energías creativas de las mujeres en tanto que otras instituciones
fueron dominadas por los hombres.

Tan improbable como parece ser a primera vista, hay considerable evidencia a favor de los factores fisiológicos en la vida.
Tanto la edad como el sexo tienen una correlación con la clase y
cantidad de duda experimentada por el individuo.

Aspectos Sociológicos de la Duda

Por largo tiempo se ha admitido que las influencias sociales
operan en las experiencias de la conversión religiosa. Si bien han
surgido preguntas, la evidencia es contundente a favor de esta afirmación. Con todo, no es tan evidente que los factores sociológicos
sean tan activos en la duda. Sin embargo, los factores sociológicos
son tan vitales en torno a la influencia ejercida en un individuo
para que dude como lo son para conducirlo a la fe.

La tradición religiosa en la cual un individuo fue criado tiene
un papel importante en la formación de sus actitudes. Un investigador informó que en los estudios de un grupo juvenil dentro de su
propia denominación, estos evidentemente revelaron que no existía
una evidencia apreciable de dudas religiosas. Un estudio más
minucioso reveló que su denominación era rígida y literalista en
sus enseñanzas religiosas. Al pertenecer a tal grupo, el individuo o
bien evitará a todo trance la duda o se divorciará del grupo. Por
consiguiente, los miembros que permanecen están libres de la
duda.

La incidencia de la duda es mayor entre los protestantes y los
judíos que entre los católicos romanos. Esto puede justificarse sobre
la base de la libertad de pensamiento que es proporcionada tanto a
los protestantes como a los judíos en torno a las creencias religiosas.
Por otra parte, la Iglesia Católica Romana con su organización
grandemente centralizada y monolítica que trasmite un punto de

vista dogmático, limita la duda por la propia naturaleza de su vida institucional. Es extraño que los dos partidos comunistas más grandes fuera de la Unión Soviética se encuentren en Italia y en Francia, siendo ambos países fortalezas de la Iglesia Católica Romana. El argumento que frecuentemente se presenta es que estas personas encuentran fácil cambiar de una institución autoritaria a otra. Evidentemente, la fe podría ser situada en una filosofía materialista con tanta facilidad como dentro de un concepto religioso, con el tipo de institución evidentemente importante en la determinación del tipo de creencia.

Las debilidades de la iglesia como institución han dado auge a dudas religiosas en algunas mentes. La religión se ha visto envuelta en algunas de las más terribles guerras de la historia y en sostener tales privilegios como el derecho divino de los reyes. Los textos para probar cosas que provienen de la Biblia han sido usados para demostrar la inferioridad de la mujer o de las personas de color. El progreso médico y social ha sido obstaculizado por el fanatismo religioso. Estas actitudes del pasado han hecho que muchos descarten toda religión juntamente con los errores que la iglesia ha cometido en el pasado.

Muchos se sienten desilusionados ante el fracaso de la iglesia en hacer sentir su influencia en la sociedad. Douglas Hyde, hablando de su experiencia al abandonar la iglesia y convertirse en comunista, relata cómo su iglesia no le permitía pintar la casa o cortar el césped los domingos pero a la vez no revelaba ninguna preocupación por las condiciones económicas de la sociedad. Durante los años de la gran depresión industrial, un hombre tenía una alta posición en su iglesia y dio generosamente de su tiempo y de su dinero. También era miembro de un sindicato obrero. A medida que vio cómo las personas perdían sus trabajos a diestra y siniestra, él ideó el concepto de que la iglesia debía hacer algo en torno a este problema. Fue a visitar a su pastor y el pastor confesó que no sabía cómo podría realizarse esto. Disgustadísimo, el hombre abandonó la iglesia y se declaró ateo. Extrañamente, ya anciano confesó su desilusión con el movimiento laboral y habló en

torno de haber echado de menos la iglesia y el compañerismo de
ella.

Para muchas personas el fracaso de los miembros de la iglesia
cuando no viven las altas normas éticas es causa para dudar.
Comentando sobre la evidente hipocresía de los miembros de la
iglesia que molesta a otras personas, el pastor Canon Tyle dice:
"Esto no es sorprendente. También le molestó a Jesús".[1]

La duda también puede ser un símbolo social. Las personas
obtienen mayor atención de sus congéneres mediante extraños pro-
cederes, algunos por los automóviles que compran, por las ropas
que lucen, por la casa en la cual habitan, mientras que otros
adquieren esta atención al jactarse de sus dudas. Algunos escritores
usan los términos "duda neurótica", "duda psicológica", o "duda
patológica" para describir la actitud. El doctor Frederic F. Flach
dice que este tipo de duda puede diferenciarse de la duda
intelectual por sus síntomas. Por regla general, es destructiva, hos-
til y cargada de un espíritu de desafío. Concluye que este tipo de
duda no tiene nada o casi nada que ver con la religión.

El símbolo social de la duda se ve en los centros universitarios
donde algunos estudiantes derivan gran satisfacción al sorprender a
las personas. Frecuentemente existe la implicación en gran parte
de la conversación oída en los centros académicos de que las personas que no creen en Dios son los verdaderos intelectuales, mientras
que aquellos que poseen una fe religiosa son inferiores. Las satis-
facciones del ego que adquieren estos individuos son un índice del
valor de la duda como un símbolo social.

En el libro escrito por Eaton *Freedom of Thought in the Old
South* ("La libertad de pensamiento en el antiguo sur"), *Age of
Reason* ("La Edad de la Razón"), cuenta de la ola de escepticismo
que se difundió por las colonias del sur de los Estados Unidos como
resultado en gran parte de la distribución del libro de Tomás
Paine, *Age of Reason*, y los escritos de la revolución fran-

---

[1] T. F. James, "The Agony of Religious Doubt", *Cosmopolitan*, Vol. 147
(Diciembre, 1959), pág. 86.

cesa. Un herrero con escepticismo hizo un estudio intensivo del trabajo de Paine y de otros escritos ateos. A medida que llegaban sus clientes, él expresaba sus creencias ateas y gozosamente contemplaba la expresión de horror que se apreciaba en los rostros de sus sencillos clientes.

Pronto cundió la voz de su ateísmo y un número de pastores metodistas predicaron en contra de él. El resultado fue que cuando llegaba un pastor metodista al taller del herrero, éste lo bajaba de su montura y comenzaba a darle puñetazos.

En una ocasión, un musculoso pastor llegó respondiendo al desafío, con gran gusto, y en las palabras de Eaton, "se batió con él y lo derrotó". El resultado del encuentro fue que el herrero se convirtió y llegó a ser un cristiano ferviente. El papel que tuvo el alto concepto que este hombre tenía de sí mismo en su transformación de la creencia al escepticismo y el regreso a la creencia es muy evidente.

Muy similar al símbolo social de la duda, pero aislado del mismo, es la duda científica. La duda es un instrumento de la ciencia. Si los científicos hubieran estado preparados para asumir algunos conceptos aceptados, pocos de los grandes descubrimientos científicos jamás hubieran sido realizados. El físico danés Niels Bohr solía decir a sus estudiantes: "Cada frase que yo pronuncie debe ser comprendida, no como una afirmación, sino como una pregunta." En una ocasión definió la verdad como "algo de lo que podemos dudar y que posiblemente, después de mucho esfuerzo, descubrimos que una parte de la duda era injustificada".[1] La duda tiene un papel importante en el descubrimiento científico.

Debido a su actitud para con los hechos, el científico frecuentemente es un agnóstico en lo que concierne a la religión. Por consiguiente, esto puede llevar a las personas a señalar que un gran científico no cree en Dios. Uno es un intelectual, por lo tanto, si otros piensan que él no cree en Dios. El prestigio es el factor determinante. Un escritor afirma que la palabra "prestigio" proviene

---

[1] "A Man of the Century", *Time*, LXXX (Nov. 30, 1962), pág. 56.

de la palabra latina *praestigium*. Por lo tanto, el prestigio puede ser "fascinación mágica".

Un experto en la ciencia no tiene más derecho de hablar con autoridad en torno a la religión que la que un perito en religión tiene el derecho para disputar las afirmaciones del científico en torno a su propio campo. Tan bien informado como pueda estar el científico en su propio campo, así debe tener mayor fundamento antes de poder convertirse en experto en asunto de religión para ser capaz de hacer declaraciones con autoridad.

Factores Psicológicos en la Duda

Las experiencias traumáticas pueden tener un lugar importante en el desarrollo de la duda. La psicoterapia por largo tiempo ha luchado con el problema de un episodio traumático único que continúa coloreando la experiencia total de la vida. Es sumamente difícil cuando la experiencia lastimosa puede ser recordada. Una señora era miembro entusiasta y asistía a todos los servicios de su iglesia. Cuando no asistió por varias semanas seguidas, el pastor la visitó y ella le dijo que ya había terminado con la religión y que nunca más asistiría al templo. La conversación reveló que el esposo de su hija fallecida había decidido contraer nuevas nupcias y llevarse al pequeño hijo a vivir con él. El niño había vivido con su abuelita y ella no podía concebir que el niño no estuviera con ella. Su yerno era diácono en la iglesia. Lastimada emocionalmente por el comportamiento del diácono, ella no quiso saber más nada de la religión.

La adaptación se complica aún más cuando se reprime un incidente y la experiencia traumática es inconscientemente relegada al inconsciente y olvidada. El sujeto está preocupado por la duda y está desequilibrado emocionalmente, sin ninguna posibilidad de comprender la causa de su dificultad.

La descripción de Allport de los procesos de la formación de la actitud incluyó la suma de numerosas experiencias. Aparece muy frecuentemente el nombre de Freud en círculos psicológicos. Muchas personas aceptan las tesis principales de la teoría psicológica de Freud; sin embargo, se encuentran sorprendidas por su escepticismo. Sin embargo, un examen de la vida de Freud ayuda a ver algunas de las razones por las cuales quizás haya cultivado esta actitud hacia la religión. Thorpe[1] cita el caso:

> Educado en una cultura que despreciaba a los judíos y que ya estaba poniendo las bases para llegar al horror final que ocurrió durante el régimen Nazi, Freud sufrió las consecuencias de ser miembro de un grupo minoritario. Su padre se convirtió en libre pensador, y se cree que en grado considerable dominó la vida de su hijo. Gran parte de la vida temprana de Freud también se caracterizó por la pobreza y la ansiedad. Así como lo ven algunos de sus críticos, en su lucha por liberarse a sí mismo de ser absorbido por tal situación, Freud, tanto como le fue posible, abandonó las formas tradicionales de pensamiento, haciendo que la psiquiatría y la ciencia fueran sus dioses. Así como él acusó al religioso de adoptar sueños dorados, él también se empapó del mismo mecanismo, racionalizando con gran vigor.

Nuevamente, el proceso es totalmente inconsciente. Esto hace que la posición de Freud sea tanto más irónica y proporcione evidencia de su afirmación acerca de la fuerza motriz de los móviles inconscientes del hombre.

La duda puede ser una manifestación de rebeldía en contra de la autoridad. El psicoanálisis recalca las experiencias en el marco familiar para determinar las actitudes. Una nueva posibilidad para evaluar la actitud freudiana hacia la religión se abre. El obispo Pike dice:

> Hace veinte años, las personas que recibieron la influencia de Freud pensaron que la religión podría ser explicada como una proyección de la imagen del padre. Hoy día comienza a verse que cada vez más podemos explicar una gran parte de la incredulidad sobre la base de estos mismos términos. Gran parte de la rebelión religiosa puede trazarse a un padre dominante y cruel. Los psicólogos ahora están bastante convencidos de que la imagen que la criatura tiene de Dios está formada sobre la base de la imagen de su propio padre. Si ésta es una

---

[1] Thorpe, *op. cit.*, págs. 513-514.

imagen negativa, su actitud religiosa correrá la suerte de ser negativa
también.[1]

El hijo en franca rebeldía contra su padre puede a la vez tener la
tendencia de rebelarse contra el Dios de su padre.

Frecuentemente se ha tomado nota de que la actitud de un
individuo hacia la autoridad tiene cierta relación con su actitud
para con Dios. Un escritor citó un caso de rebeldía en que los
revolucionarios gritaron: "¡Abajo con Dios!" Dios evidentemente
representaba la autoridad. Este es probablemente el caso más
frecuente en países con religiones estatales, religión particular que
está íntimamente asociada con la tiranía de los dirigentes. Durante
la Revolución Francesa los revolucionarios no sólo se levantaron
contra su gobierno decadente sino que también rechazaron la
asociación íntima con la religión. El racionalismo se convirtió en la
orden del día. Al rechazarse la autoridad, Dios también es rechazado.

La racionalización es la extraña capacidad de la mente
humana que ha sido llamada "la falsificación de la razón". En la
enfermedad mental una persona paranoica puede ser muy inteligente y hacer excelente uso de su razón a lo largo de su vida salvo
en un campo aislado donde su sistema de paranoia está compren-
dido. Esta persona racionalizadora hace exactamente la misma
cosa y ofrece una explicación perfectamente lógica para sus
conclusiones, a la par que pasa por alto la razón fundamental.

"La victoria del deseo sobre la razón" es una definición de la
racionalización. Cuando un individuo encuentra que la religión
está obstaculizando su deseo, el punto fácil de escape es poner en
tela de juicio la validez de su religión. Un evangelista le habló a un
hombre acerca de su conversión. Este le dijo al pastor que no podía
llegar a ser cristiano debido a su falta de comprensión acerca de
dónde obtuvo Caín a su esposa. El predicador se sentó y trató de
darle una respuesta racional de la posición conservadora en
torno al incidente de la esposa de Caín. Posteriormente, el predica-

---

[1] James, *op. cit.*, pág. 89.

dor dijo que al continuar con la discusión, había descubierto que a
este hombre no le preocupaba la esposa de Caín; le preocupaba la
esposa de otra persona. Al menos parte de la duda tiene una raíz
moral, y la verbalización de la duda no es más que un proceso de
racionalización.

La reacción formativa es un mecanismo de defensa del ego.
Puede definirse como: "El establecimiento de una característica o
un patrón regular de comportamiento que está diametralmente
opuesto a la tendencia inconsciente." El individuo actúa a nivel
consciente de manera exactamente opuesta a los deseos que lo ator-
mentan. Los escritores de libros de texto de psicología a veces se
deleitan al señalar que las personas religiosas son ejemplo de este
mecanismo. La persona que lanza cruzadas en contra de una
moral liviana o los males producidos por el alcoholismo, probablemente está tratando de cubrir su propio deseo en estos campos al
tomar una decisión antagónica hacia ellos. Allport sugiere la aplicación del principio a aquellos opuestos a la religión, y puede ser
visto como índice de un genuino interés en la religión, disfrazado
en una oposición agresiva hacia ella.

Un estudio ha revelado que la emoción tiene un lugar importante en la experiencia de la duda y que los aspectos intelectuales
de ella frecuentemente son sobreevaluados.[1] En un examen del
lugar que ocupa la inteligencia en la experiencia de un despertar
religioso, se compararon dos grupos de estudiantes. El grupo
"alto" tenía un coeficiente de inteligencia entre 125-139, y el
grupo "inferior" entre 83-96. El coeficiente promedio para el
grupo "elevado" era de 129.3, y el promedio para el grupo "inferior" era de 91.6. Al contestar una serie de preguntas existía una
diferencia significativa de respuesta al nivel del uno por ciento de
confiabilidad. Esto reveló que el grupo "inferior" tenía dudas en
torno a la inspiración de la Biblia, la divinidad de Cristo, la existencia de Dios, y las vidas de los cristianos profesantes. El grupo

---

[1] John Drakeford, "Intelligence As a Factor in Religious Awakening", Th. M.
tesis inédita, Brite Divinity School, Texas Christian University ,1959.

"elevado" no estaba tan preocupado con estos asuntos. El mismo estudio también reveló que los estudiantes con coeficientes bajos tenían una experiencia emocionalizada del despertar religioso. La conclusión lógica sería que la experiencia más emocionalizada era la fuente de las dudas. En este estudio no existía relación entre inteligencia y duda.

La Pseudorreligión

Gordon Allport se refiere a un dedicado apóstol del pensamiento libre, de quien se dijo que no creía en "ningún Dios" y sin embargo, le adoraba, y al otro que creía cualquier cosa con tal de que no estuviera en la Biblia. Robert Ingersoll, el ateo, escribió:

> Yo pertenezco a la gran Iglesia que contiene al mundo dentro de sus iluminadas sendas: que afirma lo grande y lo bueno de cada raza y de cada clima; que encuentra con gozo algo de verdad en cada credo, y que inunda con luz y amor los gérmenes del bien en cada alma.

Tomás Paine rechazó el concepto bíblico de la religión; sin embargo, siguió adelante para declarar su fe en su propia religión atea. Aldridge declara:[1]

> Aunque la mayoría de las personas conceptúa *La Edad de la Razón* como un ataque formal sobre la religión, Paine sostuvo que él escribió el libro específicamente para prevenir a los franceses de caer en el ateísmo. En una famosa carta dirigida a Samuel Adams, el 1o. de enero de 1803. Paine afirmó: "Hice traducir y publicar la obra en su propio idioma a fin de detenerlos en su carrera y anclarlos al primer artículo (como lo he dicho antes) del credo de cada individuo, *yo creo en Dios.*"

Si bien el ateísmo militante rechaza todos los conceptos de la religión, el marxismo tiene facetas que esencialmente son religiosas

---

[1] Alfred Owen Aldridge, *Man of Reason: The Life of Thomas Paine* (New York: J. B. Lippincott Co., 1959), pág. 299.

en su naturaleza. Douglas Hyde,[1] comunista por muchos años, comenta:

> Para el comunista, su comunismo es un substituto de la religión. Acaloradamente negará esto porque está en oposición a toda religión. Sin embargo, sólo así se puede explicar el grado de devoción que tiene a esta causa perversa, su sacrificio, y su dedicación total.

Hewlett Johnson, decano de Canterbury, quien ha hecho mucho por ayudar a la causa comunista a través del mundo, afirma que los comunistas ateos son religiosos. El dice: "Una aseveración apasionada del ateísmo no significa que un hombre es fundamentalmente irreligioso desde el punto de vista cristiano."[2] Parece ser que Johnson inconscientemente nos está diciendo algo de la verdadera naturaleza del comunismo.

El dios del comunismo es la historia. El comunista ve que las fuerzas inexorablemente siguen adelante dentro del mundo. El se ve a sí mismo como trabajando en cooperación con estas fuerzas y ayudando a fin de imponer las leyes irresistibles de la historia. Las escrituras comunistas son los escritos inspirados de Marx, Engels, Lenin y Stalin. La iglesia es el partido comunista, idealizado y conceptuado como el medio para dirigir a las masas a la realización de los propósitos de la historia. Los comunistas tienen sus experiencias de conversión y su literatura está repleta con las historias de conversiones al comunismo hechas en agonía. La otra vida para el comunismo es al paraíso glorioso, sólo vagamente definido pero que llega a existir sobre la tierra después de la última y final muerte del estado. Y así la nueva filosofía, con su propósito de eliminar las ideas religiosas, en sí misma se convierte en una pseudorreligión.

Frecuentemente se ha aducido que la religión es un proceso hiperemocionalizado, que es producto de la frustración del ego o la

---

[1] Douglas Hyde, "The Communist Mind", *Vital Speeches* (Julio 21, 1955), pág. 1326.

[2] Hewlett Johnson, *The Soviet Power* (New York: International Publishers, 1941), pág. 314.

manifestación de un mecanismo de escape. Sin embargo, quienes están opuestos a la creencia religiosa no siempre se salen con la suya. Si hay factores emocionales comprendidos en la fe, también hay por cierto, factores emocionales que están involucrados en la falta de fe. Paul E. Johnson[1] bien lo dice: "El ateísmo es, por todas las pruebas, una creencia como el teísmo y evidentemente, completamente incapaz de escapar a las olas emocionales que se lanzan contra sus creencias."

Penetración

Ya en el año 1928, Uren, tras examinar todo el campo de la psicología de la religión pero especialmente con relación a su desarrollo en el escenario norteamericano, hizo algunos comentarios muy directos en su libro *Recent Religious Psychology* ("Psicología Religiosa Reciente"). Una de sus principales críticas era la tendencia de los psicólogos de mantenerse alejados y mirar desde lejos la experiencia religiosa. Uren acusó que los escritores que nunca han experimentado la religión tienen poco derecho de evaluarla. El ridiculizó su idea de objetividad, establecida sobre la base de que ellos podían objetivamente distanciarse y examinar la religión, libres de cualquier contaminación con ella.

Los pensadores existencialistas también han alzado sus voces protestando en contra de esta muy defendida objetividad. Ellos afirman que gran parte de todo esto es un pomposo fraude y dicen que cualquier creencia dice algo en torno del creyente. No puede existir una verdadera y pura objetividad.

Elton Trueblood ha recalcado que en nuestra fe cristiana debemos navegar entre dos promontorios peligrosos. Por la izquierda, él ve el peligro del negativismo dogmático, en el cual es lanzado todo tipo de negación generalizada. Por la otra parte existe el peligro de una creencia fácil que estriba simplemente en aceptar las ideas tradicionalistas. Entre estos dos puntos existe un término medio que puede ser adoptado a medida que llegamos a conocer la experiencia religiosa en su más alta expresión.

---

[1] Johnson, *Psychology of Religion*, pág. 183.

En el desarrollo de los conceptos religiosos de una persona frecuentemente se encuentra una tesis de creencia confrontada por una antítesis de duda. De la confrontación entre la creencia y la incredulidad a menudo surge la síntesis de una fe nueva y más sustanciosa. A medida que probamos las creencias, las examinamos y tratamos de conocer, se verifica un proceso de clarificación de modo que nuestra fe es más madura que antes. La mayoría estaría de acuerdo con Gordon Allport[1] cuando dice: "Nosotros decimos entonces que el sentimiento religioso maduro generalmente es moldeado en el laboratorio de la duda." Paul Johnson lo declara muy claramente cuando dice que una fe robusta acoge con beneplácito la duda así como la democracia le da la bienvenida a la libertad de expresión, así como los cuerpos legales le dan la bienvenida a las opiniones minoritarias, y así como un científico le da la bienvenida a los descubrimientos revolucionarios.

En los estudios científicos lo ideal es que el investigador esté distanciado y sea completamente objetivo en cuanto hace sus evaluaciones de la situación. Trueblood señala que es relativamente fácil mantener cierta distancia y ser objetivo sobre el problema de si Plutón es un planeta o un satélite de un planeta, puesto que esto no afecta nuestra vida personal. Pero cuando nos preocupamos en torno de las cosas que tienen que ver con nuestras vidas personales, es cada vez más difícil mantener la distancia o ser objetivos. Trueblood piensa que no podemos confiar en el juicio de las personas cuyo enfoque sobre el tema de la religión es enteramente abstracto o histórico. No confiamos del científico que ridiculiza el laboratorio ni del músico que nunca presenta un concierto. ¿Podemos, por tanto, aceptar el juicio del erudito que nunca por sí mismo ha experimentado la religión? El asunto importante es la compenetración. Un individuo debe estar compenetrado de una experiencia religiosa vital, y esta compenetración es esencial si es que va a realizar una verdadera evaluación de la religión.

---

[1] Allport, *The Individual and His Religion*, pág. 73.

La fe siempre contiene un elemento de riesgo. Kierkegaard recalca esto cuando afirma: "El temor y el temblor significan que Dios existe."[1] En uno de sus ensayos F. W. Boreham recalca el hecho de que cada hombre tiene algo de escéptico dentro de sí. Hay momentos cuando un hombre lucha con su fe. El relató la historia del doctor Wescott cuando visitó al obispo Lee. El obispo Lee le dijo al doctor Wescott: "Las personas dicen que la Oración Modelo o el Sermón del monte contienen la suma del evangelio, pero para mí es en términos más sencillos: No temas, cree solamente." El obispo moribundo pensó por un momento, luego se asustó ante la debilidad de su fe y dijo: "cree solamente, cree solamente". ¡Ah! Wescott, subraya el "solamente". Las lágrimas inundaron sus ojos y dijo: "Señor, yo creo; ayuda tú mi incredulidad."

---

[1] Roger L. Shinn, *The Existentialist Posture* (New York: Association Press, 1959), pág. 6.

14

CONVERSION

El primer libro sobre los aspectos psicológicos de la religión fue de el de Starbuck, *The Psychology of Religion* ("La Psicología de la Religión"). La crítica del mismo frecuentemente ha girado en torno de su preocupación por el tema de la conversión. Pero esa era una característica de los primeros escritos. Los estudios pioneros de Edward giraron en torno a la experiencia religiosa; G. Stanley Hall, George Albert Coe, y William James, todos dedicaron gran parte de sus escritos a tratar este tema. Las experiencias de conversión fueron dramáticas, y el súbito cambio en el curso de la vida, frecuentemente con inusitadas demostraciones emocionales, se presentó como un fenómeno representando aspectos tanto de la religión como de la psicología. Estos llamaron la atención de los investigadores de la psicología de la religión.

En días y épocas más recientes se ha producido un giro desafortunado, alejándose de este tipo de estudio. Si bien los libros sobre la psicología de la religión escasamente conceden un capítulo a la conversión, el psicólogo rehusa considerar el tema. Walter Houston Clark[1] dice: "Es bastante evidente que lo último (conversión) es conceptuado como un tipo de conventillo psicológico, el cual ha de ser pasado por alto por todo erudito respetable." Clark regaña a los psicólogos e indica que las experiencias de cambio

---

[1] Clark, *op. cit.*, pág. 188.

súbito, con evidentes cambios totales en patrones de personalidad, ofrecen un excelente campo de estudio. Y está en lo correcto. Los cambios extraños en la personalidad del recién convertido marxista, los procesos del lavado cerebral de los comunistas entre sus cautivos, los cambios abruptos en el curso de la vida que se ven periódicamente, todos recalcan la necesidad de analizar la experiencia.

Los psicólogos clínicos se han visto obligados a establecer una base en torno a la conversión como mecanismo mental. Ellos han empleado la palabra "convertido" para describir el proceso por medio del cual el conflicto emocional se expresa en una manifestación física. El uso diferente de la palabra por psicólogos clínicos empeora las dificultades para definir la problemática palabra. Elmer T. Clark divide la experiencia de la conversión y emplea la frase "despertar religioso" para describir la entrada del individuo a una experiencia religiosa, reservando el uso de la palabra "conversión" para una experiencia más radical y emocional de un cambio de la ausencia de religión a la religión. Pero las definiciones frecuentemente han sido amplias e inclusivas. Coe,[1] escribiendo en 1900, demostró que había, por lo menos, seis formas por medio de las cuales la palabra podía ser empleada en aquel día:

> "Conversión" es empleada por lo menos en seis sentidos: (1) un giro voluntario o un cambio de actitud hacia Dios; este es el sentido neotestamentario: (2) la renuncia de una religión y el comienzo de una adherencia (doctrinal, ética, o institucional) a otra; de manera similar, un cambio de una rama de la religión a otra (así como la romana, griega, o el cristianismo protestante); (3) la salvación individual según el "plan de salvación" evangélico: arrepentimiento, fe, perdón, regeneración, a veces con seguridad; (4) llegando consciente o voluntariamente a ser religioso así como se distingue de un mero conformismo a los patrones religiosos dentro de una familia o grupo; (5) la cualidad cristiana como se contrasta con una cualidad más temprana no cristiana —un hombre "realmente convertido", por ejemplo; (6) cualquier transferencia abrupta, particularmente una

---

[1] Coe, *op. cit.*, pág. 152.

transferencia muy rápida, de un punto de vista y modo de actuar en la vida a otro, especialmente de lo que el sujeto reconoce como inferior a uno que reconoce como superior.

El tipo de grupo religioso al cual pertenece el individuo probablemente influirá en sus conceptos de conversión. Entre los protestantes, Moberg[1] considera tres moldes de conversión principales. Las iglesias litúrgicas, por ejemplo la luterana y la episcopal, recalcan la confirmación para la cual existe un período de preparación y de estudio de la doctrina cristiana y en el cual se afirma que el sujeto acepta a Cristo como Salvador y Señor. No se hace hincapié en la emoción ni en un cambio drástico en el proceso.

El segundo molde del despertar religioso es visto en los grupos que en un tiempo firmemente recalcaron los cultos de avivamiento pero que ahora en gran medida han abandonado la práctica. Este grupo incluiría a los metodistas, congregacionalistas, y presbiterianos. Moberg también incluiría a algunos bautistas. Se preparan nuevos miembros en clases especiales y hay una tendencia fuerte hacia el molde de confirmación.

Las iglesias más nuevas del tipo secta recalcan los moldes más antiguos de avivamiento. La entrega a Cristo con una notable experiencia emocional es esperada y se anticipa que habrá marcada transición entre estar "perdido" y estar "salvo".

Con esta variedad de antecedentes puede verse que no será fácil formular una definición. Cualquier esfuerzo por definir la palabra "conversión" debe ser tanto elástico como comprensivo.

Probablemente la definición más citada es aquella de William James. James[2] dice que la conversión es "el proceso, gradual o repentino, por el cual el yo anteriormente dividido y conscientemente equivocado, inferior, e infeliz, se unifica y conscientemente se convierte en unificado, superior y feliz". James da un énfasis característicamente marcado a la emoción. La forma en que se siente un individuo da la pauta de la validez de la experiencia.

[1] Moberg, *op. cit.*, págs. 422, 423.
[2] James, *op. cit.*, pág. 189.

El aspecto definitivo de la conversión fue el principal énfasis de G. Stanley Hall, quien lo definió como "un proceso natural, normal, universal y necesario en una época cuando la vida está en una etapa autocéntrica y cambia a una base heterocéntrica".[1] Sin embargo, todo esto suena demasiado inevitable y fácil, sin ninguna mención a una posible incursión repentina ni el grado de emotividad que puede acompañar a la experiencia.

Un feliz arreglo en el cual se ha conservado tanto lo mejor de James como lo mejor de Hall, proviene de Walter Houston Clark,[2] quien dice que la conversión es:

> El tipo de crecimiento o desarrollo espiritual que comprende un apreciable cambio de dirección en torno a las ideas y comportamientos religiosos. Más clara y característicamente, enfatiza un episodio emocional de iluminación repentina que puede ser tanto profunda como superficial, aunque también puede verificarse a través de un proceso más paulatino. Clark ha recalcado lo repentino sin excluir el desarrollo, el cambio efectivo, y la posibilidad de un acompañante emocional de variada intensidad.

Una Teoría Fisiológica de la Conversión

Posiblemente la teoría de actualidad más sorprendente de la conversión religiosa es aquella de William W. Sargant, presentada en su libro, *The Battle for the Mind* ("La Lucha por la Mente"). El escrito mejor se podría intitular "La Lucha por el Cerebro", puesto que Sargant ve al hombre desde un punto de vista mecánico y fisiológico. En el prefacio a su libro, Sargant establece su posición al declarar que no se preocupa por el alma eterna del hombre, que es terreno del teólogo, ni tan siquiera con la mente en el sentido más amplio, que es el ámbito del filósofo, sino con el cerebro y el sistema nervioso, los cuales el hombre comparte con el perro y otros animales.

Sargant es un materialista de primer orden, que uniéndose a

---

[1] Elmer T. Clark, *The Psychology of Religious Awakening* (New York: The Macmillan Co., 1929), pág. 35.

[2] W. H. Clark, *op. cit.*, pág. 191.

los behavioristas conceptúa al hombre como una máquina. El cerebro segrega el pensamiento así como el hígado segrega la bilis, y el tema de la conversión religiosa es mejor encarado con un estudio del cerebro. El trabajo pionero de Pavlov con los perros establece la base para el trabajo de Sargant al investigar las confesiones bajo presión, lavado de cerebro, y la conversión religiosa. Sargant[1] dice:

> La posible relación de estos experimentos con la conversión súbita religiosa y política debiera ser evidente aun al más escéptico: Pavlov ha demostrado por experimentos repetidos, y que son repetibles, que un perro, así como el hombre, puede ser condicionado a odiar lo que previamente amaba, y amar lo que previamente odiaba. De igual manera, un juego de patrones de comportamiento en el hombre pueden ser reemplazados temporariamente por otros que están en exacta contradicción; no solamente por un adoctrinamiento persuasivo, sino también imponiendo tensiones intolerables en el funcionamiento normal del cerebro.

Pavlov colocó a los perros en laboratorios donde fueron alimentados y en determinados momentos fueron estimulados por medio de objetos como luces o timbres. Un tubo fue insertado en el hocico del perro de modo que la cantidad de su salivación pudiera ser medida. Posteriormente, el estímulo fue dado sin el alimento y el perro reaccionó fisiológicamente como si hubiera ingerido el alimento. De ahí que se dijo que había sido "condicionado".

Un incidente de gran importancia se verificó en 1924 cuando el laboratorio de Pavlov en Leningrado se inundó. Los perros habían sido condicionados y determinadas respuestas les habían sido impuestas. El día de la inundación, el agua subió tanto que los aterrorizados animales nadaron desesperadamente a fin de mantener la cabeza sobre el agua. Ya en el último instante, un asistente corrió y sacó a los perros del agua, llevándolos a lugar seguro. Posteriormente, cuando los perros fueron examinados se descubrió que los procesos de condicionamiento habían desaparecido.

---

[1] William W. Sargant, *Battle for the Mind* (Garden City, N. Y.: Doubleday and Co., 1957), pág. 39.

Pavlov llamó a esta respuesta "inhibición transmarginal". El la conceptuó como un mecanismo por medio del cual el cerebro se protegía a sí mismo a fin de evitar el peligro y el daño que pudiera resultar de la tensión. El halló que había cuatro maneras por medio de las cuales se podía inducir la inhibición transmarginal. (1) Si la intensidad de la señal acondicionadora se aumentaba, al igual que una corriente eléctrica cuando se aplica a la pata del animal al grado de que sea demasiado para el sistema nervioso. (2) El tiempo entre la señal y la llegada del alimento podía ser aumentado. Condicionado a recibir el alimento en determinado momento, el cerebro del perro se rebelaba en contra de la prolongada espera. (3) Las señales dadas a los perros podían ser confundidas. Presentándoles señales positivas y negativas en rápida sucesión, la confusión resultante desequilibraría la estabilidad del perro. (4) Si el funcionamiento físico del perro era interrumpido, podía fácilmente sucumbir.

Sobre la base del trabajo de Pavlov y de sus propias observaciones, Sargant llega a la conclusión de que hay "principios fisiológicos" que presagian un quebrantamiento o un cambio dramático en los moldes de comportamiento tanto de seres humanos como de animales. (1) La prolongación de un estado de tensión y de expectativa puede afectar el funcionamiento cerebral y conducir a una inhibición transmarginal. (2) La confusión de los estímulos conduce a dificultades de ajuste. (3) La debilidad física podría ser efectiva cuando todo lo demás ha fracasado.

Desde esta base enteramente materialista y fisiológica, Sargant procede a realizar varias aplicaciones. Educado en una iglesia metodista, cuenta de una visita al hogar paterno durante la guerra. Pensando en la aplicación de los principios de Pavlov a los hombres sufriendo bajo la tensión de batalla, por casualidad tomó entre sus manos el *Diario* de Juan Wesley. Leyendo acerca de las reuniones de avivamiento de aquellos días, él vio un paralelo con la excitación emocional de los soldados en zona de guerra. En su capítulo sobre la conversión religiosa, Sargant prueba a su entera satisfacción que los hermanos Wesley, Carlos a través de sus himnos y

Juan a través de su predicación, ocasionaron tensiones emocionales
dentro del individuo y la resultante confusión condujo a una
experiencia de conversión.

Incidentalmente, se podría notar que Sargant habla de Juan
Wesley como si el predicador igualara la conversión con la santificación. El hace referencia a una declaración de Wesley de que la
santificación debe ser repentina a fin de ser eficaz y sigue adelante
para discutir el tema como si fuera una referencia a la conversión.
En realidad, en la enseñanza de Wesley tocante a la conversión y
la santificación, las experiencias son diferentes. La conversión significa la justificación ante Dios a través de la fe en Cristo, mientras
que la santificación es una experiencia que resulta en santidad de
vida. La enseñanza acerca de las experiencias de santificación no
puede aplicarse válidamente a la conversión.

Tres áreas principales de experiencia discutidas por Sargant
son: el lavado del cerebro efectuado por los comunistas, las confesiones por parte de prisioneros, y las conversiones religiosas. En
los experimentos de Pavlov, así como en cualquier investigación
científica, el control era un elemento básico. Los perros tenían
arneses y estaban encerrados en un cuarto del cual todo estímulo
exterior había sido excluido, haciendo que el ambiente del laboratorio fuera una situación controlada. En los métodos del lavado de
cerebro practicados por los comunistas, las víctimas son mantenidas y observadas bajo estricta vigilancia. Las prácticas policíacas
para las confesiones restringen a los sujetos y su ambiente total es
decidido por sus interrogadores. ¿Pero dónde está este elemento de
control en un ambiente religioso? Aun en las grandes reuniones de
evangelismo, el individuo pasa adelante por su libre albedrío y
puede salir cuando guste. De hecho, en la mayoría de los países
civilizados la constitución específicamente concede al individuo
libertad religiosa. La analogía con un experimento de Pavlov es
evidentemente exagerada y fracasa en este punto del control.

Sargant admite una cosa importante:[1]

---

[1] *Ibid.*, pág. 13.

No discuto algunos tipos de conversión que son enteramente intelectual, sino sólo aquellos que responden al estímulo físico o psicológico, en lugar de argumentos intelectuales, los cuales parecen contribuir para producir la conversión al causar alteraciones en el funcionamiento cerebral del sujeto. De modo que se explica el uso del término "fisiología" en el título.

Pero hay conversiones intelectuales, y muchas conversiones ocurren en los templos hoy día donde el culto es ordenado, digno y formal, con muy pocos matices emocionales. Pese a la afirmación de Sargant de que en las reuniones de Billy Graham existe un impacto altamente emocional, un observador objetivo no puede menos que maravillarse ante la forma calmada, pensada, en la cual Graham hace sus invitaciones, sin ninguna exhortación o súplica. Pareciera que estuviera diciendo: "Yo he presentado la invitación, ¿qué hará usted ahora?"

Posteriormente en el capítulo, al considerarse el lugar de la inteligencia en la conversión, se verá que entre niños por lo menos, existe una fuerte evidencia en torno a la relación existente entre la inteligencia y la conversión. La mente que indaga, que demanda una respuesta a la problemática de la vida, es un factor en la experiencia de conversión.

Anticipando las protestas de que "los hombres no son como los perros", Sargant[1] da la respuesta humorística aunque no muy satisfactoria de que "por cierto no lo son. A lo menos los perros no experimentan con los hombres". Sargant contesta su propio argumento. Se debe a que los perros no tienen la capacidad para experimentar con los hombres el que muchos psicólogos están dejando la experimentación animal como medio para estudiar las reacciones humanas. Los experimentos con los animales pudieran tener valor para el estudiante del sistema nervioso o ciertas respuestas fisiológicas, pero el que estudia la personalidad humana encuentra poca ayuda proveniente de la experimentación con animales.

---

[1] *Ibid.*, pág. 26.

La lectura casual que efectuó Sargant del libro de Juan
Wesley contribuyó para que la conversión religiosa acabara
extrañamente acompañada. McKenzie[1] hace el comentario:

> Si el autor se dio cuenta o no, al unir la predicación de Wesley
> con las prácticas de tocar los tambores, de recitar, de bailar, de sacu-
> dirse, y de tener en las manos serpientes ponzoñosas, practicados por
> algunos cultos para inducir la experiencia religiosa de la conversión,
> con las conclusiones de Pavlov de sus experimentos, da la impresión de
> que todo esto no fue más que la violación de la mente.

La unión hecho por Sargant entre la conversión religiosa con
el condicionamiento de Pavlov bien pudiera merecer el celebrado
comentario de Johnson en torno a otro asunto. "Es como un perro
que camina sobre sus patas traseras. No está bien hecho. Pero uno
se sorprende de que lo haya hecho."[2]

Sin embargo, tan mala como es la situación, no todo es negativo. Sargant dice:

> La conclusión es que existen los mecanismos fisiológicos sencillos
> de la conversión y que nosotros, por lo tanto, tenemos mucho que
> aprender del estudio del funcionamiento del cerebro en torno a asuntos
> que hasta aquí han sido reclamados como pertenecientes al ámbito de
> la psicología, o de la metafísica. La lucha político-religiosa por la
> mente del hombre bien puede ser ganada por cualquiera que alcance
> mayor conocimiento de las funciones normales y anormales del cere-
> bro, y esté más dispuesto a poner en práctica el conocimiento
> adquirido.[3]

Sargant parece estar diciendo al fin que una experiencia de conversión forma parte de la naturaleza fisiológica del hombre.
Quizás sin querer esté diciendo lo que otro ya había declarado con
las palabras: "Tú nos has creado para ti, y el alma no hallará descanso hasta no encontrarse contigo."

---

[1] D. Martin Lloyd-Jones, *Conversions: Psychological and Spiritual* (Chicago:
Inter-Varsity Press, 1959), pág. 4.

[2] James Boswell, *Life of Dr. Johnson*, (New York: E. P. Dutton and Co., sin
fecha), pág. 266. Hay versión castellana: *La Vida del Doctor Samuel Jobson* (Buenos
Aires: Espasa Calpe).

[3] Sargant, *op. cit.*, pág. 27.

Los aspectos psicológicos de la conversión

Los factores de tensión y conflicto, tan destacados en la especulación de Sargant, señalan una base psicológica más bien que fisiológica en las experiencias de conversión. Clark[1] hace el siguiente comentario: "Debemos, por tanto, conceptuar la conversión religiosa psicológicamente, como un caso especial de una variedad psicológica más amplia." Los sistemas de personalidad, los deseos no regulados, el sistema de valor, y el ego están en constante estado de tensión. Los deseos no controlados, los deseos primitivos de la personalidad, existen solamente para el gozo de sí mismos, y aun Freud vio este "id" como básicamente egoísta.

En el otro extremo está el sistema de valores creado en base a las experiencias y enseñanzas de los años y por la incorporación del "tú debes" y "no hagas". Entre los deseos no controlados y el sistema de valores se encuentra el ego, o yo, el cual debe tomar sus decisiones sobre la base de los impulsos de los deseos no regulados, las demandas del sistema de valores, y la realidad de la situación de la vida total. La solución quizás sólo venga con un desequilibrio en el equilibrio del poder de los sistemas de personalidad. Este desequilibrio y la resultante orientación del yo pudieran representar un aspecto psicológico de la conversión.

Las experiencias que tienen una íntima semejanza con la conversión religiosa han de ser conceptuadas en esferas no religiosas de la vida. Se hace frente a una crisis, un nuevo sendero es escogido tras mucha agonía, y la vida es totalmente diferente, con el tumulto ya calmado. Los Alcohólicos Anónimos son probablemente los mejores ejemplos de la posibilidad de un cambio total en el patrón de vida. Los alcohólicos han sido la desesperación de los profesionales, quienes admiten que el alcoholismo es una enfermedad pero que han tenido muy poco éxito en su tratamiento. Los Alcohólicos Anónimos ha tenido sorprendente éxito con una técnica que requiere casi una experiencia religiosa. El plan de Alcohólicos Anónimos contiene doce pasos. Los pasos incluyen

---

[1] W. H. Clark, *op. cit.*, pág. 202.

aspectos de una conversión evangélica. La franca admisión de fracaso, la confesión de debilidades y errores, el reconocimiento de un poder superior y el sentido de misión y obligación de llevar el mensaje, todos estos son factores que se encuentran en una crisis religiosa. Se debe admitir que el "poder superior" es solamente "visto a través de un lente obscuro", y que los aspectos subjetivos individuales están mucho más en evidencia que la deidad objetiva.

De la casa a medio camino de los Alcohólicos Anónimos, con su difusamente definido "poder superior", es un gran paso el ir en dirección a la filosofía atea y el descubrir las experiencias de conversión. El marxismo es fundamentalmente ateo tanto en filosofía como en práctica. La religión es conceptuada como una añeja superstición burguesa, usada por los capitalistas para esclavizar a los obreros, y uno de los objetivos del marxismo es la eliminación de todos los conceptos religiosos. Sin embargo, dentro de este sistema ateo, los individuos tienen experiencias con todos los matices de una conversión religiosa.

Harry Chang, un chino nacido en Shanghai, era católico romano. Resistió al régimen comunista y fue fiel a su religión, pero su cuñado, miembro del partido comunista, siguió trabajando con él hasta que Chang comenzó a pensar que los comunistas tenían razón y que la religión no era más que el opio del pueblo. Al fin en su mente llegó el momento cuando sintió que debía unirse al partido y convertirse en comunista. Un nuevo sentimiento de gozo con un sentimiento de liberación de la culpabilidad, una nueva vida que se abre con un sentido de ser parte de un movimiento grande, continuado, y una nueva meta que alcanzar, frecuentemente son los resultados logrados en una conversión religiosa.

El ruso Víctor Kravchenko, cuenta acerca de su encuentro con el camarada Lazarev mientras trabajaba en una mina de carbón. El camarada Lazarev era un oficial del partido y se interesó en él invitándolo a pasar a su cuarto. Mientras el hombre más joven estaba allí, le habló de unirse al partido. La conversión tuvo todas las características de un esfuerzo por parte de un ferviente "obrero personal" de círculos evangélicos. De hecho,

Kravchenko dice que con anterioridad había sido "presionado" por otros miembros del partido. Tras la conversación, decidió unirse al partido. Kravchenko[1] cuenta acerca de sus sentimientos:

> Ahora la vida tenía para mí una urgencia, un propósito, una nueva y desafiante dimensión de dedicación a una causa. Yo pertenecía al grupo selecto, escogido por la historia para conducir a mi país y a todo el mundo, de las tinieblas a la luz socialista. Esto pudiera parecer pretencioso, lo reconozco, y sin embargo, así hablábamos y sentíamos. Pudiera haber cinismo y egoísmo entre los comunistas antiguos, pero no en nuestro círculo de novicios ardientes.

Así como ocurre con el calvinista que llega a creer en su Dios todopoderoso, así también el novato comunista experimenta un extraño sentimiento de elección. El se considera predestinado por la historia. La dedicación está implícita, así como también el sentido de misión tan frecuentemente hallado en la conversión religiosa fervorosa.

Citando de una declaración hecha por un comunista quien recientemente se había unido al partido, Eells cuenta un caso de conversión. Educado en Inglaterra y en los Estados Unidos, tal persona anteriormente había sido decano del Colegio Ginling, y a la vez estaba dictando cátedra en la institución. Tras hablar de su anterior experiencia Eells[2] declara:

> Ahora he recibido la revelación de la verdad. Para decirlo sucintamente, me he convertido, y de ahí que mi actitud hacia mis errores pasados y hacia el mundo objetivo ha cambiado. Mi conversión fue paulatina y dolorosa... tras varios días de lucha mental comencé a darme cuenta de mis errores pasados... La horrenda presencia de la agresión cultural imperialista se erguía delante de mí.

La luz de la revelación había llegado; los pecados pasados eran evidentes; la lucha del alma condujo a una nueva luz.

---

[1] Víctor Kravchenko, *I Chose Freedom* (New York: Charles Scribner's Sons, 1946), pág. 38.

[2] Walter C. Eells, *Communism in Education in Asia, Africa and the Far Pacific* (Washington, D. C.: American Council on Education, 1954), pág. 206.

Richard L. Walker cuenta de un grupo de chinos que eran adoctrinados. Tras un período de trabajo forzado se les proporcionó un adoctrinamiento intenso y los candidatos mediocres, sin potencial, fueron eliminados. Tras seis meses de capacitación llegaron las crisis y los quebrantamientos.

> La crisis generalmente comienza con histeria y con llanto por la noche, que continúa durante la reunión del pequeño grupo al día siguiente y es discutido... La crisis generalmente llega al mismo tiempo para todos los miembros del pequeño grupo. Evidentemente, el quebrantamiento de uno de los miembros inicia una cadena de reacciones.[1]

Walker informa que un participante afirmó que una quinta parte de los que estaban pasando por este período de entrenamiento sufrían un colapso nervioso total. Juntamente con esto seguía el proceso llamado por los chinos de "cortar la cola", a medida que los lazos con antiguos amigos, con la sociedad, y con los valores morales eran terminados. Tras este cambio, nuevos valores eran impuestos con mayor firmeza. La experiencia tiene una semejanza muy íntima con una conversión religiosa, en la cual el converso encuentra que los versículos de la Biblia y el material enseñado a través de los años en la escuela dominical asumen un nuevo y significativo papel tras su conversión.

Cuando ocurre la situación contraria en la decisión de abandonar el comunismo, por lo menos un escritor lo ve a base de lo que él pudiera llamar una "contraconversión". Así Whittaker Chambers[2] declara:

> Una cosa sobre la cual la mayoría de los ex comunistas estarían de acuerdo es: rompieron porque querían ser libres. No todos entienden la misma cosa por "libres". La libertad es una necesidad del alma y nada más. Es en la lucha hacia Dios que el alma constantemente desea una condición de libertad. Dios sólo es quien incita y garantiza

---

[1] Sargant, op. cit., pág. 168.

[2] Whittaker Chambers, Witness (New York: Random House, 1952), pág. 16. Versión castellana El Testigo (Kraft).

la libertad. El es el único que puede garantizarla. La libertad externa es solamente un aspecto de la libertad interior. La libertad política tal y como la conoce el mundo occidental, es solamente una lectura política de la Biblia. La religión y la libertad son indivisibles. Sin la libertad el alma muere. Sin el alma no hay justificación de la libertad. La necesidad es la justificación última conocida por la mente. De ahí que cada rompimiento sincero con el comunismo es una experiencia religiosa, si bien los comunistas fracasan al no identificar su verdadera naturaleza, aunque el individuo no haya continuado hasta el fin de su experiencia.

Chambers ve la adopción del comunismo como una forma de llenar el vacío en la vida del individuo. La religión es lo que en realidad necesita si una reorientación adecuada ha de ser efectuada.

Al evaluar psicológicamente la experiencia de conversión, es posible extraer un número de conclusiones:

1. Se ha dicho que precisamente cuando los teólogos liberales nos convencieron de que no había tal cosa como un infierno, los psicólogos y psiquiatras nos dieron el conocimiento de que existen los infiernos de la psicosis y la neurosis. La idea podría ampliarse para incluir la conversión, la cual ha sido negada, tildándola de anticuada experiencia emocional que no puede ser considerada en la cultura del siglo XX. Mientras tanto, los milagros de la época moderna están ocurriendo cuando alcohólicos, dados como casos perdidos por la medicina, son rehabilitados a través de una experiencia similar a la de la conversión. También, una nueva filosofía política inescrupulosa está adoctrinando y cambiando los moldes de vida de muchos de sus seguidores a través de experiencias análogas.

2. Ferm[1] afirma que el común denominador de todas las experiencias de conversión es una entrega a un ideal y dice: "O bien ocurre la entrega del yo al ideal o no ocurre ninguna conversión." La posición está en contradicción a la asumida por Sargant, quien justifica la experiencia en términos subjetivos. La mayor

---

[1] Robert O. Ferm. *The Psychology of Christian Conversion* (Westwood, N. J.: Fleming H. Revell Co., 1959), pág. 194.

parte de las conversiones psicológicas comprenden algún ideal
objetivo de valor.

3. Se debe admitir francamente que el conflicto es una parte
integral en la experiencia de la conversión. Sargant está en lo
cierto al asumir que el conflicto generalmente antecede a una
experiencia de conversión dramática, pero su explicación fisiológica no es adecuada. Si bien Sargant no quiere tener parte en ninguna consideración que incluya la "mente", el concepto ofrece
mejores probabilidades. El inconsciente lleva adelante su actividad
dinámica. El material entregado al mismo es absorbido, y después
del proceso de incubación llega un momento cuando está listo para
irrumpir en la conciencia, y ocurre el evento.

4. La personalidad humana es tal que los hombres y las
mujeres tienen la capacidad para la experiencia de conversión.
Aquí está el meollo del conflicto con Sargant, quien sitúa las confesiones policíacas, el lavado de cerebro, y las conversiones religiosas en el mismo nivel. No es tanto que los métodos empleados sean
similares, sino más bien que todos los sujetos tienen personalidades
con funcionamientos análogos. El individuo puede tener una conversión religiosa o de cualquier otra índole, y el marco dentro del
cual ocurre la experiencia constituirá la diferencia. Desde la perspectiva religiosa, podríamos decir que el hombre tiene capacidad
para la experiencia de la conversión, y si no la encuentra en la verdad, quizá la encuentre en el error. En el momento en que la
iglesia vuelve la espalda a las experiencias religiosas de la conversión, crea un vacío que será llenado por substitutos indignos.

Confrontado por los problemas de las pautas distintivas
cristianas de conversión, Ferm observa tres características en lo que
él llama la "crisis evangélica". El ve una *uniformidad* de fe dentro
de las conversiones evangélicas puesto que tienen una semejanza
apreciable la una con la otra. Otro factor que observa Ferm es el
sentido de pecado. En las conversiones no cristianas poco se habla
del pecado mientras que el corazón de la crisis evangélica está en el
descubrimiento por parte del individuo de que la suya es una
ofensa en contra de Dios. La tercera pauta distintiva es la *perma-*

nencia de la crisis evangélica. En las experiencias más subjetivas hay recaídas frecuentes. Ferm[1] comenta: "En esta cualidad de permanencia la crisis de conversión evangélica tiene una condición que no se halla en un estímulo puramente psicológico de emoción religiosa, puesto que tiene tanto objetividad como subjetividad." Un libro en torno de las experiencias de los comunistas que han desertado lleva un título apropiado: *El Dios Que Fracasó.* La dificultad radica en que no había Dios. La totalidad de la experiencia era puramente subjetiva. Sin embargo, el razonamiento de Ferm no es del todo convincente.

¿Qué ocurre en la experiencia de conversión religiosa? Puesto que es altamente individualista, cualquier generalización tendrá muchas excepciones, pero hay una sucesión de eventos en la experiencia del convertido. La formulación de los pasos de la experiencia varía desde las tres etapas de Starbuck de inestabilidad, crisis, y paz, a los escritos más recientes de Ferm,[2] quien dice que los pasos son:

> En primer lugar, un evento o una circunstancia desequilibra el molde establecido de pensamiento. En segundo lugar, el individuo es confrontado con ciertas demandas o afirmaciones. En tercer lugar, se apropia del corazón del evangelio. En cuarto lugar, ocurre el momento de crisis. En quinto lugar, vienen en seguida ciertos resultados.

Una feliz síntesis de las ideas más frecuentemente aceptadas conceptuaría las etapas como (1) un período de intranquilidad, (2) la crisis de la conversión, (3) un sentimiento de paz, de descanso y de armonía internas, y (4) una expresión concreta de la experiencia. A medida que se examinan estas etapas se intercalarán en la discusión los resultados de la investigación llevada a cabo por los estudiantes en el Seminario Teológico Bautista del Sudoeste de los Estados Unidos.

---

[1] Ferm, *op. cit.,* pág. 183.

[2] *Ibid.,* pág. 198.

Un Período de Intranquilidad y la Experiencia de la Conversión

Antes de que se realice cualquier cambio en la personalidad, debe haberse hecho presente cierto grado de "intranquilidad psicológica". En sus "pasos característicos en el proceso terapéutico", Rogers[1] sitúa a la cabeza de la lista el hecho de que "el individuo llega solicitando ayuda". El individuo ha adquirido consciencia de su necesidad y ha aceptado su responsabilidad por sí mismo. En círculos donde se imparte profesionalmente "consejo psicológico", se reconoce que los hijos enviados por los padres, o los esposos que son instados a venir por las esposas, tienen una prognosis * mala, pero en tanto no tengan la conciencia de la necesidad, poco puede hacerse para ayudarlos. Los Alcohólicos Anónimos insisten en que el alcohólico debe estar descontento consigo mismo y buscar ayuda antes de que pueda aprovechar algo de la organización.

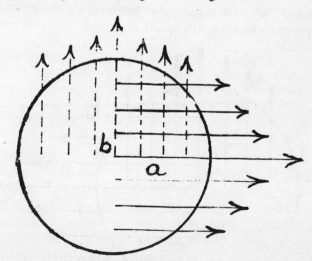

---

[1] Rogers, *Counseling and Psychotherapy*, pág. 31.

* La predicción de las consecuencias de una enfermedad o desorden mental; incluye algunas indicaciones de la duración esperada, serenidad y estado final de la enfermedad.

William James[1] designó el período inicial de una experiencia de conversión como "enfermedad del alma". Elmer T. Clark (p. 38) lo llamó el "período de tormenta y de tensión". Ferm (p. 183) uniría por lo menos dos de sus pasos bajo el encabezamiento: "un evento o circunstancia que desorganiza al patrón establecido de pensamiento" y "el individuo es confrontado con ciertas demandas o reclamos". Las causas para esta intranquilidad quizá no sean claramente percibidas por la persona en cuestión. El tipo de teología más antigua hablaba de la experiencia como "convicción de pecado", y a veces se define como un sentido de indignidad y deficiencia.

Starbuck[2] interpretó la convicción tal y como se ilustra en la figura anterior, la cual revela (a) cómo los viejos hábitos, asociaciones, gustos e ideas, conducen la corriente de vida. Las líneas marcadas en la dirección (b) son el comienzo de una posible vida mejor, mejores asociaciones, y una percepción más amplia del mundo espiritual. El curso tranquilo de la vida es quebrantado. La per-

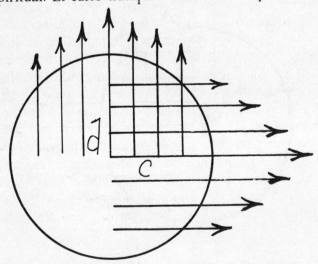

---

[1] James, *op. cit.*, págs. 127-165.
[2] Starbuck, *op. cit.*, pág. 159.

sona siente la presión de dos direcciones y existe un conflicto entre el posible "yo" mejor y el "yo" consuetudinario, dando lugar por lo tanto, a un sentimiento de estar incompleto. Los sentimientos ambivalentes ocasionan incomodidad en el individuo, y un reconocimiento de las posibilidades alternativas conduce a una precisión en la selección.

Los estudiantes de la dialéctica hablan del "salto dialéctico". Ningún cambio es apacible y tranquilo, y una de las leyes de la dialéctica es "la transformación de la cantidad en calidad y viceversa". Se usa el agua como ilustración. Con la aplicación del calor se calienta hasta los 100 grados centígrados y entonces ocurre un cambio cualitativo a medida que se torna en vapor. Al reducirse la temperatura a cero grado centígrado, se tiene un cambio del agua en hielo. En cada caso, se alcanza el punto y sigue el cambio cualitativo.

En la conversión la condición de intranquilidad conduce al punto modal.* Starbuck[1] lo describe al referirse a su diagrama que ilustra la crisis en la conversión. En el mismo, (c) se encuentra el "yo" habitual luchando con todo su poder para preservar su propia armonía y es (d) el deseo divino que se ha convertido en algo irresistible. Esto se ve como el punto crítico que finalmente culmina con la sumisión de la voluntad. Anteriormente se señaló que Ferm conceptuó esta entrega del yo a un ideal como la semejanza psicológica universal de todas las experiencias de conversión. Dogmáticamente declaró: "O bien ocurre la entrega del yo al ideal o bien no ocurre ninguna conversión." Las experiencias más hermosas de un grupo de estudiantes del Seminario del Sudoeste son consideradas en la lista que sigue como asuntos "muy importantes". En la percepción del despertar religioso, la descripción más frecuentemente empleada fue "una entrega, una autorendición".[2]

---

[1] *Ibid.*, págs. 159-160.

* "Modo" = medida de tendencia central, usada en estadística y que corresponde a la calificación o marca más frecuente.

[2] Drakeford, "Intelligence As a Factor in Religious Awakening", *op. cit.*, pág. 35.

Percepción del despertar religioso	Por ciento
Una autorendición	86
Teniendo conciencia de la proximidad de Dios	82
Aceptando el perdón	71
Haciendo una confesión pública	70
Una determinación a vivir una vida nueva	64
Una experiencia paulatina y creciente que no ocurrió en determinado tiempo	44

La emoción engendrada durante el período del conflicto puede extenderse y este aspecto frecuentemente preocupa a los críticos de las "crisis evangélicas", quienes deploran el emocionalismo excesivo. Pero la expresión de la emoción frecuentemente constituye una parte integral de la psicoterapia. La catarsis, o la purgación de la emoción, es casi inevitable en la terapia eficaz. En algunos centros de consejo psicológico los pañuelos de papel colocados en lugar prominente proporcionan prueba de las exteriorizaciones emocionales. Aun un crítico como Sargant llega eventualmente a afirmar que no habrá un avivamiento protestante similar al de Wesley mientras los predicadores apelen principalmente a la inteligencia y a la razón sin tener en cuenta el poder de las emociones fuertes para dislocar viejos patrones emocionales e implantar nuevos. Si un trastorno emocional forma parte de la psicoterapia y allana el camino para una nueva salud emocional, no es de sorprenderse que debe existir una expresión emocional en la experiencia de la conversión que altere toda la vida.

Carl Rogers[1] considera la percepción como abarcando la percepción de las relaciones, la aceptación del yo, y el elemento de selección. Llevando la descripción al campo de la experiencia de conversión, se podría decir que la crisis de la conversión es el momento de la percepción religiosa. El sujeto descubre una relación de sí mismo con Dios y con sus semejantes incorrecta ; entonces relaja sus defensas, acepta la evaluación bíblica de sí mismo como pecador, y luego hace la elección deliberada de Cristo y de la forma cristiana de vida.

---

[1] Rogers, *Counseling and Psychotherapy*, págs. 207-210.

Un Sentimiento de Paz, de Descanso, y de
Armonía Interna

Después de la tormenta llega la calma. La decisión tomada con dificultad puede dejar algunos temores e inquietudes, pero el sentimiento predominante es de unidad con Dios, de pecados perdonados, problemas resueltos, de despreocupación y sentimientos de armonía. Starbuck caracteriza la experiencia en su diagrama que ilustra la nueva vida tal y como se ve anteriormente.

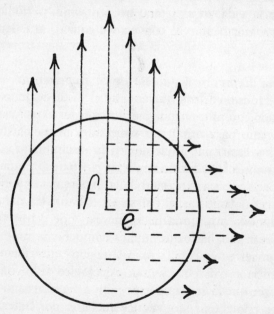

Sólo un vestigio de la vida anterior (e) permanece. La nueva vida (f) es ahora el verdadero yo. Los sentimientos posteriores a la experiencia del despertar religioso señalados por los estudiantes del Seminario del Sudoeste son vistos como similares a aquellos enumerados por Starbuck, siendo apreciadas las expresiones de gozo, paz, y descanso marcados como "muy importantes".[1]

---

[1] Drakeford, "Inteligence As a Factor in Religious Awakening", pág. 37.

Sentimientos Posteriores al Despertar Religioso	Por ciento
Gozo	90
Paz	82
Descanso	67
Tranquilidad	52

Ferm informa que en su encuesta el 90 por ciento de los participantes indicaron que un sentimiento de gozo y descanso fueron el corolario de la crisis de conversión. Sin embargo, permanece el remanente de la vida vieja. Como un fantasma, periódicamente regresará para atormentar al converso y quizá para llenarlo de odio.

Una Expresión Concreta de la Experiencia

Walter Houston Clark afirma que el éxito de Juan Wesley fue conceptuado, no sólo por su predicación fervorosa, sino también por su genio para organizar sociedades metodistas con una férrea disciplina espiritual. Incluidos en la disciplina se encontraban los reglamentos de levantarse a las cinco de la mañana para orar y para predicar. La expresión de la experiencia ayudó a confirmarla. Entre los bautistas, el énfasis en el bautismo del creyente es que el individuo toma una decisión vital que altera la vida y entonces es bautizado, haciendo pública confesión de su fe. El bautismo se convierte en una manifestación exterior de una experiencia interior, con todo el valor psicológico de la conversión.

Clark[1] cree que la etapa de expresión a veces precede a la crisis de la conversión. Cuando Wesley luchaba por tener fe, preguntándose si debía predicar, se le dijo: "Predica la fe hasta que la tengas y entonces porque tienes la fe la predicarás." En los Alcohólicos Anónimos se le dice al nuevo miembro que debe confiar en un poder superior a él. Si protesta, diciendo que no tiene tal poder, se le responde que debe comportarse como si existiera tal poder superior. La historia bautista ilustra el punto. La primera iglesia bautista de Filadelfia fue organizada en Pennepak. En 1688

---

[1] Clark, *op. cit.*, pág. 195.

un joven llamado Elías Keach llegó a la comunidad. Era hijo de Benjamín Keach, destacado pastor bautista de Londres, Inglaterra. Sin embargo, descubrió que no era cristiano. Necesitando comida y ropa, aceptó la invitación para predicar en la iglesia bautista de Pennepak. Conociendo indudablemente los sermones de su padre, se lanzó osadamente a presentar el mensaje. Mientras se dirigía a la congregación, la enormidad de su ofensa lo sobrecogió. Cayó de rodillas y confesó su fraude ante la iglesia. Ellos lo guiaron a Cristo y él llegó a ser el primer pastor de la iglesia de Pennepak. Experiencias tales como ésta que conducen a una conversión son probablemente un ejemplo de autosugestión en su expresión mejor.

Elementos de una Experiencia de Conversión

Asumiendo que existe semejanza en el proceso de la conversión en lo que se refiere al individuo, todavía estamos confrontados por los problemas de factores motivadores de la experiencia. Así como en otros campos de la vida, hay múltiples causas. La edad en la cual ocurre la conversión es un constante tema de discusión. ¿Es simplemente una experiencia para niños impresionables, o pasan por esta experiencia los adultos también? Los escritores sobre este tema raras veces han conceptuado como digno de discusión el nivel de inteligencia. Esto presenta una nueva dimensión que debe considerarse.

Las instituciones que se ocupan de la educación religiosa preparan al individuo para las decisiones que alteran la vida, y nuevas directrices para los programas de educación religiosa podrían venir de investigaciones que tengan que ver con los factores que han sido más efectivos en fomentar las experiencias de conversión. La personalidad es afectada en la conversión y la influencia de una personalidad en otra es un tema apropiado de discusión. ¿Cuáles personalidades son conceptuadas por los conversos como influyentes? La pregunta perenne de si la conversión es una experiencia paulatina o súbita, también debe ser enfrentada y se debe llegar a alguna conclusión.

Edad de Conversión

En los primeros estudios de la psicología de la religión,
cuando tanto se habló de la conversión, la relación entre la adolescencia y la conversión fue considerada como un descubrimiento
revolucionario. Clark dice:[1]

> El primer gran estudiante de la psicología de la adolescencia, G.
> Stanley Hall, fue ridiculizado en gran manera en 1881 cuando en una
> conferencia pública en la ciudad de Boston señaló que la adolescencia
> era la edad más característica para la conversión. Desde esa época en
> adelante las investigaciones por parte de muchos eruditos han confir-
> mado su juicio.

Las primeras investigaciones de Starbuck hallaron una íntima
relación entre la pubertad y la conversión. De los hombres 16.4
años y de las mujeres, 14.8 años. La diferencia de dos años en la
pubertad entre hombres y mujeres parece aportar fuerza a la tesis
de Starbuck para una relación entre la pubertad y la conversión.

La correlación de la adolescencia con la conversión ahora es
cosa muy aceptada, pero en fechas recientes algunas voces disonan-
tes han sido escuchadas. Ferm atacó sobre la base de dos factores el
concepto de que la adolescencia es la época para la conversión. El
ve un error fundamental en la técnica de investigación. Las encuestas sobre la conversión han sido llenadas principalmente por
estudiantes universitarios puesto que es más fácil conseguir la
información de ellos. Por consiguiente, se ve que la mayoría de los
estudiantes de universidad no pudieron haber experimentado la
conversión como adultos y de ahí que la muestra no es adecuada
para las conclusiones derivadas en torno a la edad de la conversión.
Ferm sostiene que si una encuesta fuera tomada en los años
maduros, la edad de conversión sería mayor.

Una segunda línea de evidencia presentada por Ferm
proviene de una encuesta con la participación de tres iglesias donde
las edades promedio de conversión fueron 43, 46, y 41 años respec-
tivamente. Respecto a la campaña británica de Billy Graham,

---

[1] *Ibid.,* pág. 207.

Ferm[1] dice: "La edad promedio de conversión durante la campaña fue de los veinticinco años en adelante mientras que en su campaña en Escocia fue de por lo menos quince años más." Ferm está convencido que el movimiento actual de avivamiento está caracterizado por conversiones a una edad más avanzada que anteriormente.

Un problema de metodología concierne al uso del término "promedio" ya que un pequeño número de personas con conversiones posteriores hacen aumentar el promedio. Una encuesta de líderes adultos en la Convención Bautista del Sur de los Estados Unidos reveló que la edad promedio de conversión era 13.2 años para las mujeres y 15.3 años para los hombres. Pero la edad cuando se verificó el mayor número de conversiones fue situada a los 12 años, lo cual es bastante diferente del promedio. Estudios similares llevados a cabo en el Seminario del Sudoeste indicaron un promedio mucho más elevado para la edad de la conversión, pero la proporción preponderante de los hombres que se decidieron a estudiar para el ministerio más tarde en la vida surtió el efecto de elevar el promedio. Sin embargo, la mayoría de los investigadores parecen concordar en que la edad de la conversión está bajando. Paul E. Johnson[2] hace la tabla de una serie de estudios sobre la edad en la tabulación que sigue:

Nombres de Estudios	Fechas	Números de Casos	Edad Promedio
Starbuck	1899	1265	16.4
Coe	1900	1784	16.4
Hall	1904	4054	16.6
Athearn	1922	6194	14.6
Clark	1929	2174	12.7

Un estudio realizado entre pastores bautistas en la parte occidental del estado de Kentucky reveló que aproximadamente la

---

[1] Ferm, *op. cit.*, pág. 218.
[2] Paul E. Johnson, *Psychology of Religion* (New York: Abingdon Press, 1957), pág. 127.

mitad de las personas bautizadas en estas iglesias oscilaba entre las edades de 6 y 12 años. Las observaciones hechas por parte de obreros profesionales en iglesias de los Bautistas del Sur los llevó al convencimiento de que la mayoría de las conversiones ocurrían entre los 10 y 11 años de edad. Desgraciadamente, es muy difícil confirmar esto por falta de estudios serios.

Una correlación un tanto inesperada con la edad es la intensidad de la experiencia. Elmer T. Clark informó que las experiencias más radicales ocurren a la edad de 17 años, y en esto estuvo de acuerdo con las investigaciones tanto de Starbuck como de Hall. Cuando la religión era una experiencia paulatina de desarrollo, el despertar ocurría aproximadamente a los 12 años de edad. Johnson es de la opinión que si el proceso fuera interrumpido o se le ofreciera resistencia a la edad de los 12 años, quizás sea postergado por cinco años y entonces requeriría una crisis más emocionalizada a fin de vencer las obstrucciones. Cuanto más tardía la experiencia, tanto más drástica será.

Inteligencia

¿Es la inteligencia un factor en la conversión? El discutido libro de Sargant de manera arbitraria descalificó los aspectos intelectuales de la conversión como que no merecían considerarse. Desgraciadamente para quienes desean responder a Sargant, muy poca investigación se ha realizado para determinar el lugar que tiene la inteligencia en la conversión. Quizás se deba esto al hecho de que nuestra preocupación en otros campos nos ha hecho pasar por alto un factor de vital importancia.

Considerando el papel de la inteligencia en el despertar religioso, algunas de las mejores directrices se encuentran en las investigaciones hechas sobre la base de niños excepcionales. Hablando de éstos, Charles F. Kemp[1] dice:

> Varios estudios han demostrado que los niños excepcionales ponen de manifiesto gran interés en la religión, muy superior al de los

---

[1] Charles F. Kemp, *The Church: the Gifted and the Retarded Child* (St. Louis: The Bethany Press, 1957), pág. 76.

otros, y que este interés se hace presente mucho antes. El niño excepcional probablemente tendrá una curiosidad muy grande en torno al significado del mundo, en torno al propósito de la vida, y en torno a la razón de las cosas.

Para apoyar esta declaración, Kemp cita a Hollingsworth[1] cuyo concepto es que los asuntos religiosos no están tan asociados con la pubertad como con la edad mental, y que cuando una criatura alcanza la edad mental de 12 años, surgen las preguntas religiosas. Ella afirma: "Cuanto más alto sea el coeficiente de inteligencia, tanto más temprano se presentará la apremiante necesidad de obtener una explicación del universo; y la demanda de un concepto del origen y del destino del yo." Si estas conclusiones pueden ser verificadas, la tesis ampliamente aceptada propuesta por Starbuck quizás deba ser reconsiderada.

Un estudio fue llevado a cabo con un grupo de estudiantes en un esfuerzo por descubrir la relación de la inteligencia y el despertar religioso (Drakeford). A un total de 196 estudiantes se les administró la prueba mental de rápida calificación de Otis. También llenaron un inventario bastante detallado sobre sus experiencias en torno al despertar religioso. De los 196 estudiantes se escogieron 25 con coeficientes superiores a 125 o más y 25 estudiantes cuyos coeficientes eran inferiores a 96 en esta prueba. Entonces se compararon estos dos grupos, destacándose una diferencia en torno a la edad de la conversión. El grupo con el coeficiente de inteligencia más elevado tuvo una experiencia de despertar religioso 1.7 años más temprano que el grupo con una inteligencia inferior. Esto quizás sirva para confirmar la afirmación de Hollingsworth de que en este caso al menos, la edad mental probablemente fue más importante que la pubertad en el despertar religioso.

Un examen de las preguntas del inventario que arrojaron diferencias apreciables al nivel del 1 y 5 por ciento de confiabilidad reveló un buen número de hechos interesantes. El primero, el cual

---

[1] Leta A. Hollingsworth, *Children Above 180 IQ* (New York: World Book Co., 1942), pág. 6.

pudo haber sido anticipado, fue que los que respondieron y que tenían una inteligencia inferior demostraron una conversión más emocionalizada que el grupo con inteligencia superior. Evidentemente, el grupo con inteligencia inferior vive más al nivel emocional que racional. Sin embargo, la correlación de una elevada inteligencia y la racionalidad no solucionan el problema de la vida y los consultorios de los psiquiatras están frecuentemente atestados de individuos cuya capacidad intelectual bien pudiera ser superior a la normal.

Otra indicación no tan prevista se asoció con la duda. Bien pudiera haberse supuesto que el grupo con inteligencia superior tendría mayor número de dudas que los otros. Sin embargo, lo contrario fue cierto; aquellos con una inteligencia inferior indicaron más preocupación y más duda que el grupo con una inteligencia superior. Una conclusión lógica sería que las dudas han sido una buena parte de la experiencia más emocionalizada del grupo de inteligencia inferior que una parte de los procesos de razonamiento que conducen a la fe.

En resumen, el estudio está abriendo nuevas perspectivas. Generalizaciones muy amplias y vastas no deben ser hechas sobre la base de estos descubrimientos, sino que futuros investigadores tendrán que darle un lugar más destacado al estudio de la inteligencia como factor en la conversión. Juntamente con lo psicológico y fisiológico, debe existir un lugar para los aspectos intelectuales.

Las Instituciones Comprendidas en la Conversión

Las instituciones y las organizaciones son parte integral del avance cristiano, y tienen un papel destacado en el desarrollo del programa de educación religiosa. La mayoría de las personas que se convierten tienen un fondo de educación religiosa que les ayuda a prepararse para esta experiencia. Ferm informa que sus investigaciones revelan que el 60 por ciento de las personas que dicen tener una experiencia de conversión habían sido objeto de una muy clara enseñanza bíblica antes de su conversión. Las respuestas de los estudiantes a quienes se ha investigado en el Seminario del

Sudoeste se ven como sigue en la lista de organizaciones educativas marcadas como "muy importantes".

Agencia	Por ciento
Escuela Dominical	58
Servicio de Adoración	58
Hogar	46

La escuela dominical y el culto de adoración fueron conceptuados como igualmente importantes en la experiencia del despertar religioso, pero esta percepción debe ser evaluada sobre la base de la tradición de los Bautistas del Sur. Un énfasis evangelístico constante, no sólo en cultos periódicos de avivamiento sino en invitaciones para profesiones de fe en la mayoría de los cultos de adoración, hace hincapié en la confesión abierta de fe en una reunión de la iglesia. Aun si la decisión religiosa se produce en el hogar o en una clase de la escuela dominical, se espera que el sujeto pase adelante durante la invitación en el culto de predicación de la iglesia. Luego sigue el bautismo por medio del cual se llega a ser miembro de la iglesia.

En muchas iglesias de los Bautistas del Sur, las tres experiencias: "hacer profesión de fe", "ser bautizado", y "ser miembro de iglesia", son a veces resumidas con una sola expresión: "unirse a la iglesia". Otros grupos bautistas aislan los pasos más marcadamente y tratan de suavizar la confusión y el mal entendimiento que están latentes en los procedimientos de muchas iglesias de los Bautistas del Sur. Quizá deba notarse que este "evangelismo instantáneo" ha sido criticado en el libro de Samuel Southard *Pastoral Evangelism* "Evangelismo Pastoral".[1]

En tiempos bíblicos, el hogar era la institución por excelencia para la educación religiosa. Cuando Moisés estaba repasando las grandes verdades de Dios, se refirió a la técnica que se empleaba en la enseñanza:

---

[1] Samuel Southard, Jr. *Pastoral Evangelism*, (Nashville: Broadman Press, 1962).

Y estas palabras que yo te mando hoy, estarán sobre tu corazón; y las repetirás a tus hijos, y hablarás de ellas estando en tu casa, y andando por el camino, y al acostarte, y cuando te levantes (Deuteronomio 6:6, 7).

En fechas más modernas el hogar ha permanecido como la institución fundamental para la educación religiosa. Entre quienes contestaron la encuesta de Ferm, el 80 por ciento que informó haber tenido una experiencia de conversión dijo que habían recibido buen ambiente religioso. Esto confirmó la declaración de Clark: "Si fuera posible, el mejor y único consejo que daríamos a quienes se interesaran por una buena experiencia de fe religiosa sería: 'Trate de nacer en un hogar genuinamente religioso.' Si bien esto pudiera ser lo ideal, los estudios realizados en el Seminario del Sudoeste comprobaron que no siempre es así. En una comparación de las influencias de la iglesia, la escuela dominical y el hogar, el hogar obtuvo el tercer lugar. El hogar religioso, con la lectura de la Biblia, las oraciones de la familia, y la instrucción religiosa, ha llegado a ser una excepción más que una regla. La familia moderna se caracteriza por delegar sus responsabilidades en otras instituciones de la sociedad y en ningún otro aspecto es tan palpable como en el campo de la instrucción religiosa de los niños. Por consiguiente, la iglesia tendrá que asumir mayor responsabilidad ante la deficiente educación religiosa en el hogar.

Persona	Por ciento
Madre	64
Ministro o pastor	48
Padre	44
Maestro o maestra de la escuela dominical	28

Del grupo estudiado, el 64 por ciento indicó que su madre era "muy importante" en la experiencia del despertar religioso. La madre evidentemente es todavía la fuerza más poderosa de la familia. La revelación un tanto sorprendente es el lugar que ocupa el padre como figura influyente. Si la especulación freudiana es

correcta en torno a Dios como imagen del padre, se pudiera anticipar que el padre hubiera encabezado la lista.

Sin embargo, otros factores complican el cuadro. Los padres
son notoriamente menos religiosos que las madres, y no siempre
pueden mostrar ejemplos de vivencias religiosas. Una progresión
en las estadísticas de divorcio puede ser otro factor. Por regla
general, la custodia de los niños es concedida a la madre y los niños
por lo tanto, carecen de la figura del padre en su vida. El boletín
del Seguro Social (EE.UU.) informó que, en enero de 1962, había
en los Estados Unidos dos millones ciento veinte mil niños menores
de 18 años sin padre. En estos niños, la influencia del padre será
muy escasa a menos que haya padres substitutos. Sin embargo,
existen muy buenas razones para pensar que históricamente la
madre más frecuentemente ha sido la directriz de la familia en
torno a la religión. Jerry McCauley, quien invirtió tanto tiempo en
la administración de una misión en las villas miserias de una gran
ciudad, dijo en una oportunidad: "Lejos esté de mí limitar la
gracia de Dios, pero yo nunca conocí a un hombre que fuera per-
manentemente útil quien no hubiera tenido una madre santa."

El lugar del ministro dice algo, con 48 por ciento clasi-
ficándolo como "muy importante" en la experiencia del despertar
religioso. Siendo el director espiritual, podría esperarse que ejer-
cería una influencia preponderante en la experiencia religiosa,
pero el que tenga un lugar superior al padre también puede ser
indicio de que llena el papel de padre en la vida de algunos niños.
Los sacerdotes católicorromanos son llamados "padres". En Gran
Bretaña, los capellanes de todas las religiones son llamados por el
término "padre".

El lugar del ministro en la experiencia puede ser el resultado
de su destacado lugar en los cultos de adoración de la iglesia, pero
la mayoría de los pastores son muy conscientes del afecto que
muchos niños sienten hacia ellos. El pastor frecuentemente se
convierte en el padre espiritual de muchas criaturas. Al igual que
Pablo, quien se refirió a Timoteo, hijo de un inconverso, como su

"hijo en la fe", los pastores tienen muchos hijos en la fe cuyas decisiones espirituales son tomadas bajo su dirección.

Un aspecto inquietante del estudio patrocinado por el Seminario del Sudoeste es aquel que tiene que ver con la relativa falta de importancia del maestro de la escuela dominical. Los Bautistas del Sur recalcan la gran importancia de la educación religiosa. Las clases de la escuela dominical generalmente son clases pequeñas y están divididas por sexo, teniendo hombres enseñando a los muchachos y mujeres enseñando a las niñas. El deseo ha sido que los niños lleguen a identificarse con los maestros que los guíen a una experiencia religiosa. Sin embargo, los Bautistas del Sur no han fomentado el que se establezcan lazos permanentes entre maestros y alumnos. Ellos rechazan el concepto de que una clase de la escuela dominical se convierta en una "pequeña iglesia", y las promociones anuales son costumbre fija en la mayoría de las iglesias. La promoción significa que los lazos establecidos entre maestros y alumnos no serán estrechos y se desligan anualmente.

¿Gradual o Súbitamente?

Entre quienes aceptan la validez de la conversión religiosa, todavía permanece el escabroso problema en torno a si la conversión es gradual o repentina. La definición de Clark[1] ofrece la posibilidad de que predomine cualquiera de los dos aspectos. "Más clara y característicamente, revela un episodio emotivo de repentina iluminación, que puede ser profundo o superficial, aunque puede suscitarse a través de un proceso más bien paulatino." Los que apoyan el tipo esencialmente dramático de conversión frecuentemente pasan por alto los aspectos del proceso gradual.

El ejemplo frecuentemente citado de una conversión repentina es la experiencia de Saulo de Tarso, camino a Damasco, pero Jung[2] ve elementos paulatinos en este evento.

---

[1] Clark, op. cit., pág. 191.
[2] Robert H. Thouless, The Psychology of Religion (New York: Cambridge University Press, 1961), págs. 189-190.

"Si bien el momento de una conversión parece a veces bastante repentino e inesperado, sin embargo, sabemos sobre la base de la experiencia que tal acontecimiento fundamental siempre requiere un largo período de incubación inconsciente. Sólo cuando la preparación es completa, vale decir, cuando el individuo está listo para ser convertido, que la nueva percepción irrumpe con gran emoción. San Pablo era cristiano desde hacía tiempo pero inconscientemente; de ahí su fanática resistencia a los cristianos porque el fanatismo existe principalmente en individuos que están procurando compensar sus dudas secretas."

Un aspecto adicional en la referencia sencilla hecha a la conversión de Pablo camino a Damasco se presenta al establecer el tiempo cuando ocurrió esta conversión. Escribiendo desde una perspectiva teológica conservadora, Ferm[1] dice:

Los estudiosos de la vida de Pablo tropiezan con una dificultad al tratar de señalar con certeza el momento exacto de su conversión. Sin lugar a duda varios acontecimientos fueron factores contribuyentes, pero la verdadera crisis parece haber acontecido no en el camino a Damasco, sino más bien en casa de Judas, en la calle Derecha, cuando Ananías colocó su mano sobre él a fin de que recobrara la vista (Hechos 9:17). Fue entonces cuando llegó la luz; fue entonces también cuando Pablo se levantó, fue bautizado y se identificó con Cristo y con los creyentes en Cristo.

Además, la mayoría de los estudiosos bíblicos concuerdan en que la conversión de Pablo al menos tuvo sus orígenes en la lapidación de Esteban, cuando "los testigos pusieron sus ropas a los pies de un joven que se llamaba Saulo" (Hechos 7:58). La cadena de eventos indudablemente fue puesta en movimiento en los preparativos que culminaron en la experiencia de su conversión.

Por otra parte, no parece denotarse jamás un desarrollo apacible, tranquilo, sin ningún sacudimiento que entorpeciera su marcha de avance. El optimismo de principios del siglo XX, con la esperanza cifrada en la evolución pacífica de una sociedad nueva y justa fue desmenuzado por la crisis económica y las guerras posteriores. Así como dice Fritz Kunkell: "La vida humana, por

---

[1] Ferm, *op. cit.*, pág. 97.

tanto, se presenta como una inquebrantable cadena de crisis."[1] La crisis quizás no sea catastrófica, pero las contradicciones de la vida son confrontadas, las alternativas son evaluadas, y la decisión es tomada.

Un término medio sería que las dos ideas de crisis dramática y evolución paulatina pueden ser los dos lados de la misma moneda. En algunas experiencias del despertar religioso, el elemento de crisis es muy evidente, mientras que en otros casos el de lentitud es predominante. Una de las clasificaciones más frecuentemente empleadas en torno a las experiencias de conversión considera tres tipos: (1) *La crisis definitiva*, la cual comprende una experiencia de crisis; (2) *el estímulo emocional*, donde la experiencia es mínima o está ausente pero donde el individuo está capacitado para designar algún evento que sirvió para precipitar la experiencia; y (3) *el despertar paulatino*, que no comprende ningún evento específico.

La investigación de Ferm reveló que el 55 por ciento de quienes participaron en la encuesta habían tenido una experiencia específica de crisis. El estudio realizado en el Seminario del Sudoeste reveló que 44 por ciento de los sujetos describieron su conversión como una experiencia paulatina, lo cual es tanto más sorprendente por el ambiente teológico conservador en el cual fueron criados con el consiguiente anticipo de la experiencia de una conversión dramática. Ferm tiene una explicación para todo esto. El afirma que los niños frecuentemente tienen dificultad para evaluar una experiencia religiosa y no pueden informar acerca de la experiencia tal y como la vivieron. Sin embargo, una evaluación honrada indica un número inferior de conversiones dramáticas y, por lo que concierne a los Bautistas del Sur, esto probablemente es el resultado del énfasis muy marcado en la educación religiosa.

---

[1] Simon Doniger, *Religion and Human Behavior* (New York: Harper and Bros., 1960), pág. 150.

Resumen

La conversión, el tema más antiguo de estudio en el campo de la psicología de la religión, es todavía un campo fértil para la investigación. El formular definiciones presenta dificultades, y cualquier esfuerzo aceptable debe incluir la idea de cambio, la posibilidad de algo repentino sin por lo mismo descartar el aspecto paulatino, y la probabilidad de reacciones emotivas.

Las teorías de conversión incluyen la revolucionaria declaración de Sargant acerca de una base fisiológica y las muy aceptadas formulaciones psicológicas. Cada una de estas teorías ayuda a comprender la conversión como una posible experiencia para todas las personalidades normales. Viendo específicamente la conversión religiosa, tanto los procesos como los elementos de la experiencia proporcionan líneas directrices para las actividades educativas de la iglesia. La investigación psicológica, lejos de abolir la conversión (por lo menos en algunos aspectos), confirma la precaución de aquél que dijo: "De cierto os digo, que si no os volvéis y os hacéis como niños, no entraréis en el reino de los cielos" (Mateo 18:3).

15

VOCACION CRISTIANA

En nuestra consideración de las definiciones de la religión se destacaron los aspectos de interiorización, individualidad y soledad. Una vez que el ser humano ha tenido una experiencia interior y solitaria, debe sobrevenirle un sentimiento de misión que lo lleva a vivir su experiencia y declararla ante sus prójimos. Hay por regla general una relación entre ambos, de modo que la intensidad de la experiencia determina el entusiasmo con el cual se identifica con su fe. Sobre la base de nuestra tesis fundamental, se podría decir que no sólo encuentra su propia alma sino que siente obligación de alimentarla, no solamente en contemplación sino también en servicio.

Johnson[1] afirma que un sentimiento de vocación proviene de una correcta relación con Dios.

El sentido de vocación surge cuando las relaciones fundamentales de una persona proporcionan una nueva profundidad de significado a su ocupación. Una ocupación es cualquier actividad que lo mantiene a uno ocupado en el espacio y en el tiempo, como la raíz de la palabra lo indica. Una vocación, sin embargo, literalmente es un llamamiento que significa una palabra recibida y una respuesta. El tener una vocación es sentirse llamado a realizar un trabajo y aceptar dicho llamado.

---

[1] Johnson, *op. cit.*, pág. 253.

Pero, ¿cómo puede un individuo saber exactamente cuál es su llamamiento? La complejidad del problema y los asuntos involucrados emergerán a medida que progresa este capítulo. Se pondrá atención en los problemas del llamamiento al ministerio, la gama mezclada de motivos al responder al llamamiento, el llamamiento del laico, y las características de la personalidad de los obreros religiosos vocacionales que han obtenido éxito.

Hay muchos elementos psicológicos que integran el "llamamiento de Dios". Aun si limitáramos la discusión del llamamiento al ministerio, éste es complejo y confuso. Entre los Bautistas del Sur hay dos conceptos completamente contradictorios en torno al llamamiento al campo misionero.[1] En ambos extremos de la línea horizontal se encuentra un grupo extremista. Uno de estos grupos sostiene que todos deben ir al campo misionero foráneo a menos que algún obstáculo insalvable los detenga. El otro concepto es que uno no debe ir a menos que sienta un sentido de misión individual. El oír estas ideas contradictorias presentadas simultáneamente puede ofrecer una experiencia traumática para el joven aspirante a la obra misionera.

Algunos han simplificado la idea del llamamiento. Uno de ellos es John Oliver Nelson, quien dice: "El ser llamado por Dios es ser confrontado con una situación de la vida donde se necesita a Dios y donde uno se da cuenta que debe ayudar a resolver la necesidad." Esta definición comprende tres aspectos: (1) El llamamiento proviene de Dios. (2) El llamamiento llega para llenar determinada necesidad. (3) Como resultado hay un sentimiento de obligación o de convicción por parte de la persona que es llamada.

Niebuhr, Williams y Gustafson[2] señalan la complejidad del llamamiento al ministerio al demostrar que realmente comprende una serie de llamamientos:

---

[1] Winston Crawley, "Call to Foreign Mission Service", *Encyclopedia of Southern Baptists*, 2 vols. (Nashville: Broadman Press, 1958), v. 1, pág. 224.

[2] H. Richard Niebuhr, Daniel Day Williams, y James M. Gustafson *The Advancement of Theological Education* (New York: Harper and Bros, 1957), pág. 64.

"(1) *El llamamiento a ser cristiano*, que es descrito de diversas maneras como el llamamiento al discipulado de Cristo Jesús . . .; (2) *el llamamiento interior*, es decir, esa convicción interior o experiencia por medio de la cual una persona se siente llamada o invitada directamente por Dios para asumir el trabajo del ministerio; (3) *el llamado providencial*, . . . que llega a través de la capacidad de una persona poseedora de los talentos necesarios para el ejercicio del oficio y mediante la dirección divina de su vida en todas las circunstancias; (4) *el llamamiento eclesiástico*, es decir, el llamado y la invitación hechas a un individuo por alguna comunidad o institución de la iglesia para que participe en el trabajo del ministerio."

Los llamamientos interior, providencial, y eclesiástico, presentan algunos de los aspectos más confusos del proceso en su totalidad y requieren un estudio mayor.

El Llamamiento Eclesiástico

El marco eclesiástico de determinada iglesia frecuentemente provee el ambiente para el llamamiento. Sin embargo, las estructuras eclesiásticas varían y dan cabida a distintos tipos de experiencias. Cuatro ejemplos de grupos diferentes ilustrarán la complejidad de la situación, aun cuando no arrojen luz sobre el problema.

Entre los anabautistas un llamamiento para predicar era repentino, dramático, y al cual se respondía rápidamente.

Un labriego, Hans Ber, de Alten-Erlangen, se levantó de su lecho una noche y comenzó a vestirse. "¿Adónde vas?", preguntó su esposa. "No sé, sólo Dios sabe", fue su respuesta. Ella le rogó que se quedara diciéndole estas palabras: "¿Qué mal te he hecho? Qué mal te he hecho? Quédate y ayúdame a criar a estos pequeñuelos." "Amada esposa", contestó, "no me detengas con cosas temporales. Que Dios te bendiga. De ahora en adelante, me voy a dedicar a conocer la voluntad de Dios."[1]

El llamamiento fue claro e independiente de cualquier estructura eclesiástica. Si bien no tan frecuentemente drásticas como esta ilus-

---

[1] E. B. Bax, *The Rise and Fall of the Anabaptists* (New York: The Macmillan Co., 1903), pág. 34.

tración, no obstante, todavía en el día de hoy se escuchan experiencias similares.

En el peregrinaje espiritual de Martín Lutero, su llamamiento al oficio pastoral llegó a través de la instrumentalidad de su superior:

"Staupitz... buscó alguna curación eficaz para su atormentado espíritu... A las claras, el argumento y la consolación no beneficiaban. Alguna otra forma debía ser hallada. Un día, bajo un peral en el jardín del claustro agustino, (Lutero siempre recordó ese peral, como un tesoro) el vicario le aconsejó al hermano Martín que debiera estudiar para obtener el grado de doctor, que debiera predicar y asumir la cátedra en la universidad. Lutero se sorprendió, tartamudeó unas quince razones por las cuales no podía hacer eso. En síntesis, dijo que tanto trabajo lo mataría. "Muy bien", dijo Sautpitz, "aun en el cielo Dios tiene abundante trabajo para hombres inteligentes." Con razón se sorprendió Lutero, puesto que la propuesta de Staupitz era audaz y casi descabellada. Un joven a punto de sufrir un colapso nervioso por causa de problemas religiosos, iba a ser designado como maestro, predicador, y consejero de las almas enfermas. Staupitz estaba diciendo: "Médico, cúrate a ti mismo al curar a otros." Debió haber sentido que Lutero era fundamentalmente cuerdo y que si le confiaba la curación de las almas él estaría dispuesto por el bienestar de estas almas, a apartarse de las amenazas y acogerse a las promesas, y que parte de la gracia que él reclamaría para esas personas quizás recaería sobre él mismo."[1]

Así como revela Hudson,[2] no fue el llamamiento de una congregación sino el llamamiento de una iglesia. Stapitz era el superior eclesiástico de Lutero.

En la Iglesia Reformada, el llamamiento al ministerio que recibió Juan Calvino fue a través de una voz humana. Calvino viajaba de Italia a Estrasburgo con la intención de radicarse y vivir su vida en reposado estudio. Un incidente en su viaje cambió el derrotero de su vida. El cuenta esta experiencia:

---

[1] Bainton, *op. cit.*, pág. 45.
[2] Winthrop S. Hudson, "The Protestant Concept of Motivation for the Ministry", Conferencia en *Motivation for the Ministry*, comp. S. Southard (Louisville: Southern Baptist Theological Seminary, 1959), pág. 37.

"Como la ruta más directa a Estrasburgo, adonde yo pensaba retirarme entonces, estaba obstaculizada por las guerras, resolví pasar rápidamente por Ginebra, sin permanecer más que una sola noche en aquella ciudad... Una persona (Louis du Tillet) quien había regresado a los papistas, me descubrió y me presentó a otros. Sobre esta base Farel, quien se consumía con un celo extraordinario por esparcir el evangelio, inmediatamente ejerció todo el poder posible para detenerme. Luego de haber escuchado que estaba resuelto a dedicarme a los estudios privados, para lo cual yo quería mantenerme libre de otros intereses, y hallando que no había ganado nada con sus súplicas, procedió a imprecarme, diciéndome que Dios maldeciría mi retiro y la tranquilidad de los estudios que yo deseaba si yo me apartaba y me negaba a ayudarlo cuando la necesidad era tan apremiante. Esta imprecación me sacudió con tal terror, que desistí del viaje que había emprendido."[1]

Casi tan famoso en este mismo tenor de tradición se encuentra Juan Knox, quien pasó por una experiencia similar. El predicador del castillo, Juan Rough, viéndolo en la congregación, lo desafió, diciendo: "En el nombre de Dios y de su Hijo Cristo Jesús, y en nombre de los aquí presentes que te llaman a través de mi boca, yo te reto a que no rehuses esta vocación santa."[2]

El hincapié de los bautistas en la congregación y en la autonomía de la iglesia local no priva de tales experiencias, siendo la iglesia el portavoz. Jorge W. Truett dice de su experiencia:

"Desde el comienzo de mi conversión en adelante, dondequiera que iba, hombres y mujeres piadosos me conducían a un rincón y me decían:
'¿Acaso no debieras estar predicando?'
Desde el principio mi ambición era llegar a ser abogado; y por lo tanto tuve una gran lucha. Todos mis planes estaban en dirección del llamamiento a la abogacía. Y conmigo, la batalla era desistir de tal

---

[1] Thomas M. Lindsay, *A History of the Reformation*, 2 vols. (Edinburgh: T. and T. Clark, 1907), v. II, págs. 101-102. Hay versión castellana: *Historia de la Reforma* (Casa Nazarena).

[2] Williamson, William Croft (ed.). *John Knox's History of the Reformation in Scotland.* (London: Thomas Nelson and Sons, 1949), págs. 189-190.

ambición. Yo estaba perfectamente dispuesto a hablar por Cristo pero
no desde un púlpito.

Fui al oeste, a Texas, donde mi padre y demás familiares se
habían radicado. Muy pronto fui escogido como superintendente de la
escuela dominical bautista en Whitewright, Texas. Frecuentemente
dirigí los servicios, determinando siempre apartarme del púlpito, sin-
tiéndome completamente indigno de estar detrás de éste. Todavía mi
ambición era llegar a ser abogado.

Teníamos allí, en esta iglesia de pueblo, reuniones los sábados.
Un cierto sábado de 1890 la asistencia era tremenda. Pensé: 'Esto es
muy inusitado: Hay aquí una multitud.'

Y cuando terminaron con todo el programa en esta conferencia
de la iglesia, al terminar su sermón el pastor, el diácono más anciano,
ya bastante anciano y con salud muy quebrantada, se levantó y
comenzó a hablar deliberada pero solemnemente. Yo pensé: '¡Qué
plática tan sorprendente está dirigiendo, quizás él piensa que es su
última plática!' De pronto me inquietó. El dijo en esta reunión de la
iglesia:

Existe un deber de la iglesia en que la iglesia total debe actuar.
Existe un deber individual, en que el individuo, solo y aislado de
cualquier otro individuo, debe hacer frente por sí mismo al deber;
pero es mi profunda convicción, así como lo es de ustedes puesto que
hemos conversado mucho los unos con los otros sobre el tema, que esta
iglesia tiene un deber eclesiástico que cumplir, y que hemos esperado
demasiado para cumplir este deber. Por lo tanto, yo propongo que esta
iglesia llame a presbiterio a fin de ordenar al hermano Jorge W.
Truett al trabajo pleno del ministerio evangélico.

Esta proposición fue secundada en seguida e inmediatamente
pedí la palabra y les imploré que desistieran. Yo dije: '¡Ustedes me
tienen sorprendidísimo; sencillamente aterrado!' Y luego uno tras
otro habló y las lágrimas corrían por sus mejillas al decir: 'Hermano
Jorge, tenemos la profunda convicción que usted debe estar predicando.' Nuevamente apelé a ellos y dije: 'Espérense seis meses...' Y e-
llos dijeron: 'No esperaremos ni seis horas. Estamos citados para hacer esto ahora y seguiremos adelante con ello. Hemos sido movidos
por una profunda convicción de que ésta es la voluntad de Dios. No
nos atrevemos a esperar. Debemos seguir nuestras convicciones.'

Ahí estaba yo, frente a toda una congregación de una iglesia
profundamente conmovida. En toda esa congregación no había quien
no estuviera vertiendo lágrimas, una de las horas supremamente

solemnes en la vida de una iglesia. Fui arrojado a la corriente y sólo me restaba nadar."[1]

A través de su vida Truett mismo continuamente recalcó el llamamiento personal del individuo, pero el papel de otras personas en su llamamiento fue de gran significado en su propia experiencia.

Si una vocación comprende un llamamiento que tiene una palabra de invitación y una respuesta, el proceso de invitación es concebido de manera diferente por grupos de cristianos con tradiciones diferentes. El oír la voz auténtica en medio del murmullo de voces de grupos, de personalidades eclesiásticas, y de impulsos internos y deseos requerirá sinceridad, simplicidad de fe y dedicación de propósito.

Personalidades Influyentes en el Llamamiento

Los estudios de las experiencias de personas que han sentido que Dios los ha llamado al ministerio revelan que en este campo, como en cualquier otro de la vida, las grandes decisiones han sentido el impacto de otras personas. En cada uno de los cuatro estudios dirigidos por Southard,[2] Crawley,[3] Felton,[4] y Draughon,[5] hay un acuerdo básico en la clasificación de estas influencias.

El ministro es la persona más importante. Felton descubrió que 34 por ciento de sus entrevistados habían sido influidos por el pastor. De los que participaron en la encuesta de Southard, 27 por

---

[1] Powhatan W. James, *George W. Truett* (Nashville: Broadman Press, 1945), págs. 47-49.

[2] Samuel Southard, "The Counseling of Candidates for Church Vocations", Unpublished Th. D. thesis, Southern Baptist Tehological Seminary, 1953.

[3] J. Winston Crawley, "The Call to Foreign Missions Among Southern Baptists, 1845-1945." Unpublished Th. D. thesis, Southern Baptist Theological Seminary, 1947.

[4] Ralph A. Felton, *New Ministers* (Madison, N. J.: Drew Theological Seminary, 1949).

[5] Walter D. Draughon, "Psychological Aspects of the Call to Church-Related Vocations", Unpublished D. R. E. thesis, Southwestern Baptist Theological Seminary, 1960.

ciento mencionó haber conversado con su pastor antes de tomar una decisión definitiva para colaborar en una vocación relacionada con el trabajo de la iglesia. El estudio de Draughon indicó que 54.7 por ciento había recibido orientación del pastor en este momento de su llamamiento.

De manera similar, así como en el caso del estudio de la conversión mencionado en el capítulo 14, la madre era la persona en segundo lugar de importancia en la experiencia del llamamiento. Felton descubrió que 17.4 por ciento de quienes participaron indicaron que la madre era influyente. El estudio de Southard señaló que 20 por ciento de aquellos que respondieron al llamamiento indicaron que la madre tuvo un lugar importante en esta decisión.

El padre, ocupaba, a duras penas, el tercer lugar en estas respuestas. De aquellos que colaboraron en la encuesta de Felton, 11.2 por ciento enumeró al padre como influyente. Doce por ciento de aquellos participantes en el inventario dirigido por Southard enumeraron al padre. Nuevamente, esto bien pudiera haber sido anticipado puesto que el padre también estaba en tercer lugar en torno a la influencia en el estudio de la conversión.

El papel del maestro de la escuela dominical presenta un aspecto inquietante del proceso. En el estudio realizado por Felton, 5 por ciento indicó que el maestro de la escuela dominical tuvo influencia. De aquellos que respondieron a la encuesta de Southard, 3 por ciento, y en el estudio de Draughon, 3.9 por ciento hizo alusión a la influencia del maestro de la escuela dominical en su llamamiento.

Si bien el llamamiento es interior, generalmente existe alguna instrumentalidad humana. Las iglesias que están haciendo frente al problema del menor número de candidatos para el ministerio bien pudieran considerar las personalidades comprendidas y cómo pudieran prepararse mejor para su papel en estas decisiones de tanta trascendencia. Por cierto que los padres deben ser considerados, y la iglesia quizás se deba preguntar precisamente que está haciendo para preparar a los hombres que integran sus filas para asumir sus responsabilidades como padres. Por cierto la situación de la escuela dominical demanda alguna atención. En la experiencia de conversión mencionada anteriormente, el maestro de la escuela dominical no ejerció gran influencia. Bien pudiera ser que necesitemos invertir más tiempo haciendo hincapié en la calidad del trabajo realizado por los maestros de la escuela dominical.

Las Motivaciones en la Respuesta al Llamamiento

No sólo es difícil de comprender la palabra de invitación en el llamamiento, sino frecuentemente es aún más difícil la respuesta puesto que es más que la sencilla respuesta de Isaías: "Heme aquí, envíame a mí." El actual procedimiento general es que el candidato recientemente llamado busque capacitación en un seminario. Bien pudiera pensarse que dentro de los muros de un seminario se encuentren destacados cristianos, con paz mental y un sentido de llamamiento muy claro a medida que se preparan para posiciones de liderazgo. Pero si cada individuo fuera interrogado, sería descubierta una sorprendente variedad de experiencias. Así como en otros campos o áreas de la vida, hay una variedad de motivaciones comprendidas.

En el libro *The Advancement of Theological Education*[1] ("El Avance de la Educación Teológica") Niebuhr, Williams, y Gustafson informan los resultados de una investigación intensiva de las escuelas teológicas durante la cual un detallado estudio fue realizado en torno a los moldes de personalidad de los estudiantes que se preparaban para el ministerio. Si bien estaban informando en torno a tipos de personalidad, ellos advierten que los moldes no son estáticos y que los estudiantes de teología no escapan de la experiencia de estar en constante estado de cambio. Sin embargo, después de admitir los riesgos comprendidos, los investigadores formularon diez tipos de patrones de personalidad a los cuales Roberto C. Leslie[2] ha dado las siguientes designaciones.

[1] Niebuhr, Williams, y Gustafson, *op. cit.*
[2] Robert C. Leslie, "A Discussion of Gotthard Booth's Article and Paper", *Conference on Motivation for the Ministry*, comp. S. Southard (Louisville: Southern Baptist Theological Seminary, 1959), pág. 118.

1. *Forzado.* El estudiante que se encuentra en el seminario porque alguien pensó que sería un buen pastor. Quizá un pastor, un padre amante, o personas dentro de su propia iglesia. Este individuo frecuentemente está preocupado y molesto por la falta de seguridad en torno a su llamamiento.

2. *Atribulado.* Un hombre puede estar sufriendo a causa de profundas heridas dentro de sí mismo. Por tanto, procura una educación teológica a fin de curar su propia mente y espíritu atribulados. Algunas personas tienen sentimientos de culpabilidad y conciben que esta culpa sólo puede ser expiada al entregar su vida al servicio de Dios. La evidente dificultad es que si bien puede haber terapia dentro del compañerismo del seminario, éste no existe principalmente para este propósito. Se debe tomar en cuenta que Niebuhr, Williams, y Gustafson sostienen que no existe evidencia de que los seminarios tengan más personas inadaptadas entre sus estudiantes que cualquier otra institución educativa.

3. *Manipulador.* El estudiante que funciona bien en las relaciones interpersonales puede ser atraído por el ministerio. Quizás haya tenido éxito como agente comercial, o quizás haya trabajado en alguna ocupación similar. Llega a sentir que un mayor prestigio premiaría sus esfuerzos en una posición de liderazgo en la iglesia. Si es simplemente un profesional, la manipulación de personas quizás tenga un especial atractivo para él. Su vida de iglesia, puede o quizás no, brindarle la oportunidad para ejercitar su capacidad manipuladora.

4. *Resistente.* Una persona puede prematuramente haber probado los frutos del éxito dentro de la vida de la iglesia como joven evangelista, líder dinámico de la juventud, o un directivo del movimiento estudiantil. Llega al seminario porque todos insisten que es necesaria una preparación de seminario. No está seguro de que debe estar allí; llega simplemente para satisfacer los requisitos *pro forma* del ministerio. Frecuentemente tropieza con la dificultad de adaptarse a la vida de seminario, sospechando dentro de sí que sabe más que aquel profesor de inclinación teórica. El camino futuro quizás sea muy accidentado si no aprende a hacer los ajustes

necesarios que van mano a mano con la disciplina realista y dura del ministerio.

5. *Protegido.* El individuo que se decide a favor del ministerio a temprana edad y que goza de la protección del grupo preministerial, frecuentemente encuentra que su camino va en dirección al seminario. Quizás tenga el vocabulario correcto pero tiene sentimientos de inseguridad en torno a lanzarse a la experiencia rigurosa de la vida de iglesia. Niebuhr y sus asociados citan a un historiador cuando dice: "Necesitamos ministros que tengan un realismo a toda prueba." Este tipo de estudiante puede sentirse un tanto frustrado por la vida en el seminario. El futuro para él no es brillante.

6. *Celoso.* Un espíritu celoso caracteriza al estudiante quien ha encontrado el mensaje del evangelio y su poder redentor. Dentro de él arde el deseo intenso de compartir las buenas nuevas con el mundo. El estudiante frecuentemente descubre en el transcurso de sus estudios que ha simplificado en extremo los problemas de la vida y el mensaje del evangelio. Tiene que llegar a la situación cuando se percate de la totalidad del mensaje del evangelio. Constantemente hará frente a la tentación de criticar a sus condiscípulos, especialmente a aquellos que están más adelantados pero que carecen del celo y del entusiasmo que él reconoce como características de su propia vida. El está expuesto a la tentación de abrazar posiciones teológicas sin pensar detenidamente en sus consecuencias y quizá tenga que atravesar por varias experiencias extremas en su orientación teológica.

7. *Escéptico.* La religión y la teología se presentan como problemas intelectuales objetivos ante una mente investigadora y para un estudiante la institución teológica parece ser el lugar donde puede seguir investigando estos problemas. Este tipo de persona muy frecuentemente se convierte en el "intelectual teológico", que mira con desprecio todos los conceptos prácticos y que vive sólo sobre la base de los diálogos. En estas sesiones de diálogo cuentan en su haber con una respuesta para todos los argumentos, pero cuando se integran a la vida de la iglesia frecuentemente encuentran

que las personas no se interesan por sus conceptos intelectuales. La vida pragmática del ministerio quizás contenga una desilusión muy amarga para ellos.

8. *Humanitario.* La percepción de una sociedad trágicamente desorientada frecuentemente conduce a un estudiante a prepararse para el ministerio. El conceptúa a la iglesia como la institución de la cual fluirán los procesos sanadores para los males sociales de nuestra época. El estudiante está frecuentemente desilusionado por la indiferencia de la iglesia ante los problemas sociales y en esta desilusión abandona el ministerio para profundizar sus estudios en uno de los campos de las ciencias sociales.

9. *Buscador.* Frecuentemente se encuentra en la generación actual el hombre que busca una fe que pueda impartir orden en las confusiones intelectuales y morales que han caracterizado su experiencia previa tanto personal como académica. Frecuentemente está inseguro en torno a sus trabajos dentro de la iglesia, aunque, por supuesto, siente cierta lealtad a ella.

10. *En proceso de maduración.* Afortunadamente, se encuentra el raro estudiante de fe y juicio maduros quien vive en el conocimiento que es Dios quien salva y justifica. El estudiante está buscando llegar a ser un siervo adecuado de su Señor y representarle fielmente en su trabajo en el ministerio.

El comportamiento de cualquier tipo tiene muchas y múltiples causas. Esto es especialmente cierto de una decisión para responder al llamamiento al ministerio. En su investigación llevada a cabo entre seminaristas, Southard dijo que la mayoría había ocupado de uno a tres años para llegar a madurar su decisión para dedicarse a una vocación de la iglesia. Además, él halló que con la vasta mayoría de ellos esta decisión había sido tomada tras una ardua lucha interior. Las clasificaciones de Niebuhr, Williams, y Gustafson aportan amplia evidencia de este torbellino interior.

Los Problemas del Ministerio

Los problemas confrontados en la institución teológica llegan a ser insignificantes comparados con los que el pastor debe enfrentar cuando asume el trabajo dentro de la iglesia. Un artículo escrito en una revista de vasta circulación, "¿Por Qué Dejé El Ministerio", reveló la desilusión y la sorpresa del joven ministro haciendo frente a los problemas pragmáticos de la vida de la iglesia. Stolz[2] ha estudiado "las neurosis vocacionales del ministerio".

1. *Egocentricidad a través de la adulación.* Tan pronto como un joven en la iglesia anuncia que se siente llamado al ministerio, existe la posibilidad que se encontrará aislado y destacado como un individuo especialmente piadoso. Posteriormente, él quizás sea beneficiado por becas, o por una educación gratis y las adulaciones de las señoras de su congregación. El resultado bien pudiera ser que se convierta en un individuo que depende de esto, siempre esperando que las personas lo ayuden y siempre muy sensible ante toda forma de crítica.

2. *El número y el carácter de sus maestros.* La iglesia es una organización voluntaria y frecuentemente cuenta con feligreses altamente individualistas. Frecuentemente hay grupos dentro de la iglesia que representan puntos de vista definidos y que sienten que el pastor debe ajustarse a los planes de su grupo. Se ha dicho: "El líder demócrata está siempre en juicio", y el pastor descubre la realidad de esta afirmación a medida que trata de vincular las diversas personalidades para hacer un grupo cohesivo.

3. *La competencia con los miembros de su propia profesión.* Hay un fuerte espíritu de competencia en la vida de la iglesia. Las iglesias son comparadas entre sí en torno a membresía, presupuesto, número de bautismos, alumnos en la escuela dominical, y de otras muchas formas. El joven pastor frecuentemente se encuentra frustrado por esta competencia. Puede llegar a sentir que su iglesia es más vieja o más joven, en una situación económica inferior, o que tiene una historia más accidentada que cualquier otra iglesia llena de éxito. Por consiguiente, empieza a incubar un

---

[1] Karl R. Stolz, *The Church and Psychotherapy* (New York: Abingdon Cokesbury Press, 1943), pág. 231.

fuerte resentimiento hacia la estructura denominacional que fomenta dicha competencia. Pero, a la vez, frecuentemente depende de estos líderes para obtener una recomendación para otras iglesias, y por lo tanto reprime esta hostilidad.

4. *La tentación a la indolencia.* El ministro no cuenta con una tarjeta de trabajo. Frecuentemente, le son dadas ciertas concesiones. Si no aprende a disciplinarse, llegará el momento cuando solamente mantenga una fachada y realice muy poco trabajo constructivo.

5. *Las limitaciones económicas.* El ministro ha luchado para prepararse, ha asistido al seminario. Cuando, al fin, llega al pastorado, quizás reciba un sueldo muy ordinario o pequeño. Quizás cuente con beneficios no vistos, pero estos no son evidentes en su pago mensual. Siempre está tentado a compararse con el médico o con el abogado quienes obtuvieron una preparación similar pero que son mucho mejor pagados.

6. *Manifestación del yo y de la familia ante el escrutinio social y la crítica.* El ministro y su familia viven en una casa de vidrio y sus asuntos están expuestos a ser inspeccionados por la congregación. En muchas ocasiones la iglesia sabe cuánto gana y muchos detalles de su vida que normalmente son asunto del individuo. Se espera que sus hijos vivan normas más elevadas que la mayoría de los demás niños o jóvenes en la congregación. La situación se presta para fomentar un resentimiento latente en torno a la vida del ministerio.

Así como en otros tipos de trabajo, siempre hay dos lados en el trabajo del ministerio. En su aspecto público provee atención y adulación y un afecto sincero por parte de muchas personas. Por otra parte, hay muy pocos llamamientos en los cuales un individuo debe manifestar tanta paciencia ante cosas insignificantes y pequeñez de espíritu. Jeremías, el profeta llorón, frecuentemente personifica la ansiedad interior a la cual el pastor debe hacer frente.

El Próspero Líder de Iglesia

¿Qué tipo de persona tiene mayor éxito en esta difícil situación? En un esfuerzo por descubrir las características de la personalidad del líder próspero de iglesia, se llevó a cabo un estudio en la Escuela de Educación Religiosa en el Seminario del Sudoeste.[1]

Un grupo de 323 alumnos participaron en un programa de trabajo práctico que comprendía trabajar en iglesias bajo supervisión. De este número se escogieron los mejores treinta estudiantes, los cuales fueron conceptuados como "superiores" y los veinte alumnos cuyo trabajo práctico fue de calidad inferior y clasificado como "pobre". Tres pruebas psicológicas fueron administradas a cada uno de estos estudiantes. Un análisis por asunto fue hecho para descubrir la forma en la cual cada una de las 1091 preguntas fueron contestadas. Por medio de un análisis estadístico, las preguntas contestadas de manera significativamente diferente por los dos grupos fueron determinadas. El examen y la clasificación de las preguntas acusaron el siguiente patrón de características.

Sugestionable. Los estudiantes pobres evidentemente eran más sugestionables que los superiores. En colaboración con seminaristas católicos romanos, William C. Bier utilizó una prueba psicológica y siguió el sencillo proceso de contar y descubrió que los estudiantes mal o inferiormente adaptados tenían la tendencia de marcar las preguntas como "verdad". Bier sugirió que esto generalmente era una tendencia de aquellas personalidades menos equilibradas. La misma tendencia fue apreciada en el estudio del Seminario del Sudoeste. Los estudiantes que no se destacaron en su trabajo práctico marcaban más frecuentemente las preguntas como "verdadero" mientras que los estudiantes superiores trataban de discriminar más cuidadosamente, marcando un número más elevado de preguntas como "falso". El hombre religioso que siempre dice sí no es un éxito, y podría ser que carezca del carácter necesario para un liderazgo adecuado.

Autoconfianza. La falta de autoconfianza caracterizó al grupo pobre. Sus respuestas revelaron fuertes matices emocionales.

---

[1] John Drakeford, "Selected Personality Scales Related to Success in Religious Education", Unpublished M. A. thesis, Texas Christian University, 1958.

Ellos sintieron muy profundamente las desilusiones, mantuvieron un sentimiento de ser mal entendidos, y siempre se preocupaban mucho en cuanto a sus temperamentos. Su actitud de inseguridad se veía por la declarada necesidad de tener que redactar sus cartas por segunda vez antes de enviarlas por correo. Por otra parte, el grupo superior manifestó un sentimiento de autoconfianza. Ellos señalaron que les gustaba destacarse como los primeros en lucir la última moda, se gozaban con las responsabilidades, se deleitaban en detallar planes, se sentían seguros de sí mismos, y se deleitaban al comenzar actividades dentro del grupo. Todos estos factores tenían que ver con la fuerza del ego, evidentemente tan importante para el liderazgo en el trabajo de la iglesia como en otros campos de la vida.

Sociabilidad. La sociabilidad fue otra característica del grupo superior de estudiantes. Su preferencia oscilaba entre fiestas y sociales, hablando con candidatos, viviendo en la urbe y gozando de las diversiones donde había mucha gente. Les gustaba "pertenecer", declarando que pertenecían a un número de agrupaciones y se interesaban por la política. En una prueba psicológica tenían un alto grado de "M-F", o sea, la calificación de masculinidad-femineidad. Si bien esta escala ha sido conceptuada por algunos como reveladora de homosexualidad, en fecha más reciente se la ha considerado como una medida de la disposición para convivir con las personas del sexo opuesto.

A manera de contraste, el grupo inferior reveló una tendencia al aislamiento de las actividades del grupo. En las fiestas les gustaba estar sentados solos o simplemente estar con una sola persona; cuando podían esquivaban los gentíos, frecuentemente experimentando sentimientos de soledad, tenían muy pocos amigos íntimos, y sus sentimientos eran fácilmente heridos. Es casi axiomático que un líder que ejerce influencia y dirige a un grupo debe amar a las personas y tener disposición de estar con ellas.

Actitudes emocionalizadas. En sus actitudes emocionalizadas se apreció otra diferencia. Los estudiantes inferiores indicaron una tendencia a la excesiva emoción. Sus respuestas revelaban ansiedad en torno al dinero y a los negocios, oscilando entre temperamentos agradables y desagradables, y un estado frecuente de excitación. Sus sentimientos eran fácilmente heridos y se preocupaban mucho en torno a sus errores. A manera de contraste, el grupo superior reveló una actitud más racional y objetiva en sus relaciones. No estaban tan conscientes de sí mismos y podían hacer frente a emergencias rápidamente. Les gustaba leer los editoriales en el periódico y revelaban su objetividad al indicar que eran tímidos con relación a asuntos confidenciales y semiconfidenciales.

Creatividad. Las actitudes de los miembros de los dos grupos para con el trabajo eran diferentes. El grupo superior buscaba oportunidades para la promoción, le gustaba la libertad para trabajar según su propio método, se deleitaba enseñándoles a otros, y se preocupaba principalmente en torno al trabajo que era interesante aunque la remuneración no fuera elevada. Con el grupo inferior el énfasis recaía en los resultados tangibles y en las tareas más pormenorizadas, trabajo que comprendía pocos detalles, que era estable y permanente, con horas regulares. El gozo de trabajar es de vital importancia en la vocación. El trabajo debe traer aparejada su propia recompensa muy aparte del sueldo.

Compulsión. La característica de la personalidad que se destacaba más nítidamente en las respuestas de los dos grupos era una inclinación hacia un sentido de compulsión patológica, vista en el grupo inferior. La compulsión ha sido definida como "una fuerza interior irresistible que obliga a la canalización de un acto sin, o aun en contra de, la voluntad del individuo llevando a cabo el acto". El grupo inferior habló de deseos periódicos para hacer algo dañino y chocante, y cómo en oportunidades tenían deseos de empezar una pelea a puñetazos con alguien. También declararon que un pensamiento no importante a veces cruzaba por su mente y permanecía por días. No había una indicación del mismo sentido de compulsión patológica entre el grupo superior.

Una cierta compulsión puede ser una ventaja para la persona que tiene que ver con la administración, pero, aunque parezca raro, este sentimiento de compulsión por parte del grupo inferior no se trasladó a la fase de los detalles de su trabajo. El grupo inferior manifestó tener preferencia por trabajos con mínimo de detalles. Por otra parte, los alumnos superiores revelaron una disposición para planificar y para mantenerse al corriente con su trabajo. Dieron pruebas de que les gustaba estudiar y leer en torno a temas vinculados a su trabajo, preferían llegar siempre puntualmente a su trabajo, y les gustaba escribir informes. Ellos dijeron que planeaban su trabajo en detalle y anticipaban aquellas oportunidades que se les presentarían para emplear sus conocimientos y experiencia. Cualquier tipo de trabajo administrativo demanda detalle. La capacidad para planear y proyectar en el futuro ha sido conceptuada como evidencia de madurez, y aquí se ve muy claramente la relación de la madurez de la personalidad.

Fondo familiar. El fondo familiar se hace evidente en las respuestas de los grupos tanto de alumnos superiores como de alumnos inferiores. Las pruebas no comprendían muchas preguntas en torno al fondo familiar, pero el grupo superior indicó que en sus hogares habían contado con por lo menos las necesidades elementales de la vida. A manera de contraste, el grupo inferior sintió que habían sido privados y manifestaron que no estaban seguros de que habían contado con las necesidades ordinarias de la vida en sus hogares. Sus familias habían hecho algunas cosas que los habían asustado.

La inflexibilidad en las actitudes de los padres fue ejemplificada por la declaración de que la madre o el padre los obligaban a obedecer cuando pensaban que esa obediencia no era razonable. Esta inflexibilidad bien pudiera haber tenido relación con el hecho de que cuando niños, habían practicado el hurto en menor escala. Evidentemente, el fondo familiar de los estudiantes inferiores dejó mucho que desear y parece que influyó en sus posiciones de liderazgo en la iglesia.

Un cuadro del líder superior de la iglesia comienza a esbozarse. Proviene de un fondo familiar que proporciona las necesidades elementales de la vida y tiene un grado razonable de flexibilidad. El tiene convicciones firmemente arraigadas, confianza en torno a su capacidad, y le gusta ser líder. Convive bien con las personas, se deleita en la compañía de otros, pero tiene una cierta objetividad y deseo de estar solo. Le gusta ser desafiado, trabajar por el propio gozo de ver los resultados, y busca la libertad de acción. Juntamente con esto hay cierto grado de compulsión que lo obliga a fijar su atención en los detalles y anticipar el futuro.

El Llamamiento del Laico

Si se considera el llamamiento vocacional religioso como la exclusiva propiedad del profesional, se pierde uno de los aspectos más dinámicos de la reforma. La vida de Lutero tal y como la pintó Bainton revela que anterior a la época de Lutero los monjes en el monasterio tenían una vocación. Los cristianos superiores eran invitados a observar los consejos de la perfección, mientras que los cristianos ordinarios simplemente cumplían los mandamientos del cristianismo. Lutero rechazó este concepto de vocación así como Bainton[1] lo destaca: "No hay una vocación religiosa especial", declaró Lutero, "puesto que el llamamiento de Dios viene para que cada hombre desempeñe las tareas ordinarias".

Nuestra expresión "orientación vocacional" proviene directamente de Lutero quien afirmó que Dios también trabaja en una vocación común. Dios trabaja como un sastre que hace un abrigo para el siervo que durará mil años. Dios es el sirviente que prepara una fiesta para los gorriones y que invierte más en ellos anualmente que todos los ingresos del rey de Francia. Lutero recalcó que Dios no tiene manos sino las nuestras y no tiene pies sino los nuestros. El defendió las tareas humildes: "Cuanto más humilde la tarea, tanto mejor. La lechera y aquel que lleva las excrecencias están efectuando un trabajo que gusta más a Dios que la entonación de los Salmos.[2]

El ensayo de Max Weber: *La Etica Protestante y el Espíritu del Capitalismo*, derivó muchas de sus conclusiones del concepto de la Reforma en torno al llamamiento o vocación, y la consiguiente

---

[1] Bainton, *op. cit.*, pág. 156.
[2] *Ibid.*, pág. 181.

actitud hacia el trabajo. El "espíritu del capitalismo" era un
espíritu de dedicación y de entrega al trabajo. Si bien el
capitalismo se autoperpetúa, existió un impulso originario que lo
puso en movimiento. Dos elementos principales se destacaron en
las motivaciones originales. Uno fue el énfasis de la Reforma de
que el trabajo no era una condenación por el pecado sino una actividad digna en sí misma. El segundo elemento fue la convicción
puritana de que no se debía dar lugar a la indulgencia personal.
Cada ola de avivamiento trajo aparejadas nuevas motivaciones
para esforzarse en el ámbito de la autonegación. Wesley lo declaró:
"La religión forzosamente debe producir tanto la laboriosidad
como la frugalidad." El resultado natural de estos dos factores fue
la acumulación de las riquezas; por tanto el espíritu del
capitalismo fue un producto no intencionado de la Reforma.

El movimiento de la frontera tuvo un papel destacado en el
desarrollo de la religión en los Estados Unidos. Cuanto más cedía
la frontera ante los avances de la población que se trasladaba y
atravesaba un nuevo país, evolucionó un tipo muy particular de
religión. La religión fronteriza dio énfasis al individuo como
soberano. Herberg[1] destaca lo siguiente: "Aun más repugnante
que la teología, la liturgia, y el orden institucional era la diferencia
entre ministros y los laicos, especialmente al incluir un ministerio
preparado y especialmente situado." De ahí que el movimiento de
la frontera con su elevación del laico hizo sentir su influencia en
grupos tales como los bautistas, los metodistas, los discípulos y otros
grupos similares.

Los laicos han tenido un papel destacado en el desarrollo de
la educación religiosa. Resumiendo la diferencia entre la educación
religiosa moderna y aquella que se impartía en las escuelas
antiguas y medievales, Benson[2] sugiere tres principios que contribuyen a esta diferenciación: (1) Es un movimiento de laicos. (2)

---

[1] Will Herberg, *Protestant-Catholic-Jew* (Garden City, N. Y.: Doubleday and
Co., 1960), pág. 160.
[2] Clarence Benson, *History of Christian Education* (Chicago: Moody Press,
1943), pág. 119.

Es una empresa de los domingos. (3) Está organizado. Los últimos dos evidentemente surgieron del trabajo de los laicos. El domingo era el único día cuando tenía tiempo para el trabajo y empleaban las pericias de organización adquiridas en el mundo comercial para dar expresión a su religión. Los laicos han demostrado especial talento para la organización. No solamente la organización de la escuela dominical local sino también las convenciones nacionales de escuelas dominicales, dependieron en gran medida de los laicos. Es extraño pero hubo oposición por parte de las autoridades eclesiásticas de aquel día y muchos ministros denunciaron a viva voz el frágil movimiento de educación religiosa.

Johnson señala que en el trabajo secular un hombre que sirve a sus congéneres puede ser apartado de modo que ellos son "laicos" en contraste con él. Un médico llega al templo para adorar; él es un laico con referencia al ministro. Pero cuando el ministro es un paciente en el hospital, él es un laico con referencia al médico. Johnson[1] hace este comentario: "Hay una yuxtaposición entre las profesiones, lo cual implica que están todas canalizadas a prestar un servicio común a la humanidad." Esto haría surgir la pregunta en torno a si el ministro que está sentado en una reunión de maestros y oficiales entre los Bautistas del Sur es un laico con relación al ministro de educación quien en este cuadro está en una posición de liderazgo.

Una iglesia fue felicitada por la forma excepcionalmente buena en la cual acomodaba a las personas en los bancos. La evidente organización, la precisión de los movimientos, el anticipo de cada uno de los aspectos del servicio de adoración desde el comienzo hasta su fin, señalaba a algún genio de organización detrás de todo esto. Posteriormente, el presidente de los ujieres fue felicitado y él contestó: "Yo siento que Dios me ha llamado para ser un ujier en la iglesia." Al principio, el pensamiento parecía un tanto anonadante, pero ¿por qué no?

---

[1] Johnson, *Psychology of Religion*, pág. 257.

El laico tiene una vocación o llamamiento. Este sentido de vocación ha afectado el renglón económico de la vida así como los valores espirituales. Los laicos, conscientes de su vocación, han hecho notables contribuciones a la vida de la iglesia y frecuentemente a la luz de la oposición eclesiástica.

Un llamamiento vocacional es, a la vez, uno de los aspectos más ennoblecedores y decepcionantes de la experiencia cristiana. Para muchos, el trabajo es una necesidad abrumadora que ha de ser considerado con resignación. Pero el escritor antiguo ya había anunciado un concepto del trabajo que introducía a Dios en el mundo laboral: "Vé a la hormiga, oh perezoso, mira sus caminos, y sé sabio (Proverbios 6:6). Todo esto he visto en los días de mi vanidad. Justo hay que perece por su justicia, y hay impío que por su maldad alarga sus días" (Eclesiastés 7:15).

En el Nuevo Testamento, Jesús llamó a las personas al discipulado y al servicio, y en los Hechos de los Apóstoles los misioneros fueron separados para un ministerio especial. Tan sencillo como parece ser sobre la base de la terminología neotestamentaria, un siervo de Dios de la actualidad tiene gran dificultad para discernir el "llamamiento". Uno de los aspectos más sorprendentes es saber de dónde viene la voz que insta: "Vé hoy a mi viña." ¿De fuera, de dentro, o de ambos? ¿Proviene del cielo, de labios de otra persona, o de un cuerpo eclesiástico? ¿Y cuáles son los motivos? ¿Puede un motivo indigno ser transformado en una fuerza positiva y ennoblecedora? Estas y miles más de preguntas frustran al hombre que desea servir a Dios con todo su ser.

Pese a la certeza que tuvo Pablo en torno a su llamamiento al servicio misionero, hubo ocasiones cuando él se puso a hacer tiendas a fin de ganar su sostén diario. Una vocación es un "llamamiento" y cualquier cosa que hace el cristiano, sea como líder profesional en una iglesia o como obrero en la industria, debe ser hecha como para el Señor.

EPILOGO

Al comienzo declaramos que éramos testigos de una de las pesquisas más grandes de la historia. Como dijimos, se trataba de "la psicología en busca del alma". Muchos campos fueron examinados y a veces quizás nos desviamos por senderos marginales. Frecuentemente ha sido una experiencia de frustración. Pero también hubo momentos de mucha satisfacción a lo largo del trayecto. La psicología y la religión no están realmente tan separadas como a veces se piensa, y en algunos momentos ha habido un verdadero acercamiento.

Sin embargo, la psicología y la religión no tienen por qué quitarse mutuamente la vida. En una época anterior una iglesia influyente pudo hacer que un científico retractara sus afirmaciones y silenciara sus convicciones. La persona religiosa sincera nunca deseará ver surgir nuevamente esta situación. La psicología como la más joven de las ciencias debe estar en libertad para investigar, para martillar algunas de nuestras ideas más preciadas, y para formular teorías con atrevimiento y valor.

Distanciándonos y viendo todo esto en perspectiva, parece ser que la religión es buena anfitriona de las percepciones de la psicología. La introducción de las pruebas de personalidad para los aspirantes al ministerio, la investigación de las motivaciones en las decisiones de entrar en el ministerio, el mayor número de cursos en psicología de consejo que se ofrecen en los seminarios, y el rápido desarrollo de la preparación en la clínica pastoral, todo esto ha significado que el líder de la iglesia del mañana tendrá al menos un somero conocimiento de las formulaciones psicológicas concernientes al desarrollo de la personalidad.

Pero el espíritu científico de la psicología también debe poner en orden su propia casa. Habiéndose liberado del espíritu rígido y censorio de la religión, no debe ahora instituir una nueva inquisición, sintiendo que tiene el monopolio de la verdad y tratando de maniatar a la religión. La religión tiene una contribución especial que debe hacer en el campo de los valores, de las motivaciones, y de las nobles aspiraciones del individuo. Si la psicología pusiera más atención a la religión, tratando de derivar como así también de aportar provecho, entonces quizás la psicología llegue a encontrar el alma.